Thomas Aiginger

AUS NAHME ZUSTAND

Roman

braumüller

Bibliografische Information der Deutschen Nationalbibliothek
Die Deutsche Nationalbibliothek verzeichnet diese Publikation in der
Deutschen Nationalbibliografie; detaillierte bibliografische Daten
sind im Internet über http://dnb.d-nb.de abrufbar.

Alle Rechte, insbesondere das Recht der Vervielfältigung und Verbreitung
sowie der Übersetzung, vorbehalten. Kein Teil des Werkes darf in irgendeiner Form (durch Fotokopie, Mikrofilm oder ein anderes Verfahren) ohne
schriftliche Genehmigung des Verlages reproduziert oder unter Verwendung elektronischer Systeme gespeichert, verarbeitet, vervielfältigt oder
verbreitet werden.

1. Auflage 2018
© 2018 by Braumüller GmbH
Servitengasse 5, A-1090 Wien
www.braumueller.at

Covergrafik: © Shutterstock, Robert Adrian Hillman
Umschlaggrafik innen: © Shutterstock, rob zs
Druck: EuroPB, Dělostřelecká 344, CZ 261 01 Příbram
ISBN 978-3-99200-207-8

Prolog

Seit zwei Tagen warteten sie. Sie schliefen auf dem marokkanischen Teppich vor dem Fernseher, legten ihre Handys nicht mal beim Essen aus der Hand, aktualisierten alle zwei Sekunden ihre Twitter-Timeline. Es konnte jeden Moment geschehen. Oder nie. Nachts, wenn Daniel vor Anspannung nicht schlafen konnte, massierte Vera seinen nackten Oberkörper. Seine Schultern fühlten sich an wie das Stahlgehäuse eines Roboters.

Um ihn abzulenken, hatte sie ihn auf den Yppenplatz geschleppt, zu dem Flohmarkt für die Hochwasseropfer. Der wohltätige Zweck war Vera egal. So tragisch die Zehntausenden obdachlosen Mitteleuropäer sein mochten, andere Menschen auf diesem Planeten brauchten weit dringender Hilfe.

„Daniel", flüsterte Vera, „schau."

Auf dem ganzen Platz griffen die Menschen in ihre Taschen, bildeten Grüppchen, starrten ungläubig auf ihre Smartphones.

Daniels Nervosität schien auf einen Schlag verflogen. Breitbeinig überblickte er den Platz, mit braunem Vollbart, in einem verschlissenen Greenpeace T-Shirt.

„Und?", fragte Daniel. „Besser als Fallschirmspringen?"

„Nein", antwortete Vera. „So fühlt es sich an, ohne Schirm aus einem Flugzeug zu springen."

Sie tastete nach dem Handy, doch Daniel schüttelte den Kopf und verschränkte seine Finger in ihre. Sie folgten der Menge, die zur hinteren Ecke des Marktes strömte, wo ein türkischer Händler versuchte, einen gebrauchten Fernseher in Gang zu setzen.

Vera zitterte. Keine Sekunde länger hielt sie das aus. Sie riss ihr Handy aus der Tasche. Ein einziger Blick auf cnn.com genügte: Der Moment war gekommen, an dem Science-Fiction-Fantasien wahr zu werden schienen. Der Moment, der sich in das kollektive Gedächtnis brennen würde wie 9/11, der Fall der Mauer, die Landung auf dem Mond. Nie würden sie vergessen, was sie gerade taten, als die hysterische Nachrichtenflut des 13. Juni über sie hereinbrach.

I

Vergeblich tasteten Pierres Finger nach dem weichen Satin ihres Pyjamas. Ausnahmsweise hatte er nichts Unanständiges im Sinn. Er wollte sich bloß wieder in den Schlaf wiegen lassen, von dem sanften Rhythmus, in dem Kerstins Bauch sich hob und senkte.

Pierre öffnete die Augen. Zum ersten Mal seit Jahren lag er allein im Bett. Die Sonne brannte ihm ins Gesicht, als wolle sie beweisen, dass auch mit ihr nicht zu spaßen sei, dass sie genauso unbarmherzig sein konnte wie die stahlblauen Wolken, die in den letzten Wochen das halbe Land unter Wasser gesetzt hatten. Ihm in seinem Dachgeschoß war das Hochwasser egal. Und auch die Sonne konnte ihm nichts anhaben. Mit einem Tastendruck ließ er die Jalousien herunter. Pierre streckte jede Faser seines Körpers, bevor er sich in der Mitte seiner Ultra-King-Size-Matratze zusammenrollte. Das war Freiheit! Sein Vergnügungspark gehörte ihm wieder alleine.

Nach einer halben Stunde blinzelte er auf die Laserprojektion an der Wand: 13. Juni - 05:42. Wieso konnte er nicht mehr schlafen? Irgendetwas beunruhigte ihn.

Auf dem Weg in die Küche ließ Pierre den Fernseher aus der Holzverkleidung gleiten. Mit einem duftenden Espresso in der einen und seinem iPad in der anderen Hand setzte er sich auf die Couch, die nackten Fersen auf dem kühlen Edelstahltisch, und zappte durch die Kanäle. Niemand nörgelte, weil er alle zwei Sekunden weiterschaltete und gleichzeitig mit dem iPad spielte.

Natürlich hätte er schon jetzt in die Arbeit fahren können, doch sein Meeting begann erst um zehn. Nichts reizte ihn, früher an seinem Laptop zu sitzen, um vorgeblich Datenmodelle zu entwickeln, deren Ergebnisse seit drei Monaten feststanden.

Gegen neun Uhr wälzte Pierre sich von der Couch und ließ den Fernseher zu der offenen Waschinsel in der Mitte seines Lofts schwenken. Er rasierte sich, verteilte ein wenig Gel in seinen sonnenblonden Haaren und zerzauste sie mit den Fingern.

Als Pierre hinter die schwarz-glänzende Kunststofffront trat, die den Schrankraum vom restlichen Loft abtrennte, spürte er einen Stich in der Magengrube. Die leere Hälfte des Kastens sah nach Scheitern aus, nach Konkurs und Räumungsverkauf. Pierre bemerkte, dass mit Kerstins Kleidern auch ihr Duft aus seiner Wohnung verschwunden war. Er schnupperte an den nackten Regalbrettern. Sie rochen bloß nach geleimtem Holz. Pierre entschied sich für ein frisches Paar Jeans von Hugo Boss. Seinen Oberkörper zwängte er in ein schwarzes, kurzärmliges Slim-Fit-Hemd und ein hellbraunes Sakko, was ihm einen kompetenten Look verlieh. Schließlich hatte er eine Rolle zu spielen.

In der Arbeit besserte sich seine Laune kaum. Mittlerweile hasste er seinen Job. Nicht, dass ihm die Lügen Skrupel bereitet hätten. Dafür wurde er fürstlich entlohnt. Es war die Langeweile, die ihn zermürbte. Wenn das noch länger so weiterging, hatte er bald das Internet ausgelesen. Als er am Nachmittag das Büro verließ, hatte er trotzdem noch keinen Plan für den Abend.

Daheim schob er den Wohnungsschlüssel in die kleine Buchse neben seinem privaten Aufzug, der ihn nonstop in sein Wohnzimmer beförderte. Rund um die holzgetäfelte Kabine zog sich ein Panoramabild von Pierres Loft während der unterschiedlichen Bauphasen. Am rechten Ende standen Pierre und Kerstin nackt in der fertigen Wohnung. Pierre betrachtete Kerstins blonde Haare, die sich über ihren geschwungenen Rücken ergossen, die perfekte Bucht ihrer Taille, den Ansatz ihres Pos. Ihr Körper war eine Zehn, daran bestand kein Zweifel.

Pierre ließ sich auf die Couch fallen und schaltete den Fernseher ein. Unten zog irgendein Text durch das Bild. Pierre ignorierte ihn und griff nach seinem iPad.

Plötzlich explodierte seine Twitter-Timeline. Hunderte Tweets in einer Minute. Pierre hob den Blick und las zum ersten Mal die Worte:

„Sie sind da! Außerirdische nehmen Kontakt mit der Erde auf. NASA bestätigt Empfang eines Faxes (!) aus dem Weltall."

Pierre gluckste verblüfft. Auf n-tv waren die Moderatoren vor „Breaking-News"-Bannern kaum noch zu sehen. Als versuchte man, ihre fassungslosen Mienen zu verbergen.

„Die NASA Pressemeldung war noch etwas vorsichtig", sagte die blonde Nachrichtensprecherin. Sie las von einem Blatt ab: *„Es ist keine irdische Quelle bekannt, die eine direkte Einspeisung eines Faxes in einen Satelliten, wie sie vor zwei Tagen vorgefallen ist, erlauben würde, oder die die vorliegenden Messwerte des Satelliten erklären könnte."*

Die Blondine blickte Pierre direkt in die Augen: *„Sollte sich das bewahrheiten, werden wir soeben Zeugen eines historischen Moments. Außerirdische haben uns Menschen kontaktiert. Science-Fiction-Filme, die Träume von Generationen gehen in Erfüllung: Wir sind nicht mehr alleine."*

„Hoffentlich nicht die Albträume", warf ihr Kollege ein. *„In ihrem Fax betonen sie ausdrücklich ihre friedvollen Absichten, aber inwiefern man diesen Worten Glauben schenken darf, ist zurzeit noch nicht absehbar."*

Pierre saß wie versteinert vor dem Fernseher. Sein Blick schweifte durch die Wohnung. Träumte er? Langsam griff er nach dem iPad. Auf Facebook, Twitter, orf.at: überall Fassungslosigkeit. Er musste etwas posten. Er wollte unbedingt etwas sagen, mit jemandem sprechen, seine Stimme sich überschlagen lassen in aufgeregten Purzelbäumen. Sie hatten ein Fax geschickt, ausgerechnet ein Fax. Was konnte man dazu schon posten? Er gluckste wieder.

Die blonde Sprecherin sagte: *„Wir werden laufend auf neue Sender durchgeschaltet. Wir begrüßen nun die Zuseher von VOX, RTL und RTL II."*

„Fassen wir die Ereignisse der letzten Tage noch einmal zusammen", fuhr ihr Kollege fort. *„Am 11. Juni, um sechs Uhr dreißig mitteleuropäischer Sommerzeit, erreichte ein Fax zweiundzwanzig Medienstationen und einunddreißig Staatsoberhäupter. Zunächst*

schenkte man der Nachricht wenig Beachtung. Auch in unserer Redaktion wurde sie für eine Scherzmeldung gehalten. Am 12. Juni kontaktierte das Unternehmen WorldSat Inc. die NASA wegen auffälliger Sensorikdaten des Satelliten WorldSat 707. Die NASA stellte fest, dass das unerklärliche Verhalten des Satelliten zeitlich genau mit den mysteriösen Faxnachrichten übereinstimmte. Die Faxnachrichten wurden zurückverfolgt. Für keine der dreiundfünfzig Nachrichten konnte ein Absender auf der Erde ermittelt werden. Die Spur endete bei dem Satelliten WorldSat 707."

Seine Kollegin hielt einen Ausdruck in die Kamera: „*Und hier noch einmal jenes Stück Papier, das unsere Welt für immer verändern wird.*" Die englischen Sätze waren in schnörkelloser Courier-Schrift getippt. Das Fax enthielt keine Bilder oder Grafiken. Die deutsche Übersetzung wurde eingeblendet, und die Moderatoren lasen vor:

„Von
Lalaaren
Planetengruppe Lalaaris

An
Menschen
Planet Erde

Sehr geehrte Menschen,

Wir sind eine etwa achtzig Millionen Jahre alte Population aus einem Planetensystem, das in eurer Sprache Lalaaris ausgesprochen wird.
Wir leben außerhalb des Sonnensystems auf siebzehn verschiedenen Planeten.
Wir begrüßen euch in Frieden.
Wir haben die technologischen Möglichkeiten entwickelt, um nun über die weite Entfernung eine bidirektionale Kommunikation zu eurem Planeten aufzubauen.

Wir senden unsere Nachrichten an einen eurer Kommunikationssatelliten im Format eines Faksimiles.
Wir empfangen eure Nachrichten über eure Kommunikationssatelliten auf den Frequenzen von CNN, Al Jazeera, Russia Today, CCTV, teleSUR.
Wir können Informationen in Überlichtgeschwindigkeit senden und abrufen, Entfernung spielt in unserer Kommunikation keine Rolle.
Wir haben gelernt, eure englische Sprache zu verstehen.
Wir lieben euch.

Hochachtungsvoll,
die Lalaaren"

Pierre zappte weiter. Der Informationsstand war auf allen Sendern ähnlich. Auf der Grundlage des Faxes und der NASA-Pressemeldung errichteten Journalisten, Wissenschaftler und Hobbyastronomen Türme von Spekulationen. Bis auf einige schnelle Tweets lagen noch keine Stellungnahmen von Politikern vor. Pierre malte sich aus, wie auf der ganzen Welt die Stäbe der Staatsoberhäupter in Meetingräumen zusammenliefen. Flüchtlingsströme, Atomwaffen, Wahlkämpfe rückten in den Hintergrund. Brainstormend standen sie vor Flipcharts, bewerteten Risiken und Chancen. Und was fiel ihnen ein zu den Außerirdischen? Bestimmt Fragmente aus Hollywood-Blockbustern. Vor ihrem geistigen Auge sahen die mächtigsten Frauen und Männer der Welt das gleiche wie Pierre: E.T. und Yoda, Klingonen und Vulkanier, die auf einem staubigen Planeten vor einem Faxgerät saßen.

Pierres Gedanken drehten sich zurück zu Kerstin. Vielleicht änderte das für ihn am Ende mehr als alle Außerirdischen des Weltalls. Dass er sie gestern rausgeworfen hatte. Oder geküsst, damals, vor drei Jahren in einer sternenklaren Nacht an der Nordsee. Drei Jahre, in denen er seine Freunde vernachlässigt hatte. Die Disconächte mit seinen Freundinnen hatte Kerstin ihm in der ersten Woche ausgetrieben, das Ibiza-Gelage mit den Jungs im Sommer darauf. Irgendwann hatte sie dann alleine entschieden, wen sie am Samstagabend trafen.

Er scrollte durch die Kontakte seines iPhones. Beim Eintrag *„Mutti Hotel"* blieb er hängen. War das nicht Anlass genug, mit ihr zu sprechen? Wahrscheinlich würde sie beim ersten Satz riechen, was los war. Kerstin stammte aus Bremen wie sie. Sie würde ihn so lange bearbeiten, bis er ihr versprach, sich mit Kerstin zu versöhnen.

So sehr sich seine Mutter in früheren Jahren über sein unstetes Liebesleben beschwert hatte war Pierre überzeugt, dass er mehr von ihr geerbt hatte als die blitzblauen verschmitzten Augen. Schließlich war er auch selbst das Produkt einer Nacht in Jesolo, auf einem Campingplatz mit einem italienischen Kellner.

Pierre stellte sich vor, wie sich die Nachricht von den Außerirdischen gerade durch das Gebäude seiner Kindheit fortpflanzte, wie die Gäste im Restaurant vor dem Fernseher zusammenliefen, genau wie 1989 beim Fall der Mauer. Die Szenen, die sich jetzt in dem Hotel abspielen mussten, fühlten sich realer an als hier alleine in einem hundertsiebzig Quadratmeter Penthouse zu sitzen. Das Hotel war ihm vertrauter als diese Halle, doch Pierre wollte nirgends lieber sein als hier. Nichts erfüllte ihn mit solcher Genugtuung wie seine liebevoll abgestimmte Einrichtung und die kleinen Gadgets, die er eigenhändig geplant und eingebaut hatte. Sein Loft und Kerstin waren die einzigen Projekte in seinem Leben, denen er länger als ein paar Monate treu geblieben war.

Auf ZDF spekulierte ein eilig zusammengestellter Runder Tisch über die Ziele der Lalaaren. Ein Historiker zog Parallelen zur Geschichte der Kolonialisierung. Der Risikoforscher las eine Liste von Motiven ab, die er sich scheinbar auf der Rückseite eines Kassenbons notiert hatte: Technologietransfer, Neugier und Wissensstrieb, Kolonialisierung, Ausbeutung von Naturschätzen, Fortpflanzung, Tourismus. Der Generalsekretär einer

Regierungspartei fasste zusammen, was hinter den politischen Kulissen in den letzten Stunden passiert war. Im Wesentlichen bedeutete das Chaos auf allen Ebenen.

Mit zitternden Fingern tippte sich Pierre auf Facebook zu Kerstins Profil. Ungläubig starrte er auf sein Tablet. Wischte mit den Fingern hinauf und hinunter. Pierre sehnte sich nach Kerstins Stimme, nach ihrer Meinung, nach einer zynischen Bemerkung über das Fax. Und was hatte Kerstin getan in ihrer rachsüchtigen Wut? Sie hatte ihn auf Facebook gelöscht. Und damit sein letztes Guckloch zu ihren Gedanken verschlossen.

II

Am nächsten Morgen bebte die Welt vor Aufregung. Der Weg zur U-Bahn führte Pierre durch die hippen Gassen des siebten Wiener Gemeindebezirks. Als hätten die Lalaaren jedem von ihnen persönlich ein Fax gesendet, schwebten die Menschen bedeutungsvoll durch die Straßen. Ihre Augen schienen müde von der schlaflosen Nacht vor dem Fernseher. Heute würde sie das Adrenalin der Breaking-News-Orgien wachhalten statt der Fairtrade-Cappuccinos in ihren Pappbechern.

Die U-Bahn, in der sich die Wiener sonst grantig hinter ihren Gratiszeitungen verkrochen, fühlte sich an wie ein Bus voller Erstklässler auf dem Weg zum Schulausflug. Die Fahrgäste unterhielten sich quer über die Reihen, als ob sie sich seit Jahren kannten.

Gegenüber von Pierre saßen zwei Studenten, die ihren Nerd-Status kultivierten wie ein Statussymbol. Der eine trug ein graues Shirt mit der roten Zahl zweiundvierzig, der andere ein Flanellhemd. Beide hatten große schwarze Brillen.

Flanellhemd sagte: „Ich bin neugierig, was das für die Relativitätstheorie bedeutet."

„Vielleicht gar nichts", antwortete Nummer zweiundvierzig. „Ich habe gelesen, dass die Lalaaren eine Raumzeit-Falte genutzt haben könnten."

„Der WARP-Antrieb aus Star Trek?"

„Exakt! Rein mathematisch möglich und verträgt sich mit der Relativitätstheorie. Angeblich weisen die Sensorikdaten der Satelliten darauf hin."

„Wenn die Lalaaren überhaupt Informationen mit Überlichtgeschwindigkeit übertragen können. Bis jetzt haben sie es nur behauptet."

„Das nächste theoretisch bewohnbare Planetensystem ist vier Lichtjahre entfernt. Wie sollten sie sonst das Fax versenden?"

„Sie könnten es vor Jahren abgeschickt haben."

„Das ist ein Faxsignal und kein Morse-Code. Empfänger und Sender müssen mehrere Nachrichten austauschen, bevor ein Dokument übertragen wird. Das würde nicht funktionieren, wenn jedes Signal hin und retour acht Jahre benötigt."

„Vielleicht sitzen sie längst auf der Erde und schicken das Fax von hier?"

Die rote zweiundvierzig schüttelte den Kopf. „Laut NASA wurde das Faxsignal nicht innerhalb der Erdatmosphäre generiert. Der Absender hat den Satelliten direkt aus dem All angesprochen."

„Wie funktioniert das mit diesem Raum-Zeit-Kontinuum in Wirklichkeit?", mischte Pierre sich ein. Die Frage beschäftigte ihn seit dem Abend. „Ihr wisst schon, der Grund warum Zeitreisefilme nicht richtig funktionieren. Wenn ich in die Vergangenheit reise und verhindere, dass mein Vater und meine Mutter mich zeugen, komme ich gar nicht auf die Welt, könnte also auch nicht durch die Zeit reisen, um es zu verhindern."

„Das ist ein ungelöstes Paradoxon", antwortete Flanellhemd. „Wahrscheinlich werden wir das nie erfahren, selbst wenn deine sogenannte Zeitreise funktioniert. Die Außerirdischen sind gewissermaßen außerhalb unseres Systems. Wenn sie uns nicht Informationen aus unserer eigenen Zukunft übermitteln, brauchen wir uns über das Großvater-Paradoxon keine Sorgen zu machen."

Eine aufgeregte Stimme hinter seinem Rücken lenkte Pierre ab. Ein Menschenrudel scharte sich um eine überschminkte Frau mit blondierter Dauerwelle in einem schwarzen Nadelstreifkostüm. Sie schwärmte von einem Luftschutzbunker. „Atombombensicher, modernste Filteranlagen, Lebensmittelgarantie für ein Jahr, genaues Screening aller Bewohner, keine Ausländer."

Stolz ließ sie ihren Blick über die Menge schweifen. „Das absolute Highlight ist eine mit sieben Außenkameras verbundene Dreißig-Quadratmeter-Videowall. So verlieren Sie auch bei längeren Aufenthalten im Bunker nie den Kontakt zum Rest der Welt. Im Moment wirkt es ungemütlich. Aber wenn die Lalaaren hier auftauchen, wird Ihnen das wie das Paradies erscheinen. Ich habe gerade zugeschlagen. Es sind nur noch neunzehn Plätze frei."

„Was, wenn die Lalaaren uns in der Vergangenheit überfallen?", fragte Pierre.

„Ich habe den Platz rückwirkend seit meiner Geburt gekauft", antwortete die Dame schlagfertig und zog einen Stapel Folder aus ihrer Handtasche, bevor jemand diese Logik in Frage stellen konnte.

Pierres Büro lag in der obersten Etage der siebzehnstöckigen AMOCC-Zentrale. Die Austrian Mining, Oil and Chemicals Cooperation war in den letzten fünfundzwanzig Jahren von einem mittelständischen Eisen- und Stahlproduzenten durch geschickte Expansionspolitik zu einem internationalen Player aufgestiegen. Das Headquarter, von dem weltweit rund fünfzigtausend Mitarbeiter gesteuert wurden, streckte sich stolz auf der Donauplatte gen Himmel. Als Symbol für die Nachhaltigkeit des Konzerns hatte man die gesamte Fassade mit kleinen Sträuchern bepflanzt und das Gebäude „grüne Fackel" getauft. Mithilfe der modernsten Dünger, der stärksten Insektizide und Hektolitern von Wasser wurde versucht, die Pflanzen unter den extremen Witterungsbedingungen an der Wand des Hochhauses am Leben zu erhalten. Vergeblich. Alle paar Monate verwandelte sich die grüne Fackel in eine struppig-braune Leiche. „Toter Dackel"nannten die Mitarbeiter das Gebäude.

In der Vorstandsetage herrschte ungewohnte Stille. Die gläsernen Meetingräume standen leer. Pierre fand seine Kollegen in der Cafeteria. Wie eine Herde Schafe im Angesicht des Wolfes, hatte sich der halbe Konzern in der Kantine versammelt, um die Ereignisse der Nacht zu besprechen. Auf den Monitoren, die normalerweise den Speiseplan zeigten, lief CNN.

Ein großer Glatzkopf mit Stiernacken winkte Pierre zu sich. „Pierre, hast du schon gehört? Die Lalaaren schicken nicht nur die Faxnachrichten. Sie lieben auch ALF, Modern Talking und Achselhaare. Vor denen brauchen wir uns nicht fürchten. Die sind voll in den Achtzigern hängen geblieben."

Dr. Mayer, ein verschrumpeltes altes Männchen in Anzug und Krawatte, musterte ihn streng: „Die Lalaaren sind mehrere Lichtjahre von uns entfernt und haben eine Nachricht in einem für uns verständlichen Protokoll übermittelt. Aber nein, das ist überhaupt nicht beeindruckend."

„Was meinen Sie, Dr. Mayer: Was wollen die Lalaaren von uns?", fragte Pierre.

„Sie haben definitiv ein großes Ziel. Diesen Aufwand betreiben sie nicht für einen harmlosen Kaffeeplausch. Kommunikationstaktisch finde ich es äußerst interessant, dass sie angeben, unsere Fernsehsender empfangen zu können. Keiner weiß, was sie noch alles sehen und hören. Diese Unsicherheit unterbindet jegliche offene Kommunikation auf der Erde. Sie zwingt die Politik zu einem diplomatischen Eiertanz. Niemand kann über Aufrüstung oder Verteidigung sprechen, ohne den Lalaaren damit Misstrauen zu signalisieren."

„Ich glaube nicht, dass die Politiker so ahnungslos sind, wie sie tun", sagte der Glatzkopf. „Was ist mit Area 51, Roswell und so weiter? Ich habe das nie geglaubt, aber jetzt … Ich wette mit Ihnen, wir hatten schon mal Kontakt mit den Lalaaren. Die Geheimdienste wissen genau, was da läuft."

„Sieht nicht so aus", entgegnete Mayer und nickte in Richtung der Monitore, auf denen die deutsche Bundeskanzlerin stotternd den Fragen der Journalisten auswich.

Pierre wechselte zu sechs Kolleginnen aus der Corporate Marketing Division, die er mit zwölf Küsschen auf die Wangen begrüßte. Pierre glänzte mit seinem neuen Wissen über Zeitreisen und spielte ihnen die Bunker-Verkaufsshow vor. Die Mädels bogen sich vor Lachen und obwohl die Luft in der Cafeteria stickig war und nach dem Fett der ersten Käsekrainer roch, obwohl die Schatten der verwelkten Pflanzen die warme Sommersonne in fahles Licht verwandelten, hatte Pierre zum ersten Mal, seit Kerstin vorgestern in den Lift gestiegen war, das Gefühl frei atmen zu können. Er fühlte sich wie ein Fisch im Wasser.

Als Pierre am Nachmittag an die Tür seines Bosses Mark van Storen klopfte, verfolgte der gerade die Rede des amerikanischen Präsidenten auf seinem Beamer. Pierre nahm ein Red Bull aus dem kleinen Kühlschrank und ließ sich in den Lederfauteuil unter der Plastikpalme fallen. Die eiskalte Dose zischte verheißungsvoll. Pierre mochte Marks Büro. Das war der einzige Raum, in dem er keine Rolle spielen musste. Der einzige, wo er ein wenig Wertschätzung für die Millionen erhielt, die er AMOCC jedes Jahr sparte.

„Und? Machen sich unsere Gottobersten Sorgen wegen der Lalaaren?", fragte Pierre.

Mark lockerte seine Krawatte. „Nicht wirklich. Ich glaube, unsere Vorstände sind die einzigen, die heute an etwas anderes denken. Wenn sich die Außerirdischen nicht an unseren Bodenschätzen vergreifen, haben wir kein Problem."

„Gar nicht so unwahrscheinlich, dass sie das interessiert", sagte Pierre.

„Wenn sie schon durch die Zeit reisen können, wären sie wohl hundert Jahre früher aufgetaucht. Bevor wir alles geplündert haben."

Mark berichtete direkt an den CEO des Konzerns. Seine Abteilung erfüllte strategische Aufgaben, in denen politisches Geschick und der uneingeschränkte Wille, das EBITDA zu maximieren, wichtiger waren als fachliche Qualifikationen. *„Experten hat AMOCC Tausende"*, lautete Marks Leitspruch, *„aber SWAT-Team nur eines."*

Pierre verdankte Mark die Fertigstellung seines Lofts. Vier Jahre nach Baubeginn hätte ein Wasserfleck an der Decke Pierres Vorhaben beinahe scheitern lassen. Das Budget war weit überschritten, das letzte Darlehen ausgeschöpft und Pierre fehlte das Geld, um die Dachisolierung reparieren zu lassen.

Die Vorstellung, dass er vier Jahre seines Lebens in eine Baustelle investiert hatte, um sie kurz vor dem Ziel an die Bank zu verlieren, ließ seinen berühmten Humor versiegen, mit dem er sonst jede Niederlage überwand. Pierres Traum stand vor dem

Ende und niemand konnte übersehen, dass Pierre das nicht gerade locker wegsteckte. Beim Mittagessen erzählte er keine Witze mehr. Er hing lethargisch in seinem Bürostuhl, bis Mark ihm die Leitung eines sehr speziellen Vorstandsprojekts anbot. Hinter der Fassade des Projektes „LOWCARB" versteckte sich eine Agenda, in die nur der Vorstand, Pierre und Mark eingeweiht waren. Pierre war der perfekte Kandidat für den Job. Erstens benötigte er dringend Geld. Zweitens hatte er sich mit dem bisherigen Projektleiter nächtelang durch die Wiener Gin-Bars getrunken. Pierre wusste bereits mehr über die geheime Agenda, als Mark recht war. Vermutlich war die mangelnde Diskretion seines Vorgängers der Grund gewesen, wieso der Sicherheitsdienst ihn wenige Tage zuvor aus dem Gebäude begleitet hatte. Für eine großzügige Abfindung hatte es dennoch gereicht. Und auch Pierres Stillschweigen würde mit einer Projektprämie entlohnt werden, die sein Gehalt mehr als verdoppelte.

Plötzlich konnte Pierre den Wasserschaden beheben und neben der Tilgung der Kredite noch ein komfortables Leben führen. Zumindest so lange, bis er seine Innenausstattung bestellte.

Der amerikanische Präsident kam zum Ende seiner Ansprache: *„Ich empfinde eine tiefe Ehrfurcht und Dankbarkeit, diesen Moment erleben zu dürfen.*

Zum Abschluss möchte ich nun all jenen antworten, die versuchen uns klein zu machen. All jenen, die versuchen Angst vor unseren neuen Nachbarn zu schüren.

Ich bin felsenfest davon überzeugt, dass wir als Amerikaner und als Erdbewohner unseren neuen Nachbarn stolz und mit breiter Brust gegenübertreten können. Stolz nicht nur auf den wunderschönen, vielfältigen, ressourcenreichen Planeten, auf dem wir leben dürfen, sondern auch auf unsere Leistung als Menschen: unsere Technologie, unsere Kultur, unsere Werte und unseren Glauben. Ich möchte unsere neuen Nachbarn willkommen heißen, ohne Furcht, ohne Neid, sondern mit genau jener Offenheit und Gastfreundschaft, für die unsere großartige Nation bereits heute auf der ganzen Erde bekannt ist."

Mark schaltete den Beamer aus: „Intergalaktischer Patriotismus. Das hat uns noch gefehlt."

Pierre blickte aus dem Fenster über das unendliche Meer aus Häusern unter ihm. Ganz Wien hing an den Lippen des Präsidenten. So sehr die Europäer ihn auch verachteten, glaubten sie doch, dass er der Mensch war, der am meisten über die Lalaaren wusste. Wie selbstverständlich war ihm die Rolle des Anführers der Menschheit zuteil geworden.

„Hast du gehört, dass das Weiße Haus alle Filme, in denen Aliens vorkommen, verboten hat?", fragte Pierre. „Aus Respekt gegenüber den Lalaaren."

Mark schnaubte: „Glaubst du, werden sie uns die Hirne wegpusten?"

„Irgendwie kann ich mich nicht vor ihnen fürchten. Sie haben uns ein verdammtes Fax geschickt!"

„Vielleicht rücken wir zumindest auf der Erde ein wenig zusammen", sagte Mark. „Wozu sich wegen der falschen Religion Kugeln in den Kopf jagen, wenn da oben eine eigene Spezies auf uns wartet?"

„Du glaubst doch nicht wirklich, dass irgendwas diese Fanatiker stoppen kann?"

Mark zuckte die Schultern. „Jedenfalls finde ich es cool, dass endlich mal wieder etwas anderes passiert."

„Bier heute Abend?", fragte Pierre.

Mark verzog das Gesicht: „Normal gerne, aber ich muss mich um dieses Mäuschen von letzter Woche kümmern. Ich glaube, sie hat Angst vor den Aliens und braucht ein wenig Ablenkung." Er grinste. „Ende nächster Woche? Donnerstag?"

Pierre tat so, als müsse er nachsehen. „Wenn es vorher nicht geht", sagte er, den Blick auf sein Smartphone gerichtet. „Perfekt!"

III

Vera fröstelte in ihrem ärmellosen Leinenkleid, dreiundzwanzig Meter unter dem kühlen Wasser des Donaukanals. Jede U-Bahn presste einen neuen Schwall eisiger Luft in die Station. Kälte, gewonnen aus elektrischem Strom, für den irgendwo Auen zubetoniert, Plutonium gespalten oder CO_2 in die Atmosphäre gejagt wurde. Nur damit sie hier bei einer Außentemperatur von zweiunddreißig Grad frieren musste.

Sie war für einen warmen Sommerabend gekleidet, nicht für diese zugigen Katakomben. Das Kleid trug sie für Daniel. Er mochte es, weil es ihr eigentlich zu kurz war. Eine dänische Freundin aus ihrer Greenpeace-Zeit hatte es ihr vor vielen Jahren zum Geburtstag genäht. Am oberen Ende, wo Veras feuerrote Locken den Stoff berührten, säumte den grauen Leinenstoff ein buntes, handgesticktes Muster.

Insgeheim wusste Vera, dass weder die Klimatisierung noch das kurze Kleid ihre Gänsehaut verursachte. Vera fror nicht so schnell. Eigentlich. Denn seit dem 13. Juni ließen regelmäßig Frostattacken ihren Körper erzittern, bei jeder Temperatur. Sie verursachten physische Schmerzen. Nicht im Bauch oder im Kopf, wie man vermuten mochte, sondern in ihren Knochen. Als drohten sie, spröde vor Kälte, jeden Moment zu brechen.

Zunächst hatte sie die Schmerzen für eine aufkommende Grippe gehalten. Es dauerte drei Tage, bis sie bemerkte, dass sie immer dann fror, wenn sie Daniel anrief. Jedes Mal, wenn sie die Wohnungstür aufsperrte. Jedes Mal, wenn sie irgendwo auf ihn wartete.

Sie konnte sich nicht erinnern, so etwas früher empfunden zu haben. Als Kind lief sie mit Freunden nächtens durch den stockfinsteren Wald, als Teenager knöpften ihr ältere Burschen im Auto die Hose auf. Sie sprang aus Flugzeugen und verbrachte vier Tage in einem norwegischen Gefängnis. Nie hatte sie so gezittert. Das Gefühl, das sie ihr Leben lang für Angst gehalten hatte, war bloß ein wohliger Adrenalin-Schauer. Sie liebte diese euphorische Stimmung, das Gefühl, stärker als alle anderen zu sein. Vera hatte immer geglaubt, sie liebte die Angst. Bis das ohnmächtige Bangen um Daniel begann. Erst da wusste sie, was Angst war. Würde er da sein? Würde er ihren Anruf annehmen? Würde er kommen?

Vera jagte eine Runde über den Bahnsteig, um sich warm zu halten. Immer nur so weit, dass sie die Rolltreppe im Blick behalten konnte. Daniel verspätete sich selten, und es blieben ihm auch jetzt noch zehn Minuten bis zur vereinbarten Zeit. Vera war zu früh gekommen. Sie hatte es dank ihrer Nervosität nicht mehr daheim ausgehalten.

Dann war er da. Vera erkannte die grasgrünen Flohmarkt-Sneakers auf der Rolltreppe. Zentimeter für Zentimeter glitten seine Jeans in ihr Blickfeld, sein langer Oberkörper, aufrecht wie immer, kerzengerade mit selbstbewussten Schultern. Dann sein dunkelbrauner Vollbart, die graugrünen, aufmerksamen Augen und seine verstrubbelten Haare. Daniel Degenhorst hatte die Ausstrahlung eines Rockstars. Er lächelte, als er Vera sah und lehnte lässig an dem schwarzen Handlauf, bis ihn die Rolltreppe vor ihr ausspuckte.

Vera legte die Arme um seinen Nacken und küsste ihn. Wieder stellte sie überrascht fest, dass sie beinahe gleich groß waren. Je kleiner sie sich innerlich fühlte, desto größer erschien ihr Daniel.

„Wo warst du Blümchen?", fragte Vera.

Daniel grinste geheimnisvoll.

„Verrätst du mir wenigstens, wo wir hingehen?"

Ohne zu antworten, griff Daniel nach ihrer Hand. Sie ließen den Lift fahren und kletterten die Treppen hinauf in die Abenddämmerung. Vera erzählte von ihrem Ärger über die Klimaanlagen.

„Immer noch besser, als wenn sie alle mit dem Auto fahren, bloß, weil ihnen die Menschen in der U-Bahn zu viel transpirieren", entgegnete er. Ein typisches Daniel-Argument. Und Vera war es mit der lauen Luft auf ihrer sommersprossigen Haut und Daniel an ihrer Hand mittlerweile egal.

Zu Veras Überraschung bogen sie am Donaukanal links ab. Heute feierten sie ihren fünften Jahrestag. Sie hatte vermutet, dass sie stromaufwärts in den Augarten gehen würden. Wo führte Daniel sie hin?

Neben ihnen in der Wiese bereiteten sich die ersten Jugendlichen mit einem Sechserpack Bier auf die Nacht im Club gegenüber vor. Ein Punkmädchen sprayte gerade eine aufreizende außerirdische Dame auf die Kaimauer. In der Sprechblase stand: *„Fuck me to survive."* Dutzende Jogger kamen ihnen entgegen, ein Schnösel auf einem dieser idiotischen Segways und eine Mutter mit Kinderwagen. Das vorbehaltlose Glück in ihren Augen versetzte Vera einen Stich.

An der nächsten Treppe führte Daniel sie hinauf zu einem Wohnhaus in der Unteren Donaustraße. Vera kannte das Haus. Doch wieso sollten sie hier ihren Jahrestag verbringen? Im vierten Stock zog Daniel einen Schlüsselbund aus der Tasche und sperrte die Wohnungstür auf. Über der Glocke stand: „*Norbert + Birgit Vreisen.*" Daniel schob Vera in das Vorzimmer. „Norbert und Birgit spielen gerade im Konzerthaus", sagte er und bedeutete ihr voranzugehen.

Es duftete nach Ingwer, Kreuzkümmel und Kardamom. Mit bloßen Sohlen tappte Vera ins Wohnzimmer.

Auf dem für zwei Personen gedeckten Tisch brannten lange weiße Kerzen. Die Vorhänge waren zugezogen.

„Keine Flecken auf den Teppich machen", sagte Daniel lächelnd. Sie spürte wieder die warme Aufregung, die sie früher für Angst gehalten hatte. Sie fühlte seinen weichen Bart an ihren Handflächen, als sie seinen Kopf zwischen ihre Hände nahm und küsste. Seine Haut duftete wie feuchter Waldboden. Kein Mann roch wie Daniel.

IV

Fünf Tage nach dem Fax wurde Pierre zum ersten Mal in seinem Leben aus einem Club geworfen.

Schon als er die Stiegen in die „Passage" hinunterging, fühlte er sich in seinem Lieblingsclub wie ein Fremdkörper. Die vereinzelten Gäste lungerten auf weißen Loungemöbeln und sahen aus, als würden sie noch in die Schule gehen. Nach vier Fernsehabenden auf der Couch spürte Pierre eine physische Abneigung gegen Polstersessel. Er lehnte sich an die indirekt beleuchtete Bar. Ein Blick durch den Club bestätigte seine Befürchtung, dass er als Einziger ohne Begleitung hier war.

Sogar im Tempel der Coolness lief an diesem Abend CNN. Pierre amüsierte die naive Freude, mit der sich seine Generation für die Lalaaren begeisterte. Endlich etwas, das ihnen Bedeutung verlieh: Sie durften miterleben, wie ein außerirdisches Volk die Menschheit kontaktierte. Die Welt ihrer Kinder würde eine andere sein.

Pierre verfolgte auf dem Flatscreen über der Bar zum ersten Mal im Leben eine Tagung des UN-Sicherheitsrats. Im Hauptquartier der Vereinten Nationen in New York würde in wenigen Minuten die offizielle Antwort der Menschheit an die Lalaaren verlesen werden. Fünf Tage lang hatten Heerscharen von Diplomaten an der ersten Nachricht gefeilt.

Mittlerweile verkam die Erklärung zu einem reinen Formalakt. Die Könige, Präsidenten und Premierminister waren längst mit ihren Botschaften vor die Kameras getreten. Pierre fragte sich, was die Lalaaren mit diesem Wirrwarr anfangen würden. Ob dort weitere tausend Diplomaten arbeiteten, die das Durcheinander von der Erde für die Entscheidungsträger ihres Planetensystems aufbereiteten?

Mit den einleitenden Floskeln würden sie sich nicht schwer tun. Alle Politiker glänzten mit höflichen Willkommensgrüßen und Plädoyers für Frieden. Schwieriger wurde es, wenn der russische Präsident die Lalaaren in seiner Rede über die Machtverhältnisse auf der Erde und den zum Scheitern verurteilten amerikanischen Imperialismus aufklärte. Oder wenn Dutzende Staatsoberhäupter ihre Länder als den perfekten Ort für eine Lalaaren-Basis auf der Erde anpriesen. Der iranische Präsident bot ihnen hundert Millionen Barrel Rohöl als Willkommensgeschenk, China wollte ein gigantisches Zentrum für technologischen Austausch errichten und Russland einen Teil Sibiriens als selbstständiges autonomes Gebiet an sie abtreten. Doch der russische Präsident stellte in seiner Rede auch klar, dass Russland keine Aggression dulden würde: „Wir wollen eine friedliche Beziehung zu dem Volk der Lalaaren, betonen aber, dass wir gegebenenfalls in der Lage sind, unseren Planeten zu verteidigen."

Die von den Lalaaren benannten Kommunikationskanäle CNN, Al Jazeera, Russia Today, CCTV, teleSUR bemühten sich um den Anschein, verantwortungsvoll mit ihrer neuen Macht umzugehen. Die sogenannten Big Five setzten Kommentatoren ein, die den Kontext der Meldungen für die Lalaaren erklärten, um ihnen die Interpretation zu erleichtern und die Rollen unterschiedlicher Politiker und Wissenschaftler zu erklären. Allerdings kommentierte Russia Today die Rede des amerikanischen Präsidenten ein wenig anders als CNN.

Der Generalsekretär der Vereinten Nationen rang eine Woche lang darum, Herr über das Chaos zu werden. Nie zuvor hatte es den Bedarf gegeben, die Erde offiziell mit einer Stimme sprechen zu lassen. Die einzelnen Staaten hatten die Position der Menschen durch ihre voreiligen Versprechungen empfindlich geschwächt. Würden die Lalaaren die individuellen Angebote einlösen, könnten sie sich auf der Erde ohne Gegenleistung nach Lust und Laune bedienen.

Nach Tagen einigte man sich, den UN-Sicherheitsrat mit der Verfassung einer Antwort zu betrauen. Dann stritt man darum, wer sie vortragen durfte. Schließlich trafen die wichtigsten Diplomaten der Welt eine weise Entscheidung: Jedes Mitglied des Sicherheitsrats sollte eine Zeile vorlesen. In letzter Sekunde verzögerte sich der offizielle Akt, weil der französische Präsident verlangte, in französischer Sprache vortragen zu dürfen. Es sei nicht einzusehen, wieso sich die Menschen durch die Lalaaren willkürlich eine bestimmte Sprache zur Kommunikation aufzwingen ließen. Nach zähen Verhandlungen erzielte man den Kompromiss, dass jedes Staatsoberhaupt die Lalaaren in seiner Sprache grüßen, der Text aber auf Englisch verlesen werde. Der Event wurde um eine weitere Stunde verschoben, damit der französische Präsident die korrekte Aussprache seines Satzes einstudieren konnte.

Samstag, dreiundzwanzig Uhr mitteleuropäischer Sommerzeit, saßen die Mitglieder des Sicherheitsrates wie aufgeregte Volksschüler im Kreis und verlasen fünfzehn Sätze, in denen sie ihr Interesse an einer friedvollen Beziehung, kulturellem, wissenschaftlichem und gesellschaftlichem Austausch, am Aufbau eines diplomatischen Kommunikationskanals sowie eines interplanetaren Rechte- und Wertesystems Ausdruck gaben. Die Versprechen der Nationalstaaten wurden für nichtig erklärt. Einzig der UN-Sicherheitsrat sei bevollmächtigt, Verhandlungen über Leistungen der Menschen zu führen. Noch bevor das letzte Staatsoberhaupt gelesen hatte, verdoppelte der Iran sein Erdölangebot.

Auf die feierliche Zeremonie folgte Werbung. Nicht nur Politiker kommunizierten mit den Lalaaren. Firmen und Privatpersonen rissen sich um Werbeplätze der Big Five. Pierre konnte den Spots ohne Ton folgen. Alle Sendungen der Big Five wurden mit englischen Untertiteln ausgestrahlt, um den Lalaaren die Übersetzung zu erleichtern. Im ersten Spot stand ein smarter Afroamerikaner vor weißem Hintergrund. Er trug Jeans, ein grünes Google T-Shirt und eine dicke, rechteckige Brille: „Google bietet Menschen und allen Völkern des Universums Zugriff auf jede Information, die auf unserem Planeten verfügbar ist." Von beiden Seiten zog er virtuelle Objekte ins Bild: Karten, Videos, Musikstücke. „Wir ermöglichen jedem freien Zugang zum größten Schatz der Erde. Gemeinsam mit euch, liebe Lalaaren, möchten wir für euch einen einfachen interplanetaren Zugriff auf das menschliche Wissen entwickeln.

Kommt mit uns ins Gespräch. Schickt ein Fax an: 001 354 12345678."

Der Spot sorgte seit zwei Tagen für Aufregung. Durften Unternehmen Informationen an die Lalaaren weitergeben? Welchen Bedingungen sollten Geschäftsbeziehungen mit den Lalaaren unterliegen? Die amerikanische Regierung versuchte erfolglos, den Big Five die Ausstrahlung von Werbebotschaften an die Lalaaren zu untersagen.

Als Nächstes lief Abha Sumbramaniam, die Tochter eines indischen Milliardärs, in weißem Prinzessinnenkleid durch die Brandung. In einem diamantbesetzten Bikini tauchte sie ins Meer. Die Muskeln spielten auf ihrem Rücken, während sie in den Sonnenuntergang schwamm.

„Möchtest du meinen wundervollen Planeten näher kennenlernen?", fragte der Untertitel. „Seit meiner Kindheit träume ich von einer interplanetaren Beziehung." In Zeitlupe stieg Abha aus dem Meer, ihre weißen Zähne strahlten in die Kamera. „Fax deine Bewerbung an +91562345171 und ich führe dich in das Wunder der menschlichen Liebe ein." Einige Burschen notierten die Nummer grölend in ihren Smartphones, bevor sie wieder zu Pierre hinüberstarrten. Er hatte das Gefühl, sie machten sich über ihn lustig.

Pierre floh auf die Toilette. Aus dem Spiegel starrte ihm ein schwammiges Monster entgegen. Seine Haut glänzte weiß. In seinem karierten Hemd sah er zehn Jahre zu alt aus für diesen Club. Unsinn, sagte er sich, ein bisschen tanzen, ein kleiner Schmäh und die Mädchen würden auf ihn abfahren wie früher.

Zurück an der Bar ließ er seinen Blick über die anwesenden Frauen streifen. Eine schlanke Asiatin in schwarzem, hochgeschlitzten Kleid tanzte wie ein Model in einer Bacardi-Werbung. Am Rande der Tanzfläche tappte eine Riesin mit versonnenem Lächeln zum Beat eines Songs. Sie steckte in einer knallroten, über und über mit langen Rüschen besetzten Bluse mit tiefem Dekolletee, die aussah wie aus einem mittelalterlichen Märchen. Ihre dunkelblonden Haare hatte sie mit einer roten

Masche zu einem Pferdeschwanz gebunden. Hohe Wangenknochen verliehen ihrem Gesicht etwas Spitzbübisches, konnten aber gegen die ungeschlachten Proportionen ihres Kopfes wenig ausrichten. Pierre gab ihr sechs von zehn Punkten. Sie war nicht fett, aber ihre Figur schien dafür geschaffen, einen Pflug über das Feld zu schieben. Würde man sie um ein Drittel schrumpfen, wäre sie vielleicht ganz süß.

Die Märchenfrau mit der Rüschenbluse wechselte zur Bar, um ein Getränk zu bestellen. An ihrem Arsch baumelte ein weißes Stück Papier. Sie hatte vergessen das Preisetikett von ihrer Hose abzuschneiden.

„29,90 ist aber ein tolles Angebot", sagte Pierre. „Was ist da alles inkludiert?"

Sie zuckte ein wenig zusammen. „Wie bitte?"

„Der Preis auf deinem Hintern."

Die Riesin griff nach hinten und wurde rot. Sie kicherte. Pierre sah eine kleine Lücke zwischen den vorderen Schneidezähnen. „Kannst du es bitte abreißen?"

Als wahrer Gentleman gehorchte Pierre solchen Befehlen widerspruchslos. Um den Stoff der Hose nicht zu beschädigen, fuhr er mit einer Hand in den Bund. Die Haut an ihrem Kreuz war von einem samtig weichen Flaum bedeckt. Pierre stützte seine zweite Hand an ihrer rechten Backe ab und riss den Zettel heraus.

„Danke, dass du mir das gesagt hast", sagte sie.

„Das Vergnügen war ganz auf meiner Seite", antwortete Pierre.

„Weißt du, ich habe das alles extra für heute gekauft." Pierre mochte ihren Salzburger Dialekt. „Wast du", sagte sie und „i hob".

„Wieso extra für diesen Abend?"

„Neues Leben, neue Kleider."

„Neues Leben?"

„Die Lalaaren haben mein Leben verändert", sagte sie. Ihre Augen leuchteten.

„Möchtest du etwas trinken?", fragte Pierre.
„Ich? Äh. Ja. Ein Cola-Rot?"
Pierre schoss die Erinnerung an Teenagerabende am Wörthersee durch den Kopf. Cola-Rot war der Geschmack seines ersten Kusses. Mit verächtlichem Blick mischte der Barkeeper Cola und ein Achtel Cuvee vom Hill in einem weiten Bordeaux-Glas. Immerhin stand Pierre jetzt nicht mehr alleine an der Bar. Später konnte er sich ja immer noch dem Bacardi-Model widmen.

Sie stießen an. „Ich heiße Pierre."
„Ich bin die Beate."
Sie nahm einen großen Schluck und fragte mit einer Haltung, so förmlich, als wären sie auf dem Opernball: „Möchtest du mit mir tanzen gehen?"
„Ich tanze nicht, solange die Gefahr besteht, mich am nächsten Tag noch daran erinnern zu können."
„Ich kann dir nachher eine Pfanne über den Schädel schlagen."
„Danke, ich bleibe bei der herkömmlichen Methode." Pierre deutete auf sein Glas.
Sie legte ihm erschrocken die Hand auf den Arm: „Tut mir leid, ich weiß. Ich habe ich einen Witz gemacht."
Pierre nickte: „Schon klar. Ich habe mitgespielt."
„Ah, so. Haha", sagte sie. „Und wie viele davon brauchst du, bis wir tanzen können?"
„Du musst nicht auf mich warten."
„Und wenn ich will?"
„Bis ich mit dir tanzen kann? Sieben."
Irgendwie gefiel ihm ihr seltsames Gespräch. Er wartete auf eine Gelegenheit, ihr in den Ausschnitt zu sehen. Doch Beate schien nicht einmal zu zwinkern. Ihre tiefen, braunen Augen ruhten unentwegt auf seinen. Trotzdem starrte sie ihn nicht an. Sie fesselte seinen Blick. Noch nie hatte der Ausdruck besser gepasst.
Beate zählte beharrlich die Runden. Bei Aperol Spritz Nummer sechs begannen die Gedanken unkontrolliert aus Pierres

Kopf zu blubbern. „Hast du dich auch komisch gefühlt, weil du alleine hier bist?" Der Beat dröhnte nun so laut, dass er sich ganz nah zu ihrem Ohr lehnen musste.

„Nö. Ich bin oft alleine", antwortete Beate.

„Wieso?", fragte er.

„Vielleicht hätte ich sagen sollen: Ich *war* oft alleine?" Ihr breiter Mund lachte jetzt ununterbrochen.

„Meinst du wegen der Lalaaren?"

„Ja. Und wegen dir."

Oh, oh, dachte Pierre, aber da war es schon zu spät. Beate bestellte die nächste Runde, hielt sieben Finger in die Luft, packte seine Hand und zog ihn hinein in die dichte, warme Masse aus Menschen.

Wie ein Schwarm Fische oszillierten die Körper synchron zum Beat. Und dann fing Beate an zu tanzen.

Wie in einem Jane-Fonda-Video aus den Siebzigern sausten ihre Arme durch die Luft. Sie ließ sich in einen Spagat auf den Boden fallen, rollte sich über die Seite hoch und schnellte mit gegrätschten Beinen in die Luft, als würde sie in einer Turnhalle über ein Pferd springen. Die Menschen wichen zurück. Pierre versuchte zu fliehen, doch sie erwischte ihn an einem Hemdzipfel, packte seine Hand und zog ihn an sich, um sich unter seinem Arm im Kreis zu drehen. Die Märchenprinzessin tanzte einen verdammten Cha-Cha-Cha. In der „Passage". Zu einem Track von David Guetta. Pierre krachte mit der Schläfe gegen einen Ellbogen. Beate ließ sich wieder auf den Boden fallen und kickte mit einem Schwung gegen ein Dutzend Knöchel. Die Mädchen kreischten, die Burschen begannen auf Beate einzutreten, während sie ihr auf die Brüste starrten. Pierre spürte eine Pranke auf der Schulter. Ein Mann, so groß wie Beate, aber ohne Haare auf dem Kopf, schob ihn von der Tanzfläche. Keine Minute später standen Beate und Pierre draußen auf der Ringstraße.

Beate sah Pierre verblüfft an: „Was war das?"

„Der Security. Er hat uns rausgeschmissen."

„Warum?"

„Ich schätze, sie mochten nicht, wie du tanzt."

„Wie ich tanze? Was ist das für ein Laden? Gibt's dafür Vorschriften?"

„Du hast die ganze Tanzfläche abgeräumt."

„Ich?" Beate sah ihn entsetzt an. „Und du bist wegen mir rausgeflogen?"

Pierre zuckte die Schultern und rieb sich fröstelnd die Arme.

„Das tut mir so leid. Soll ich ihnen sagen, dass es meine Schuld war? Dann kannst du wieder rein."

Pierre hob abwehrend die Arme. „Schon gut. Ich wollte ohnehin nach Hause."

„Ich habe Hunger", sagte Beate. „Möchtest du etwas essen? Ich lade dich ein. Als Entschuldigung."

Pierre blickte auf die Uhr. Er dachte an seine leere Wohnung. „Gut", sagte er. „Hinter der Oper gibt es einen guten Würstelstand."

Beate angelte nach seiner Hand. Pierre versteckte sie in seiner Hosentasche.

„Scheinbar bin ich zu wild", sagte Beate.

„Bist du immer so?"

„Gehört das nicht zum Tanzen? Dass man die Musik einfach durch den Körper strömen lässt?"

„Schon, aber wenn jeder tanzt wie du, kommt aus dem Club niemand lebend raus."

„Ich habe gar nichts gespürt", sagte Beate. „Habe ich jemanden verletzt?"

Pierre schüttelte den Kopf: „Nicht ernsthaft. Ein paar Platzwunden vielleicht, die eine oder andere Gehirnerschütterung."

Als sie bei der Oper um die Ecke bogen, sagte Pierre: „Machst du Aerobic? Du beherrschst einige außergewöhnliche Tanzschritte."

„Mein Hobby ist Bodenturnen."

„Bodenturnen? Purzelbäume und so etwas?"

„Saltos, Räder, auf den Händen gehen. Was man halt macht. Und Trampolinspringen."

Pierre musterte Beate. Sie sah ganz und gar nicht wie eine Bodenturnerin aus. Sie deutete seinen Blick richtig: „Wollen wir wetten?"

Sie waren bei dem Würstelstand angekommen.

„Was meinst du?"

„Wetten wir, dass ich einen Salto kann."

„Jetzt, hier, aus dem Stand?"

Beate nickte.

„In deinem Zustand?"

„Wollen wir wetten? Komm schon."

Die Männer am Würstelstand sahen sie an.

„Gut", sagte Pierre. „Was ist der Einsatz?"

Beate lachte und zeigte ihre Zahnlücke. Sie kam ganz nah zu Pierres Ohr, wie um etwas hineinzuflüstern. Plötzlich riss sie den Mund auf und umfasste sein ganzes Ohr mit ihren Lippen. Sie strich mit der Zunge über seine Ohrmuschel. Ganz langsam, bis ihre feuchte Spitze bei seinem Ohrläppchen ankam und sie beinahe unhörbar hauchte: „Um ein Frühstück. Morgen bei dir." Pierre überkam ein heißer Schauer, Gänsehaut kroch von seinem Hals abwärts die Schultern hinunter über seinen Rücken. Seine Knie drohten einzuknicken, als wären sie aus Gummi. Innerhalb von Sekunden trieften seine Handflächen vor Schweiß. Das hatte noch keine bei ihm gemacht. Unfassbar. Nach all den Frauen musste dafür erst die verrückte Märchenprinzessin vom Land kommen!

Sie sah ihn erwartungsvoll an. Er richtete sich auf, wischte die Hände an der Hose ab und sagte: „Gut, was ist dein Einsatz?"

„Brauchen wir keinen", antwortete Beate.

Sie hob die Arme über ihren Kopf und schloss die Augen. Mitten auf dem Gehsteig, auf dem dreieckigen Platz zwischen jahrhundertealten Gebäuden, der Staatsoper, der Albertina und dem Hotel Sacher, ging sie in die Knie, holte Schwung und sprang. Pierre hatte das Gefühl eine Vibration im Asphalt zu spüren, als sie abhob, gut einen Meter in die Luft stieg, sich zu einer kompakten Rolle formte und in der Luft um ihre Achse drehte. Ihr Zopf folgte ihr wie in Zeitlupe, überholte sie und schnellte ihr, als sie mit beiden Beinen wieder auf dem Boden landete, ins Gesicht.

Die Zuseher applaudierten.

Pierre verneigte sich und bereute für fast eine Minute nicht, dass er sie nun mit nach Hause nehmen würde.

V

Vera hatte Daniel schon einmal in der Wohnung der Vreisens nackt gesehen. Auf den Tag genau vor fünf Jahren. Streng genommen waren sie damals nicht zusammengekommen, doch da sich das konfuse Aufflammen ihrer Beziehung in kein Datum pressen ließ, hatten sie sich auf jene Nacht geeinigt.

Die Wiener Ökoszene hatte etwas Dörfliches. Wie Großfamilien arbeiteten die unterschiedlichen Gruppen nebeneinander, verzahnten und bekriegten sich im zermürbenden Kampf um Spendengelder und Förderungen. In diesem feinen Netz aus Freund- und Feindschaften waren sich Vera und Daniel immer wieder über den Weg gelaufen. Doch dass sich Vera in Daniel verliebte, verdankte sie ausgerechnet einem Ölkonzern. Das Unternehmen organisierte eine virtuelle Internetkonferenz, in der Manager, Wissenschaftler, Kunden und sogenannte Umweltaktivisten aus allen Kontinenten über nachhaltige Energie diskutierten. Der Background der Teilnehmer wurde penibel überprüft, um eine „ausgewogene" Diskussion zu gewährleisten. Daniel registrierte sich als Tankwagenfahrer eines Zulieferunternehmens und schlüpfte damit durch den Security Check der Public-Relations-Abteilung. Er klebte sich einen mächtigen Schnauzbart über die Lippe, setzte sich eine Vokuhila-Perücke auf den Kopf und loggte sich zu der virtuellen Konferenz ein, an der neben dem Europachef des Konzerns auch der britische Umweltminister und etwa 3000 Zuschauer teilnahmen, darunter Vera Hackner, die dank ihrer gemeinsamen Freundin Birgit Vreisen von Daniels Plan wusste.

Daniel hatte eineinhalb Minuten Redezeit, bevor seine Verbindung aus „technischen Gründen" getrennt wurde. In den ersten sechzig Sekunden ratterte er die größten Verbrechen des Konzerns herunter, Todesfälle, Menschenrechtsverletzungen, Zerstörung von Ökosystemen, Beschleunigung des Klimawandels. Der Konzernchef versuchte die Argumentationsstrategie abzurufen, die er für solche Fälle trainiert hatte. Daniel ließ ihn nicht zu Wort kommen: „Ob Sie noch schlafen können, habe ich Sie gefragt! Wenn mein Öltanker über eine Klippe kippt und das austretende Öl hunderte Robbenbabys tötet, Vögeln die Flügeln verklebt, sodass sie hilflos ertrinken, Fische vergiftet, sodass ganze Ökosysteme zusammenbrechen und sich nie wieder erholen, könnte ich keine Sekunde mehr still liegen. Aber Sie? Sie sehen verdammt entspannt aus."

Der Minister öffnete den Mund. Daniel wusste, dass man ihn bald aus der Konferenz werfen würde, und unterbrach auch ihn: „Und Sie, Herr Minister? Müssten Sie nicht sicherstellen, dass der CEO dieses Konzerns hinter Gittern sitzt, anstatt mit ihm heute Abend in einem feinen Club Whiskey zu trinken?"

Daniel verschwand vom Bildschirm und Vera quietschte vor Begeisterung. Es lag nicht an der Originalität seiner Aktion. Daniel hatte zweifellos einen tollen Auftritt hingelegt, mit einem Schnauzbart, der ihn für ein paar Tage an die Spitze der YouTube-Charts beförderte. Doch Vera kannte Dutzende Männer, die auf Schornsteine kletterten, Flugblätter abwarfen und binnen eines Tages fünfhundert Menschen für eine Demo zusammentrommeln konnten.

Daniel war anders. Er war ein Mensch, der die Welt tatsächlich veränderte, und keiner, der sie nur verändern wollte. Vera schaute das Video wieder und wieder an, um Daniels Zauber zu ergründen. Sie versank in seinen ruhigen grauen Augen, die aussahen, als wüssten sie alles und verstünden alles, in seiner tiefen Stimme, die live vor tausenden Menschen kein bisschen zitterte, in dem perfekten Rhythmus seiner Worte, ohne Hysterie, ohne Pathos, aber doch voll Inbrunst. Sie wollte den Mund küssen, der so wunderbar sprechen konnte. Es war lächerlich! Pixelige neunzig Sekunden und Vera war verknallt wie ein Teenager.

Vier Tage später flog sie nach Simbabwe. Sie reiste zwei Monate lang mit Entwicklungshelfern durch das Land, fuhr die Lastwägen der Hilfsmannschaften, kochte breiige Mahlzeiten in riesigen Töpfen, baute Zelte auf, in denen Menschen über HIV-Vorbeugung unterrichtet wurden. Zum ersten Mal in ihrem Leben verstand sie, was Armut bedeutete. Kinder, die sich wochenlang von Zitronen ernährten. Sie träumten nicht von Schulen, sondern von einem Stück Brot am Tag. Zehnjährige Burschen, die man in Militärcamps gezwungen hatte, die eigenen Eltern zu Tode zu prügeln. Vera sah Dörfer, in denen jeder zweite Erwachsene mit HIV infiziert war. Überall Waisenkinder, die auf der Straße saßen, von Fliegen umkreist, und noch immer lachten, noch immer spielten, wenn sie nicht gerade betteln mussten, sich krümmten vor Hunger oder starben.

Eine Woche vor Birgit Vreisens Geburtstag kehrte sie zurück nach Wien. Voller Unbehagen tappte sie durch klimatisierte Supermärkte, wo die Regale barsten vor frischen, verführerischen Lebensmitteln. Sie badete in Hunderten Litern sauberen Trinkwassers, das beinahe kostenlos aus ihrer Wand strömte. Einen ganzen Nachmittag saß sie auf einer Bank auf der Mariahilfer Straße und blickte den Menschen ins Gesicht, die pralle Einkaufssäcke an ihr vorbeischleppten.

Der brutale Gegensatz raubte ihr den Atem. Sie versuchte mit ihren Freunden darüber zu sprechen, doch aus ihrem Mund purzelten bloß Plattitüden. Auf der Welt herrschte eine himmelschreiende Ungerechtigkeit. Was für eine Erkenntnis.

Von dem Moment an, als Birgit sie zu ihrer Geburtstagsfeier einlud, fieberte sie der Party entgegen. Auch nach zwei Monaten spürte sie noch die alte Erregung, wenn sie Daniels Video ansah. Sie betete, dass er zu Birgits Fest kommen würde. Wenn jemand ihren Aufruhr verstehen konnte, dann er.

Schon als sie im Vorzimmer aus den Sandalen schlüpfte, hörte sie Daniels Stimme aus der Küche: „Ohne staatlich gelenkte Maßnahmen werden wir die Klimaziele nie erreichen." Vera begrüßte Daniel mit zwei Bussis auf die Wangen. Er diskutierte mit einem alten Freund von ihr, der ihr die Faust zum Fist-bump entgegenstreckte, bevor er sie leicht schwankend umarmte.

Dann antwortete er Daniel mit schwerer Zunge: „So wie der Emissionshandel zum Beispiel? Der funktioniert genauso wenig wie jede andere Regulierung der EU."

„Natürlich müsste das alles schneller ablaufen. Aber den Missbrauch der Gratiszertifikate hat die EU mittlerweile unterbunden."

Ungeduldig wartete Vera, bis die beiden ihre Diskussion beendeten. Im Gegensatz zu Daniel, der aufblühte auf seiner kleinen Küchenbühne, fand Vera nichts zermürbender als die ewig gleichen Diskussionen mit Menschen, die ihre Meinung ohnehin nie ändern würden. Obwohl die beiden Typen grundverschieden waren, konnte Vera beide gut leiden. Nur miteinander waren sie nicht zu ertragen.

An diesem Abend interessierte sich Vera nur für Daniel. Das lag nicht bloß am bedauernswerten Zustand seines Kontrahenten. Vera gefiel Daniels weißes T-Shirt mit der schwarzen Faust, die eng anliegende rote Hose, sein neuer Vollbart, wie lässig er in der Küche lehnte, das Bier hielt, sich am Ohr kratzte. Zum ersten Mal bemerkte Vera seine Ähnlichkeit mit dem Sänger der „Killers". Niemand konnte ausdrucksvoller stehen als Daniel und Brandon Flowers. Sieben Wochen später sollte sie Daniel deshalb zum ersten Mal „Blümchen" nennen.

Mehrere Stunden wartete Vera auf ihre Chance, Daniel für sich alleine zu haben. Doch als sein betrunkener Gesprächspartner endlich am Wohnzimmerteppich einschlief, war Daniel plötzlich verschwunden. Panisch rannte Vera ins Vorzimmer: leer. Im Badezimmer standen einige Typen neben der mit Bierflaschen gefüllten Badewanne. Auf dem Klo telefonierte ein langhaariges Wesen über die Muschel gebeugt mit Australien. Birgits Schlafzimmer: ein Berg Jacken auf dem Bett. Im Arbeitszimmer: Daniel stehend, die Hose heruntergezogen. Vor ihm, auf Birgits Schreibtisch, eine nackte Frau. Daniel drehte sich zu Vera um, ohne seine Position zu verändern: „Hallo Vera. Was gibt's?"

Vera brachte den Mund nicht auf.

„Möchtest du mitmachen?"

„He!", protestierte die Frau auf dem Tisch.

„Ich wollte bloß mit dir sprechen", sagte Vera.

„Ist es dringend?", fragte Daniel.

„Raus!", schrie die Frau auf dem Tisch.

Vera schloss die Tür. Am liebsten wäre sie auf der Stelle heimgegangen. Eine halbe Stunde später setzte sich Daniel zu ihr: „Möchtest du noch immer mit mir reden?"

„Du bist ja einer", sagte sie.

„Was für einer?", fragte Daniel.

„Einer, der Türen nicht absperrt."

„Türen sind voll reaktionär", sagte Daniel.

Vera nickte. „Alle Achtung. Besoffene Frauen auf Partys schnackseln. Du bist echt progressiv."

Wieso er die Tür nicht versperrt hatte, blieb ihr auch all die Jahre danach ein Rätsel. Unnötige Risiken einzugehen, widersprach Daniels Naturell. Er vergaß so etwas auch nicht einfach. Nicht einmal betrunken, im schwanzgesteuerten Fortpflanzungsrausch. Wenn sie zu lange darüber nachdachte, traute sie ihm manchmal sogar zu, dass er die Tür nur für sie offen gelassen hatte. Weil er wusste, dass ihr diese Impulsivität gefallen würde. Weil er wusste, dass sie noch Wochen danach, in den alptraumhaft heißen Nächten im Sudan, davon träumen würde, selbst auf dem Tisch zu liegen. Hatte sie ihn gar deshalb nach Afrika begleitet? Das wäre selbst für Daniels Verhältnisse ein ziemlich komplizierter Plan gewesen.

Um zwei Uhr früh saßen Daniel und Vera noch immer auf der Couch. Veras Arm lag auf Daniels Schulter. In der Beuge ihres Arms pochte der Puls seiner Halsschlagader. Ihre Nase schwebte wenige Zentimeter über seinem borstigen Haar. Daniel duftete nach Erde und frisch gemähtem Gras. Ihr Herz schlug so laut wie eine Buschtrommel.

„Fallschirmspringen?", fragte Daniel. „Du gehst Fallschirmspringen?"

„Wäre ich ein Mann, würde dich das nicht wundern", antwortete Vera.

„Meinst du wirklich, dass ich so denke?"

„Oh, Herr Schreibtisch-Pornostar ist Feminist. Das habe ich irgendwie übersehen."

„Fallschirmspringen ist einfach so unnütz."

Vera schüttelte den Kopf. „Das kannst du nicht verstehen, wenn du es nie versucht hast. Dieses Gefühl, wenn du zur Luke vorrückst, wenn du dich nach vorne beugst und fällst. Eine Minute lang rast du auf die Erde zu, der Wind dröhnt dir in den Ohren, zerrt an deinen Wangen, dann öffnest du den Schirm. Plötzlich legt sich die rohe Gewalt und du segelst sanft wie ein Blatt zu Boden."

„Mir kommt das sehr künstlich vor. Was für ein Aufwand für ein paar Sekunden Adrenalin. Bleibt davon irgendetwas übrig? Außer einem Video, das man auf Facebook stellen kann?"

„Du lebst nicht gerne im Augenblick, oder?"

„Manchmal schon", antwortete Daniel grinsend und Vera kam sich plötzlich dumm vor mit dem Arm auf seiner Schulter. Sie löste sich von ihm, leerte ihren Spritzer in einem großen Zug und legte sich auf den Rücken, den Kopf auf der Armlehne, die Beine angezogen auf der Couch zwischen sich und Daniel.

„Jetzt gerade zum Beispiel", ergänzte Daniel, „aber dieser Moment ist auch so viel mehr als ein kurzer Rausch. Davon wird für immer etwas in mir bleiben."

Er sagte das ganz selbstverständlich. So als hätte er von Anfang an den Augenblick mit ihr gemeint und nicht die Nummer in Birgits Arbeitszimmer. Spielte er mit ihr?

Vera trippelte mit ihren Zehen auf seinem Oberschenkel. „Mir geht es um etwas anderes. Am Tag nachdem ich aus Simbabwe zurückkam, habe ich meine Wohnung geputzt und mir ein Bad eingelassen. Ich wohne wirklich nicht luxuriös, aber der Gegensatz zu den letzten zwei Monaten war krass. Die blitzenden weißen Fliesen, sauberes Wasser, kein Ungeziefer, kein Schimmel ... Mir ekelte vor dem duftenden Badeschaum. Nein, eigentlich ekelte mir vor mir selbst, vor meinem sorgenlosen Leben."

„Ich wette für solche Fälle gibt es eigenen Badezusatz. Rostfarben, der nach Scheiße riecht."

„Schon gut. Meine Freunde haben mich auch ausgelacht."

Die letzten Gäste verabschiedeten sich. Birgit begann Bierflaschen in eine Kiste zu räumen.

Vera legte ihre Beine über Daniels Schoß. „Ich habe nicht mal deine Handynummer."

„Ich habe kein Handy."

„Das ist die lahmste Abfuhr, die ich je bekommen habe."

„Nein, ehrlich", sagte Daniel. „Ich habe es abgemeldet. Ich fliege übermorgen in den Sudan. Die einzige zuverlässige Art, mich in den nächsten drei Monaten zu erreichen, ist mitzukommen."

„Was machst du im Sudan?"

„Schon mal von WeJoin gehört?"

Vera schüttelte den Kopf.

„World Environment and Justice Organization. WeJoin kämpft für eine Welt, in der Ressourcen gerechter verteilt sind. Wir unterstützen Kommunikatoren in Ländern der Dritten Welt darin, eine funktionierende Zivilgesellschaft aufzubauen. Wir erklären, wie internationale Konzerne, die USA, die EU gemeinsam mit den lokalen Regierungen die Bevölkerung ausbeuten, und geben ihnen Werkzeuge, um sich zu wehren."

„Das mit dem Mitkommen - war das eine Einladung?"

„Wir sind vollkommen unterbesetzt, wie immer."

Vera nickte. „Ich bin dabei."

„Mein Flug geht in sechsunddreißig Stunden."

„Mehr als genug Zeit zum Packen."

„Meinst du das ernst?"

„Klar."

Daniel reichte Vera die Hand, um ihre Abmachung zu besiegeln. Lieber hätte sie ihn geküsst.

Am darauffolgenden Tag rief er sie an, um es ihr auszureden. Er zählte ihr die Gefahren auf, die im Sudan auf sie lauerten: Kidnapping, Raubmord, blutige Kämpfe zwischen Rebellen und der Regierung. Doch Vera hielt ihr Wort. Daniel konnte leicht reden von wegen Gewissen. Ihr Simbabwe-Trip war der reinste Urlaub gewesen im Vergleich zu den sechs Monaten, die er dort als Entwicklungshelfer gearbeitet hatte. Und während Vera mit Greenpeace gerade einmal eine Handvoll Wale gerettet hatte, war Daniel schon als kleiner Bub der Star der Hainburger Bürgerproteste gewesen, als ihn Polizisten vor laufender Kamera strampelnd von einer Baggerschaufel zerrten.

Die Mission im Sudan mutierte zu einer einzigen Katastrophe. Abgesehen von der unheimlichen Anhäufung alltäglicher Niederlagen – Fieberanfälle, Straßensperren, Autos, die in der Wüste verreckten – quälten Daniels Kommunikatoren weit konkretere Sorgen als eine dysfunktionale Zivilgesellschaft. Sie hatten Familien zu ernähren, Spitäler mit Medikamenten zu versorgen und Brunnen zu bauen. In fünfzig Jahren eine bessere Welt zu schaffen, fand sich eher am Ende ihrer Prioritätenliste.

Nach sechs Wochen schlug Vera Daniel vor, ihr Unternehmen abzubrechen. Daniel sträubte sich, die Aussichtslosigkeit seines Plans einzugestehen. Ohne Vera hätte er wohl noch sechs weitere Wochen auf die Kommunikatoren eingeredet. Doch als Vera begann, ihre Rückreise zu organisieren, packte auch Daniel seine Koffer. Er flog heim. Wegen ihr. Zumindest für Vera hatte sich die Mission gelohnt.

Fünf Jahre später lagen sie splitternackt im Bett ihrer gemeinsamen Freundin Birgit. Daniel hatte es wieder getan: Die Tür des Schlafzimmers stand sperrangelweit offen. Es war mitten in der Nacht. Norbert und Birgit mussten jeden Moment von ihrem Auftritt heimkommen. Fast wünschte Vera sich entdeckt zu werden. Dann hätte sie ein wenig angeben können mit ihrem famosen Freund. Mit dem köstlichen Mahl, das Daniel für sie zubereitet hatte: Rote-Rüben-Carpaccio, einen duftenden Couscous-Salat mit Granatapfel und zum Abschluss eine Schüssel marmorierte Schokoladenmousse, die Vera mit ihrer Zunge sauber schleckte, nachdem Daniel und sie die luftig weiche Mousse Nase an Nase aus der Schüssel gelöffelt hatten.

Betrunken von diesem Genuss, dem Zucker in ihrem Blut, dem Nervenkitzel der Gefahr, rissen sie sich noch im Wohnzimmer die Kleider vom Leib. Daniel küsste jedes Fleckchen ihres Körpers vom Schlüsselbein bis zu den Kniekehlen, packte sie auf seinen Rücken und trug sie huckepack ins Schlafzimmer. Sie spürte seine harten Muskeln unter ihrer nackten Haut, strich über seinen gespannten Bizeps und quietschte vergnügt, als er sie auf das Bett warf. Sie fielen übereinander her wie wilde Tiere. Vera brüllte, als sie kam, vor Wonne, und um die Gefahr entdeckt zu werden noch ein wenig zu vergrößern.

Und nun schmiegte sie sich an Daniel, der auf dem Rücken lag. Ihr rechtes Bein angewinkelt über seinem Unterleib, ihr rechter Arm auf seiner sanft behaarten Brust, wo sein Herz klopfte und sie spürte, wie seine Haut eine Gänsehaut bildete, wenn sie ganz sanft darüber strich. Sie atmeten im gleichen Rhythmus und Vera fiel es schwer sich vorzustellen, jemals wieder ohne Daniel zu sein.

Sie ließ ihre Gedanken frei und sie streiften weiter zu einem undeutlichen Gefühl, das in ihr rumorte. Aufgetaucht war es, als sie durch die Wohnungstür traten. In dem Moment, als sie das Vorzimmer sah, mit dem Spiegel, auf dem immer noch die gleichen Fotos klebten, hatte sie für den Bruchteil einer Sekunde empfunden wie damals vor fünf Jahren. Wie ein gestutzter Vogel im Zoo hatte sie sich gefühlt, der sich nach Jahren plötzlich wieder an früher erinnert, als er seine Schwingen noch ausbreiten und kilometerweit über das Land gleiten konnte.

Das kitzelnde Gefühl der Aufregung, als sie heimlich an dem fremden Esstisch speisten, war ihr seltsam fremd vorgekommen. Sie überlegte, wie oft sie es in den letzten fünf Jahren empfunden hatte. Sie erinnerte sich nur an zwei Begebenheiten: heute und bei ihrem großen Coup auf St. Helena. Vor Daniel hatte es alle paar Tage gekitzelt, bei einem Sprung von der Reichsbrücke oder einer Konfrontation mit Polizisten auf einer Demo. Paradox, dass ihre Abstumpfung ausgerechnet mit Daniel begonnen hatte. Hatte sein rationales Handeln, sein präzises Planen ihre Spontaneität beeinträchtigt? Ein unverschämter Vorwurf gegen den Mann, der sich mit der ganzen Welt anlegte.

Mit einem Mal erkannte sie, dass Daniel heute verwegener war als sie. Die Ruhe, mit der er nackt neben ihr lag, hätte sie ihm nicht zugetraut. Vera wusste, dass Daniel das nur für sie tat. Sie konnte sich gut vorstellen, wie er die Risiken genau abgewogen hatte. Er hatte schon vor ihr gewusst, was ihr fehlte.

„Hast du gar keine Angst, dass plötzlich Norbert und Birgit in der Tür stehen?", fragte Vera.

„Der Sex war es wert", antwortete Daniel.

„Schwanzgesteuert, wie alle Typen", sagte Vera lachend und schmiegte sich an seinen Hals.

„Bedanke dich bei der Evolution."

„Alles, damit wir ficken und Kinder kriegen."

„Dann los."

„Du weißt, wieso das nicht geht", sagte Vera.

„Es läuft doch wunderbar."

„Trotzdem sind wir im Krieg."

„Wir werden im Krieg sein, solange wir leben."

„Aber was tun Baby und ich ohne dich?"

„Wieso ohne mich?", fragte Daniel. „Ich bleibe für immer bei dir."

„Du weißt schon."

„Mir kann nichts passieren. Das haben wir doch besprochen. Und ich will deine mutigen, rothaarigen Weltrettergene. Ich möchte einen Kämpfer, der unseren Krieg zu Ende bringt."

„Oder eine Kämpferin", sagte Vera.

„Richtig. Noch besser eine Kämpferin", sagte Daniel. „Wie dich."

Vera drehte sich auf die rechte Seite und rollte sich zusammen. Daniel küsste sie auf das Schulterblatt und sagte leise: „Wir warten, bis du so weit bist."

Vera antwortete nicht. Der Wecker auf Birgits Nachttisch tickte. Sie wusste, woran Daniel das Ticken erinnerte. Wie ihm die Zeit für seinen Plan zwischen den Fingern zerlief. In seiner schlimmsten Phase, als er Tag und Nacht vor dem Computer saß, hatte Daniel aus allen Uhren in ihrer Wohnung die Batterien entfernt, weil er das Geräusch nicht mehr ertrug.

Seit sie in einer tick-tack-freien Zone wohnte, registrierten auch Veras Ohren den Lärm der Zeit. Vera quälte das Ticken aus einem anderen Grund. Im Dezember würde sie achtunddreißig werden.

Daniel begann die Küche aufzuräumen. Als Vera sich ihre Kleider aus dem Wohnzimmer holte, goss er gerade die Orchideen. Sie starrte ihn an. Er stellte die Gießkanne auf den Boden, als wäre nichts geschehen.

„Daniel", sagte Vera, „warum gießt du die Blumen?"

„Ich kann es nicht leiden, wenn Leute ihre Pflanzen sterben lassen."

Vera sah sich noch einmal genauer um. Die Wohnung wirkte verdammt aufgeräumt. Auf dem Kühlschrank klemmte eine Liste: Sonnencreme, Pyjama, Zahnbürste Birgit, Reisestecker, Strom abdrehen, Flugtickets.

Sie spürte eine Welle der Enttäuschung. „Wo hast du den Schlüssel her?"

Daniel floh in die Küche und rief: „Den habe ich mir von jemandem besorgt." Sie hörte ein unterdrücktes Lachen.

„Von wem?", fragte sie und lief ihm hinterher. „Meinst du mit *besorgt* etwa, den hat dir Birgit zum Blumengießen gegeben, während sie im Urlaub ist?" Sie lehnte sich mit verschränkten Armen in die Küchentür.

„Vielleicht", grinste Daniel.

„Das heißt, ich war die Einzige, die sich die ganze Zeit gefürchtet hat, erwischt zu werden?"

Daniel legte ihr lächelnd die Arme um den Hals: „Als hättest du dich schon jemals gefürchtet!"

Sie schnippte ihm gegen die Wange. Hatte er sich also doch abgesichert, der alte Feigling!

VI

Der Sonntagmorgen begann für Pierre mit einer unangenehmen Empfindung in der Magengrube. Schuld waren weder das Getöse, das ihn weckte, als Beate die Pfannen aus der Hand glitten, noch Beates samtig weißer Körper, der Pierre in Unterwäsche besser gefiel, als er erwartet hatte. Auch nüchtern und bei Tageslicht, wie er sich schnell vergewisserte. Es lag nicht an den Aperol-Spritz-Kopfschmerzen im hintersten Eck seines Schädels, sondern an dem ersten Satz, den Beate an diesem Morgen zu ihm sagte.

„Du hast doch die Wette gewonnen", hatte Pierre gekrächzt. „Frühstück ist meine Aufgabe."

„Ich habe dich gewonnen", hatte Beate geantwortet.

Sie nahm den Butterblock aus dem Kühlschrank, warf eine Hälfte davon in die Pfanne, dazu sechs Eier, eine Packung Speck und acht halbierte Toastscheiben.

Pierre blickte durch das riesige Panoramafenster über seinem Bett. Einzelne Schäfchenwolken grasten auf dem blauen Himmel. Der Duft von gebratenem Speck zog ihm in die Nase. Er blickte wieder zu Beate, die mit einem stillen Lächeln in der Pfanne rührte. Pierres vom Alkohol noch dumpfen Körper überflutete ein unerwarteter Schauer wohligen Glücks.

„Macht dieses silberne Ding Kaffee?", fragte Beate. „Wo tut man da den Filter rein?"

„Da brauchst du keinen Filter, das ist eine Espressomaschine."

„Ach so! Mr. Clooney."

„*Espresso*. Ohne N", korrigierte Pierre.

Sie lächelte ihn an. „Du schaust auch viel besser aus."

Den Kaffee kochte er lieber selbst. Pierre wankte in die Küche. Während der duftende Kaffee in das fingerhutgroße Espressoglas rann, schmiegte sich Beate an seine Brust. Sie fühlte sich kuschelig an wie einer dieser lebensgroßen Plüschbären, die man in Vergnügungsparks gewinnen konnte. Pierre legte seine

Arme um ihre Hüfte und küsste sie in den Nacken. Ihre Haare rochen nach Zigarettenrauch und Vanille. Er hatte ganz vergessen, wie unterschiedlich Frauen sich anfühlten.

Unter dem hintersten Dachschrägenfenster führte eine Wendeltreppe zu einer Plattform aus dunklem Holz. Das Fenster ließ sich vollständig versenken, sodass man auf der Plattform wie auf einer kleinen Terrasse mit Blick über die Dächer Wiens saß.

„Und die hast auch du gemacht?", fragte Beate. Sie hatte ein grünes Poloshirt von Pierre übergestreift und balancierte das Frühstückstablett die Treppe hinauf.

„Nur die Plattform", antwortete Pierre. „Die Treppe stammt von einem Schlosser."

„Der Blick ist unglaublich", sagte Beate, als sie an dem kleinen Kaffeehaustisch Platz genommen hatten. „Seit die Lalaaren uns geschrieben haben, fühlt sich mein Leben an wie eine Kitschkomödie aus Hollywood."

„Was haben die Lalaaren damit zu tun?"

„Weißt du, was mein allergrößter Traum war?"

„In der ‚Passage' Cha-Cha-Cha zu tanzen", sagte Pierre.

Beate schüttelte den Kopf. „Zu erleben, wie außerirdisches Leben entdeckt wird. Wir wussten alle, dass irgendwo da draußen andere Lebewesen existieren müssen. Aber dass sie uns kontaktieren …! Und das auch noch in den wenigen Jahren, die ich in diesem Universum verbringe! Das hatte ich nicht einmal zu hoffen gewagt."

„Und das macht dich so glücklich?"

Beate schob sich einen mount-everest-großen Berg Eierspeise in den Mund. „Mein ganzes Leben lang hat man mich ausgelacht, weil ich mich für Außerirdische interessierte. Alleine schon, dass ich Astronomie studiert habe, fanden alle lächerlich. Natürlich habe ich nach dem Studium keinen Job gefunden. Ich bin wieder nach Hause gezogen, habe im Nachbardorf in einem Sägewerk als Sekretärin gearbeitet und in meinem alten Kinderzimmer gewohnt. Bis vor drei Tagen habe ich im Bett zwischen meinen Stofftieren geschlafen."

„Hat das deinen Freund nie gestört?", fragte Pierre. „Sex zwischen Kuscheltieren?"

„Ich hatte schon lange keinen Freund mehr."

Für einige Sekunden knusperte nur der Speck zwischen ihren Zähnen.

„Und jetzt hast du einen Job in Wien?", fragte Pierre.

„Zumindest habe ich einmal im Sägewerk gekündigt. Bin ausgezogen. Meine Eltern lachen mich nicht mehr aus, sondern löchern mich plötzlich mit Fragen." Sie hob den Blick von ihrem Teller. „Und dann treffe ich auch noch dich."

„Du kennst mich ja noch gar nicht."

„Ich habe mir das immer sehr peinlich vorgestellt, in der Früh neben einem fremden Mann aufzuwachen. Mit dir war es wunderschön. Ich glaube, das sagt viel."

„Du lässt dich von meinem Loft blenden."

„Nein", sagte Beate und beugte sich über den Tisch, um ihn zu küssen. „Du bist einfach lieb."

Sie kletterten wieder hinunter in den kühlen Raum, drehten den Fernseher zum Bett und schalteten CNN ein. Beate legte ihren Kopf auf Pierres Brust.

Ein UN-Experte berichtete, dass sich die langwierigen Verhandlungen des Sicherheitsrats neuesten Quellen zufolge um bedeutend ernstere Fragestellungen als die Formulierung des offiziellen Statements gedreht hatten. Beate richtete sich auf.

Die Konfliktlinie verlief zwischen den USA und dem Rest der Welt. Im Wesentlichen ging es um drei Punkte: Erstens um die Kontrolle des Kommunikationssatelliten WorldSat 707, über den die Lalaaren das Fax gesendet hatten. Der Sicherheitsrat wollte künftig unterbinden, dass die Lalaaren direkt mit der gesamten Erdbevölkerung kommunizieren konnten. Der Datenstrom des Satelliten musste zensuriert werden. Zur Sicherheit der Menschen, wie man betonte, etwa um Massenpanik zu verhindern, sollten die Lalaaren einen Angriff auf die Erde ankündigen. Uneinig war man sich allerdings, wie diese Kontrolle erfolgen sollte. Der Satellit wurde von WorldSat Corp. betrieben, einem privaten US-amerikanischen Unternehmen. Die USA weigerten sich, die Kontrolle an ein internationales Konsortium abzutreten.

Eine erste Annäherung gab es in der zweiten Frage, wie die Authentizität der Faxe überprüft werden sollte. Wenige Stunden nach der ersten NASA-Meldung war über die Medienstationen der Welt eine Flut gefälschter Faxnachrichten hereingebrochen. Man einigte sich, dass weiterhin WorldSat und ein Team aus NASA-Experten den Absender der Nachrichten ermitteln würde, dass die Originaldaten aber einer internationalen Kommission in einem Datenraum zur Verfügung gestellt würden.

Pierre war nur halb bei der Sache. Beate saß kerzengerade im Bett und trommelte mit der Faust auf die Matratze. Pierre beobachtete Beates angespannte Muskeln, die sich wie kleine Mäuse unter ihrer Haut bewegten.

Der dritte Konflikt enthielt die größte interplanetare Sprengkraft. Der Sicherheitsrat hatte einstimmig entschieden, schnellstmöglich ein Abwehrsystem gegen Angriffe oder unerwünschte Besuche der Lalaaren aufzubauen. Wieder lag die am weitesten entwickelte Technologie in den Händen der Vereinigten Staaten. Ausgerechnet WorldSat verfügte über Patente für entsprechende satellitenbasierte Ultra Long Distance Weapons. Doch wer durfte ein Schutzschild für den ganzen Planeten kontrollieren? Und wie ließ sich verhindern, dass die Satelliten für Angriffe gegen Feinde auf der Erde missbraucht wurden?

Als der Korrespondent zurück ins Studio schaltete, ließ sich Beate auf den Rücken fallen und sagte mit einer Bitterkeit in der Stimme, die Pierre an ihr überraschte: „Wir sind wohl die dümmste Rasse des Universums."

„Warum?"

„Hast du zugehört? Nicht nur, dass diese Vollidioten sofort wieder über Zensur und Waffen streiten müssen, sie sind auch nicht in der Lage dicht zu halten. Und die Medien müssen diese Information sofort im Universum verteilen."

„Ich finde es beruhigend, dass sie sich Gedanken über unsere Verteidigung machen und nicht nur diskutieren, wer ‚Hallo' in die Kamera sagen darf."

„Aufrüstung ist in diesem Fall noch viel gefährlicher als bei irdischen Konflikten."

„Wir können den Lalaaren nicht einfach glauben, dass sie friedliche Absichten haben."

„Wie groß sind die Chancen, dass wir einen Kampf gegen die Lalaaren gewinnen? Sie hätten uns wohl nicht kontaktiert, wenn sie von uns nur das Geringste zu befürchten hätten. Stell dir vor, dass sie technologisch bloß hundert Jahre weiter sind als wir. Mit aller Wahrscheinlichkeit beträgt der Unterschied aber Hunderttausende Jahre. Ein Kampf wäre vollkommen aussichtslos. Durch hostiles Verhalten setzen wir bloß eine friedvolle Partnerschaft aufs Spiel."

„Wieso löschen sie uns nicht einfach aus, wenn sie uns so überlegen sind?", fragte Pierre.

„Weil sie etwas von uns brauchen. Und die Menschen verspielen diese historische Chance mit ihrem kurzsichtigen Egoismus."

Beim zweiten Mal trieben sie es kunstvoller als bei dem wilden, stockbesoffenen Durcheinander der vorangegangenen Nacht. Obwohl Beate die größte Frau war, mit der er jemals geschlafen hatte, bewegte sie sich wie ein Kind. Sex mit Beate erinnerte Pierre an die ersten Male seiner Teenagerzeit. Wie sie vorsichtig seinen Körper erkundete, wie sie halbnackt ein Rad für ihn schlug, um ihre Verlegenheit zu überspielen. Doch was Pierre am meisten erregte, waren nicht die vollen hüpfenden Brüste und nicht die Zungenspitze an seinem Ohrläppchen, sondern die besinnungslose Ekstase, mit der sie sich ihm hingab. Ihr Körper tanzte in einer einzigen wonnigen Bewegung über ihm, als gäbe es im ganzen Universum kein schöneres Gefühl als es ihm zu besorgen.

Zum ersten Mal seit die Lalaaren ihr Fax geschickt hatten, spürte auch Pierre den Ausnahmezustand, in dem sich der Rest der Welt seit einer Woche befand, die Schwerelosigkeit eines Tages, an dem alles, was einen sonst beschäftigte, bedeutungslos wurde.

Danach lagen sie im Bett, das Gesicht zur Decke gerichtet. Pierre genoss den prickelnden Kontrast zwischen den kühlen Luftwirbeln der Klimaanlage und den warmen Stellen, wo die Sonnenstrahlen auf seine nackte Haut trafen.

„Verrätst du mir deine Handynummer?", fragte Pierre aus einem plötzlichen Impuls heraus. In diesem vogelfreien Augenblick konnte ihm nicht einmal die Aussicht endloser SMS-Marathons Angst einjagen.

„Ich habe kein Handy", antwortete Beate.

„Ist es kaputt?"

„Nein."

„Du hast kein Handy? Gar keines? Nie gehabt?"

„Wer hätte mich denn angerufen?"

Pierre starrte sie sprachlos an.

„Meine Eltern haben einen Festnetzapparat. Wenn du möchtest, kann ich dir diese Nummer geben." Ein Moment Stille. Dann brachen sie genau gleichzeitig in Lachen aus. Beate stützte sich auf den Ellbogen, küsste ihn und schmiegte sich an seine Schulter.

Nach einigen Minuten sagte sie leise: „Ich hätte nie gedacht, dass aus meinem Leben noch einmal etwas wird."

„Hast du nie davon geträumt, einen Job als Astronomin zu bekommen?"

„Ich habe nach dem Studium tonnenweise Bewerbungen geschrieben und kein einziges Interview gehabt. Nach fünf Jahren im Sägewerk hätte mich keiner mehr genommen. Weißt du, was ‚ALMA' ist?"

Pierre verkniff sich einen dummen Scherz über Käse.

„Atacama Large Millimeter Array. In Chile. Das größte Radioteleskop der Welt. Fünftausend Meter über dem Meeresspiegel. Sechsundsechzig Antennen mitten in der Wüste, die in das Weltall lauschen. Weil ich ohnehin kaum Geld ausgab, habe ich für ein unbezahltes Praktikum dort gespart. In Wirklichkeit waren meine Chancen selbst dafür gleich null. Mein Englisch ist verheerend und es gibt zig besser qualifizierte Astronomen, die auch nur Taxi fahren."

Sie lagen Nasenspitze an Nasenspitze, Pierres Hand streichelte den weichen Flaum an ihrem Kreuz. „Als ich das Dachgeschoß ausgebaut habe", sagte Pierre, „wäre ich kurz vor dem Ende beinahe in Konkurs gegangen."

Beates Taille begann zu zittern. Pierre sah, wie sich eine Träne aus ihrem Augenwinkel löste. Beate wendete sich ab und stieg aus dem Bett.

Sie wischte sich mit dem Handrücken über die Wange: „Jetzt wird man bestimmt viele Stellen für Astronomen schaffen. Keine Ahnung, ob auch für mich eine übrigbleibt. Nach Hause gehe ich jedenfalls nicht mehr zurück." Sie warf ihm ein verheultes Lächeln zu. „Aber die Lalaaren haben mir Glück gebracht. Plötzlich widerfahren mir ja auch andere schöne Dinge im Leben."

Wieder dieser Stich im Bauch. Pierre wollte nicht zu irgendjemandes Leben gehören. Er sehnte sich nach Tagen wie diesem Sonntag mit Beate, nach dem Kick des ersten Flirts, der Unberechenbarkeit einer neuen Person in seinem Bett. Die plötzlich einen Salto schlug mitten in der Stadt. Beate bot ihm genau das. Und er wollte sie wiedersehen. Doch er machte nicht den Fehler, den Reiz des Neuen mit Liebe zu verwechseln. Beate hatte nichts von dem, was eine dreijährige Beziehung mit Kerstin ermöglicht hatte. Bald würde er sich sattgesehen haben an ihren ungewöhnlichen Proportionen, der Zahnlücke, den alles verschlingenden Augen. Kerstin war nahezu perfekt gewesen, intelligent, selbstbewusst, erfolgreich. Sie hatte ihn geliebt, seine Schludrigkeit geduldet und ihn durch den Alptraum seiner Baustelle getragen. Er hatte Schluss gemacht, weil ihn sein Leben zu langweilen begann. Er besaß keinen Cent mehr, den er noch in sein Loft stecken konnte. Bei AMOCC bezahlte man ihn dafür, im Internet zu surfen. Er brauchte ein wenig Abenteuer und nicht einen neuen Einrichtungsgegenstand für sein Leben.

VII

Beate schob den Schlüssel in die runde Buchse neben dem Aufzug. Die Liftkabine wartete bereits im Erdgeschoß. War Pierre nicht zu Hause? Wie beim Tempelhüpfen hopste sie über die Fliesen in den Fahrstuhl. Linkes Bein, rechtes Bein, beide Beine. Drehung. Aus zwei Gründen war sie außerordentlich aufgeregt. Erstens hatte sie Pierre am Morgen endlich das Kuvert mit den roten Herzen hingelegt. Zweitens würde sich in weniger als einer Stunde zeigen, ob die Lalaaren in die Zukunft sehen konnten.

Vor genau einer Woche hatten sie in ihrem zweiten Fax mit ihrem wunderbar rationalen, höflichen, aber bestimmten Tonfall auf das kindische Verhalten der Menschheit reagiert:

„Wir betrachten freie und transparente Kommunikation als eines der höchsten Grundrechte jedes Lebewesens.

Wir betrachten jeden Versuch, diese Freiheit zu beschränken, als direkt gegen uns gerichtete feindselige Handlung und schwere Missachtung unserer friedvollen Absichten."

Eine noch größere Abreibung verpassten sie den engstirnigen Wissenschaftlern, die darauf beharrten, dass Informationen nicht schneller als Licht übertragen werden konnten. Mit einem kolossalen Coup wollten die Lalaaren beweisen, dass sie Nachrichten aus der Zukunft übermitteln konnten. Sie hatten fünf statistische Werte prognostiziert, die erst eine Woche später feststehen würden.

An diesem Abend, um einundzwanzig Uhr mitteleuropäischer Sommerzeit, würden die UN in New York verlautbaren, ob die Prognosen der Lalaaren eingetreten waren. Auf der ganzen Welt versammelten sich die Menschen in diesen Minuten an öffentlichen Plätzen, wo die Pressekonferenz übertragen wurde. Am Brandenburger Tor, im Hydepark oder, wie die Kollegen von Beates Institut, in den großen Hörsälen der Universitäten. Nur Beate glitt mit ihren zwei Double-Whopper-Menüs hinauf in ihr neues Zuhause. Sie wollte bei Pierre sein, wenn die Lalaaren das menschliche Konzept von Zeit auf den Kopf stellten.

Wieder blieb Beates Blick an Pierres Umarmung mit seiner alptraumhaft schönen Exfreundin hängen. Ob er das Bild jemals abnehmen würde?

Einmal hatte sie Pierre gefragt: „Hast du geglaubt, du würdest mit Kerstin für immer zusammenbleiben?"

„Das lässt sich leicht austauschen", hatte Pierre geantwortet. „In zwei Minuten kann ich da jede andere Frau hinhängen."

Natürlich hatte ihr der Mut gefehlt, die logische nächste Frage zu stellen. Sie verstand nur zu gut, dass Pierre lieber dieses nackte Model betrachtete als ihren massiven, funktionalen Leib. Pierre gelang es meisterhaft die Frage ihres Beziehungsstatus zu umschiffen. Und Beate traute sich seit drei Wochen nicht, ihn direkt danach zu fragen. Deshalb hatte sie ihm feige einen Brief geschrieben.

Die Lifttür öffnete sich. Das Loft war leer. Auf dem Kühlschrank klebte ein gelbes Post-it: *„Gehe fort. Pierre"*

Das Kuvert lag unverändert auf dem gläsernen Esstisch. Ob er hineingesehen hatte? Sie untersuchte es vorsichtig. Hätte sie es bloß zugeklebt! Die vier grünen Geldscheine steckten noch im Umschlag, genauso die beiden von Hand beschriebenen Blätter. Beate musste an einen Artikel denken, den sie einmal in „Woman" gelesen hatte. Männer wollten Frauen erobern, behauptete die Zeitschrift, und leichte Beute wurde ihnen bald langweilig. Hatte sie mit dem Brief alles ruiniert?

Sie stellte sich vor, wie die Astronomen gerade vor der Bühne des Audimax standen, zum ersten Mal in ihrem Leben umringt von wissbegierigen Kollegen der beliebteren Fakultäten. Ein wenig wurmte sie, dass sie ihren Abend nun alleine auf der Couch verbrachte.

Auch wenn sie bis jetzt noch unbezahlt arbeitete, galt es auf sich aufmerksam zu machen. Die letzten Tage hatte Beate jeweils zehn Stunden oder mehr am astronomischen Institut verbracht. Sie genoss jede Minute in der alten Sternwarte, die wie ein Märchenschloss zwischen hohen Bäumen stand. Als Studentin hatte sich der Schritt durch das Tor in den verwilderten Park immer wie der Schritt in eine andere Welt angefühlt. Sie ließ das moderne Wien hinter sich und betrat das einsame Universum der Astronomie. Doch plötzlich schleppten Fernsehteams ihr Equipment durch den Wald. Ständig posierte ein Professor auf der ehrwürdigen Treppe für Fotografen. Das astronomische Institut glich auf einmal einem Stern, um den sich der Rest des Planeten drehte.

Als der Countdown auf ZDF fünfzehn Minuten anzeigte, hatte sich Beates Ärger schon wieder verzogen. Pierre hätte ihr bestimmt rechtzeitig eine SMS geschickt. Sie musste sich endlich ein Handy zulegen.

Am Institut war man überzeugt, dass die Prognose der Lalaaren eintreten würde. Die spannendere Frage war, warum die Außerirdischen diese Prognosen verfasst hatten. Wenn sie ihr Wissen mit den Menschen teilen wollten, wieso hatten sie die Funktionsweise nicht genauer erklärt? Die Erläuterungen in ihrem zweiten Fax waren für Laien bestimmt und würden die Wissenschaft nicht voranbringen:

„Das Konzept der Informationsübertragung durch die Zeit ist mit der menschlichen Vorstellung von Realität noch nicht erfassbar.

Die Zukunft kann gleichzeitig in mehreren Zuständen mit unterschiedlichen Wahrscheinlichkeiten existieren. Einen ähnlichen Effekt beschreiben die Menschen näherungsweise in ihrer sogenannten Quantentheorie.

Für unsere Vorhersagen haben wir daher nur Kennzahlen mit kontinuierlichen Wahrscheinlichkeitsverteilungen ausgewählt.

Zukünftige Ereignisse, die wir der Menschheit kommunizieren, werden immer mit einer Wahrscheinlichkeit von 99,9 % oder höher eintreten. Numerische Prognosen können in einem Intervall von plus/minus 0,5 % abweichen.

Jede Informationsübertragung durch die Zeit verändert die Wahrscheinlichkeit zukünftiger Ereignisse. Daher haben wir für diese Prognose Kennzahlen ausgewählt, die

durch die Veröffentlichung dieser Prognose nicht beeinflusst werden:
> Die Arbeitslosenrate für Juni der Metropolitan Area New York – Northern New Jersey – Long Beach
> Fertilitätsrate Indiens im ersten halben Jahr
> Migrationsrate Südafrikas im zweiten Quartal
> CO_2-Emissionen Australiens im zweiten Quartal
> Staatsausgaben Dänemarks im Juni"

Professor Phragmayer sagte dazu: „Die wollen einidrah'n. Und basta." Beate vermutete, dass der Professor nicht so ungenau dachte, wie er sich ausdrückte. Hinter solchen Aussagen verbargen sich wohldurchdachte Schlussfolgerungen oder zumindest die Intuition eines erfahrenen Wissenschaftlers. In dieser Frage war sie allerdings gänzlich anderer Meinung. Die Lalaaren führten etwas im Schild. Etwas ganz Besonderes, für das es sich lohnte, das Weltbild der gesamten Menschheit über den Haufen zu werfen.

Kurz vor einundzwanzig Uhr steigerte sich der Countdown zu einer lauten Fanfare. Beate sprang auf und trippelte um das Sofa. Der ORF schaltete nach New York. Mit einer Hockwende warf sich Beate über die Rückenlehne auf die Couch. Eine Sekunde später fuhr sie wieder hoch. Unmöglich jetzt zu sitzen.

Der Direktor der UN Statistics Division eröffnete die Pressekonferenz. Mit der Ruhe eines Professors bei einer Vorlesung für Erstsemester erklärte er die Vorgehensweise bei der Ermittlung der Prognosewerte. Entweder ihm war nicht bewusst, dass der halbe Planet an seinen Lippen hing, oder er wollte der Menschheit einmal im Leben etwas über Statistik beibringen. Die fünf Werte wurden normalerweise von fünf regionalen statistischen Behörden unabhängig voneinander erhoben und zu unterschiedlichen Zeitpunkten veröffentlicht. Zumindest in dieser Frage war es den UN gelungen, sich auf ein kontrolliertes Prozedere zu einigen. Eine internationale Kommission hatte die Berechnung der fünf Werte überwacht und die Ergebnisse gemeinsam zur Veröffentlichung freigegeben. Neben dem Direktor saßen die Leiter der fünf regionalen Institute. Alles Männer in dunklen Anzügen, staatsmännisch gekleidet für ihre fünfzehn Minuten Ruhm.

Der Direktor hob den Blick von seinem Blatt und sah mit leichtem Lächeln direkt in die Kamera: *„Liebe Menschheit, die diesen historischen Moment verfolgt, in ihrem Interesse für die Ergebnisse der Prognosen vereint wie nie zuvor. In ihrem Interesse für Ergebnisse, die die Art, wie wir denken, für immer verändern können. Liebe Freunde von Lalaaris, die diesem großen Meilenstein in unserer noch jungen interplanetaren Beziehung beiwohnen.*

Ich möchte Sie nicht länger auf die Folter spannen. Die Prognosen der Lalaaren sind eingetreten. In zwei Fällen ergaben sich Abweichungen von weniger als 0,01 %. Die anderen Werte wurden bis auf die letzte Dezimalstelle korrekt vorhergesagt.

Die Wahrscheinlichkeit, die Werte eine Woche im Voraus mit dieser Genauigkeit zu erraten, liegt bei 0,0000001. Wir erachten es daher als unmöglich, dass die Werte ohne Kenntnis der Zukunft zufällig geschätzt wurden."

Beate sank in das kühle Leder. Sie konnten in die Zukunft sehen. Ein unvergleichlicher Wettlauf war eröffnet. Wie viele Jahre, Jahrhunderte, Jahrtausende würde man benötigen, bis dem ersten Menschen ein Blick in die Zukunft gelang?

Wollte sie das noch erleben? Klar, das Wissen über die Wende in ihrem Leben hätte ihr viele depressive Jahre erspart. Aber würde sie dafür das unfassbare Glücksgefühl der letzten Wochen opfern? Ganz bestimmt nicht. So würde das Leben aussehen, wenn man in die Zukunft blinzeln konnte. Gleichförmiger. Man wäre gefeit vor großen Überraschungen. Sie wüsste jetzt schon, wie Pierre auf ihren Brief reagieren würde.

Die Vorstellung, was dieser Abend alles veränderte, sprengte ihren Verstand. Nicht nur die gesamte Physik sondern auch Psychologie, Soziologie und die „Woman"-Beziehungsratgeber bedurften einer grundlegenden Überarbeitung, falls die Menschen eines Tages wie die Lalaaren in die Zukunft blicken konnten.

VIII

Die winzige braune Feder mit den zierlichen schwarzen Tupfen war Veras einziges Andenken an den Coup von St. Helena. Sie hatte es nicht übers Herz gebracht, die Feder mit ihrem gestempelten Pass und dem Ticket des Postschiffes zu verbrennen. Bis heute hatte sie die Feder Daniel nicht gezeigt.

Im September vor zwei Jahren war sie nach Kapstadt geflogen. In ihrer Geldbörse steckten fünftausend südafrikanische Rand und tausend britische Pfund, mit denen sie alle Ausgaben ihrer Reise in bar bezahlen würde. Nach zwei Tagen ging Vera an Bord der RMS St. Helena, die abgesehen von einer Satellitenstation die einzige Verbindung zwischen der einsamen Atlantikinsel und dem Rest der Welt darstellte. Außer Vera kannten sich alle Passagiere des Postschiffes. Mindestens zwei Drittel von ihnen waren miteinander verwandt.

Als das Schiffshorn nach fünf Tagen auf offener See triumphierend die Ankunft verkündete, wusste jeder an Bord, dass die rothaarige Fremde eine trinkfeste Kanadierin mit bezauberndem französischen Akzent war, die sich auf Weltreise befand, Jacqueline Desjardins hieß und es nicht leiden konnte, wenn man ihren Vornamen mit Jackie abkürzte.

Die Aufmerksamkeit, die ihr zuteil wurde, passte nicht in ihren Plan. Als sich die anderen am Bug versammelten, um die Insel zu begrüßen, kauerte Vera am Boden ihrer Kabine. Wie sollte sie durch die Passkontrolle kommen, ohne dass jemand den Unterschied zwischen ihrem österreichischen Pass und ihrer erfundenen Identität bemerkte?

Vera schulterte den Rucksack und kletterte an Deck. Beim ersten Blick auf St. Helena musste sie unwillkürlich lachen. Was für eine absurde Idee, diesen kleinen Felsen zu besiedeln, mitten im tiefblauen Nichts, tausende Kilometer vom Festland entfernt. Und was für ein ungünstiger Ort für einen Plan wie ihren. Eine Insel, auf der sich jeder kannte und von der es, bis die RMS St. Helena auf ihrem Rundkurs durch den

Südatlantik in sieben Tagen das nächste Mal anlegen würde, kein Entrinnen gab.

Jamestown, die Hauptstadt St. Helenas, lag eingezwängt in einem Tal zwischen zwei steil aufragenden Bergen. Da die Insel über keinen Hafen verfügte, transportierten Tenderboote die Passagiere des Postschiffes an Land.

Vera versuchte an der Küste die Grenzstation auszumachen. Irgendwie musste sie sich von den anderen Passagieren lösen, um die Passkontrolle alleine zu passieren. Das Boot legte am Kai an, wo ein junger Beamter in Uniform auf sie wartete. Zuerst ließ man die Kinder aussteigen, die, ohne auf ihre Eltern zu warten, davonstoben, dann die Frauen. Der Beamte half ihnen über den Spalt zwischen Boot und Kaimauer und begrüßte sie mit Namen und Küsschen auf die Wangen. Eine ältere Frau namens Nancy deutete auf Vera und sagte zu ihm: „Schau mal Mike, was wir dir Hübsches aus Kanada mitgebracht haben."

Mike tippte sich an die Kappe und sagte in dem langgezogenen Englisch der Inselbewohner: „Willkommen auf St. Helena!"

„Schön hier zu sein!", antwortete Vera.

„Sag bloß nicht Jackie zu ihr", raunte Nancy. Mike zwinkerte Vera zu. Mit seinen langen blonden Locken und dem breiten Oberkörper sah er eher wie ein verkleideter Stripper aus und nicht wie ein Polizist.

Vera zog ihre Geldbörse aus dem Rucksack, doch Mike sagte: „Warte einen Moment, bitte" und begrüßte zuerst die anderen Passagiere, die sich ohne weitere Kontrolle auf den Weg in Richtung der Parkplätze machten.

„Siebzehn Pfund Einreisegebühr, oder?", sagte Vera und reichte Mike das Geld.

„Ja, und deinen Pass, bitte."

Vera zog ihren österreichischen Pass aus der Tasche, der in einer Hülle mit Ahornblatt steckte, und blätterte auf eine freie Seite. Mike steckte das Geld in seine Hosentasche und knallte einen Stempel in den Pass. Vera versuchte ihn schnell wieder an sich zu nehmen, doch der Grenzbeamte hielt ihn fest und öffnete die Seite mit ihrem Namen.

„Du bist die erste Frau, die auf einem Passfoto gut aussieht!", sagte er grinsend.

„Danke." Vera zerrte an ihrem Ausweis. Mike ließ ihn nicht los.

„Wie lange bleibst du?"

„Sieben Tage. Bis zur nächsten Fähre."

„Schade."

„Wieso?"

„Wenn du eine Woche länger geblieben wärst, hätten wir hier deinen Geburtstag feiern können."

Er gab Vera ihr Dokument zurück. „Irgendetwas zu verzollen?"

Vera schüttelte den Kopf.

„Bis später!", sagte Mike und zwinkerte ihr noch einmal zu. „Jacqueline."

Veras Airbnb-Quartier entpuppte sich als das ehemalige Kinderzimmer von Nancys Enkel. Die in leuchtendem Orange gestrichene Wand zierten eine Reihe von Sportlerporträts, ein Regal mit Modellflugzeugen und die überlebensgroße Abbildung von Beyoncés Hinterteil. Das schlichte, blitzblaue Haus gegenüber unterschied sich durch nichts von den einstöckigen Wohnhäusern in der Straße. Vera hatte sich das Gebäude viel größer vorgestellt, umgeben von einem Stacheldrahtzaun, mit einer Armee aus Antennen am Dach. In Wirklichkeit schien es nicht einmal mit Kameras oder einer elektronischen Zutrittskontrolle gesichert zu sein.

Vera schob einen Stuhl ans Fenster, arrangierte die Vorhänge, sodass sie durch einen schmalen Spalt den Eingang des Gebäudes im Blick behalten konnte, und stellte ihren Rucksack auf den Stuhl.

Als sie wieder durch die Haustür trat, um sich einen Überblick über Jamestown zu verschaffen, bemerkte sie zum ersten

Mal den schweren Duft, den eigentümliche Pflanzen mit violetten Blütentrichtern an jeder Ecke der Stadt verströmten. Von der anderen Straßenseite aus warf Vera einen Blick durch ihr Fenster. Der Rucksack war durch den Spalt in den Vorhängen nicht zu sehen.

Drei Tage lang bedeckten dunkle Wolken den Himmel und böiger Wind peitschte unablässig Nieselregen über die Insel. Drei Tage lange kletterte Vera am späten Nachmittag, kurz bevor ihr Zielobjekt seinen Dienst beendete, die Jacob's Ladder gen Himmel, eine steile Treppe, die von Jamestown den Berg hinaufführte und einen perfekten Blick über die Stadt bot. Drei Tage lang saß sie mit tief ins Gesicht gezogener Kapuze im Regen, bis sich Samstagabend die erste Gelegenheit bot zuzuschnappen.

Als Mike seine Patrouille beendet hatte und in der Polizeistation verschwunden war, stieg Vera die Stufen hinunter, tauschte in ihrem Zimmer Pullover und Regenhose gegen ein kurzes Kleid und machte sich auf den Weg zum „Merry Monk".

Das Pub war kleiner, als sie erwartet hatte. Den ganzen Nachmittag hatte sie Menschen hinein- und hinausgehen gesehen, doch eigentlich bestand es nur aus einer Bar, zwei Tischen und einem Dartautomaten.

Vera entdeckte einige Bekannte vom Schiff und, als hätte er auf sie gewartet, Mike, der in einem ärmellosen Army-Shirt und einer Trainingshose mit dem Inselwappen an der Bar lehnte. Der hagere Bursche mit dem Kinnflaum, wegen dem Vera hier war, saß mit anderen jungen Männern an einem der Tische. Er trug seit drei Tagen dasselbe blaukarierte Hemd.

Vera bestellte sich ein großes Bier und einen Salat. Mike beobachtete sie von der Seite. Sie griff nach einem Exemplar von „The Sentinel", St. Helenas Wochenblatt. Im Spiegel sah sie, dass ihr Zielobjekt Münzen in den Dartautomaten warf. Sie drehte sich zu den beiden Burschen um.

„Darf ich mitspielen?"

„Äh. Ja?", sagte Kinnbart.

„Cool. Ich bin Jacqueline!"

„Äh, Arthur ... Aber du ... darfst mich Arthie nennen." Seine Hand fühlte sich muskellos an wie von einer Stoffpuppe.

„Paul", sagte der andere.

Plötzlich stand Mike neben ihr. „Ich spiele mit."

Arthie und Paul hielten einen Meter Abstand zu ihr, als hätten sie Angst von ihren Pfeilen getroffen zu werden. Mike quasselte in einer Tour.

„Seid ihr eigentlich alle hier geboren?", fragte Vera Arthie.

„Klar", antwortete Mike für ihn. „Niemand, der hier nicht geboren wurde, zieht nach St. Helena."

„Und wollt ihr einmal weggehen?"

Mike setzte zu einem ausufernden Vortrag über die Inselgemeinschaft an. Vera unterbrach ihn und fragte Arthie: „Und du?"

„Nein", antwortete er und warf den nächsten Pfeil auf die Scheibe.

Nachdem sie das Spiel beendet hatten, trug Vera ihren Salat zu Arthies Tisch. Mike folgte ihr mit seinem Bier. Vera sagte zu Arthie: „Weißt du, was ich mich gefragt habe? Wie funktioniert das hier mit dem Einkaufen, wenn ihr etwas Größeres benötigt, Möbel, Autos, Baumaterialien?"

„Die kommen mit dem Schiff", antwortete Arthie und nahm einen Schluck von seinem Bier.

„Ja. Schon klar. Aber bestellt ihr die auf Amazon?"

„Nein. Amazon liefert nicht hierher."

„Sondern?"

„Verschieden. Entweder ein Händler hier. Oder in Südafrika. Kommt drauf an."

„Was machst du eigentlich hier?", fragte Mike unvermittelt.

Stille. Die Burschen starrten sie an.

„Wie meinst du das?"

„Naja, wieso bist du hier?"

„Das habe ich dir doch schon erzählt. Ich bin auf Weltreise."

„Aber wieso St. Helena? Der Abstecher kostet dich vierundzwanzig Tage."

„Besser als inmitten von hunderttausend Touristen an der Chinesischen Mauer zu stehen oder am Taj Mahal."

„Vierundzwanzig Tage, nur um im Regen auf der Ladder zu sitzen?"

„Brauchst du nie Zeit für dich, Mike? Einfach mal auf das Meer hinaussehen und nachdenken?"

„Dafür musst du hierher kommen?"

„Sollte es jemals zu regnen aufhören, werde ich wandern gehen."

„Montag habe ich frei. Du solltest einen Guide mitnehmen."

„Weit kann ich mich nicht verlaufen, oder?"

Als Arthie seine Rechnung bezahlte, legte Vera zwei Scheine auf den Tisch und folgte ihm aus dem Lokal.

„Hallo du!"

„Ich?"

„Ja."

„Äh, ja?"

„Darf ich noch zu dir mitkommen?"

„Zu mir?"

„Ja."

„Wozu?"

Vera lachte: „Ich wollte es Mike nicht sagen, aber weißt du, wieso ich in Wahrheit hier bin?"

„Nein." Arthie sah sie gespannt an.

„Ich bin Briefmarkensammlerin. Die Marken von St. Helena gehören ja zu den kostbarsten der Welt. Ich dachte, du könntest mir vielleicht deine Briefmarkensammlung zeigen."

„Ich sammle leider gar ...", ein Lächeln zeichnete sich auf seinem Gesicht ab. „Oh." Arthies perfekte weiße Zähne wirkten fehl am Platz. Als hätte man die Zähne von Männermodel Mike in seinen Mund retuschiert.

„Möchtest du wirklich ... zu mir?"

Vera nickte.

„Okay."

Nach einigen Metern blieb er stehen. „Nein, das geht nicht."

„Wieso?"

„Ich habe seit Wochen nicht geputzt."
„Egal."
„Nein. Morgen. Ich räume zuerst auf."
„Komm schon." Als sie seine Hand ergriff, spürte sie, wie ein Zittern durch seinen ganzen Körper ging. „Wo müssen wir lang?"

Arthie lief in panischem Zick-Zack durch sein Wohnzimmer. Bis auf das Rascheln seiner Handgriffe war es totenstill.

Vera musterte die CDs. Sie zog eine mit „Kuss-im-Sonnenuntergang"-Cover aus dem Regal. Arthie versuchte, sie ihr aus der Hand zu reißen. „Oh Gott, wie peinlich. Die ist total alt. Die spiele ich gar nicht mehr."

„Ich würde sie gerne hören", sagte Vera und legte die CD in die Stereoanlage.

Eine tiefe Frauenstimme sang über die Liebe. In einem Kasten entdeckte Vera eine Flasche Bacardi, im Kühlschrank fand sich eine Dose Coca-Cola. Sie bereitete zwei Gläser Cola-Rum zu und schaltete das Licht aus.

„Aufgeräumt", sagte sie.
„Aber ...?"
Sie drückte Arthie eines der Gläser in die Hand und stieß mit ihm an.

„Das ist eine starke Mischung", sagte Arthie.
„Irgendwie muss ich dich ja entspannen."
„Stimmt", sagte Arthie und trank sein Glas in einem Zug leer.

„Ich dachte, du und Mike ...", sagte Arthie.
Vera schnaubte.
„Er hat dich doch angebaggert wie blöde."
„Eben."
„Du bist eine ziemliche Sensation hier."
„Ich?"
„Es kommen nicht oft fremde Frauen. Ich meine junge, äh hübsche ... Allein. Mehr so Kreuzfahrerinnen. Die Leute reden alle, was du hier wohl tust."

„Und was sagen sie?"

„Es gibt viele Theorien. Immobilienspekulantin, die ein Hotel bauen will. Ein Star, der Privatsphäre sucht. Gangsterbraut auf der Flucht."

„Wieso darf ich nur die Braut sein und nicht der Gangster?"

„Von mir aus kannst du tun, was du tun willst. Wenn es dir Spaß macht, den ganzen Tag im Regen auf der Ladder zu sitzen, wieso nicht? Ich mag auch Dinge, die andere komisch finden."

„Zum Beispiel?"

„Weißt du, dass wir einen Flughafen haben, auf dem keine Flugzeuge landen dürfen?"

„Das ist so ziemlich das Erste, was mir hier jeder erzählt."

„Ich gehe dort gerne spazieren. Und stelle mir vor, er wäre in Betrieb."

„Was arbeitest du?"

„Ich bin Systemadministrator bei SSA, der Telekommunikationsfirma hier. Wir betreuen das Telefonnetz, die Internetverbindung und seit letztem Jahr sogar ein eigenes Mobilfunknetz. Wir sind eine der letzten Regionen, die über Satellit... Oh, tut mir leid, das interessiert dich bestimmt nicht."

„Doch, doch."

„Erzähl mir lieber etwas über dich. Die geheimnisvolle Kanadierin."

Als die Gläser leer waren, wagte es Arthie zum ersten Mal, seine Hand auf Veras Schenkel zu legen.

„Das heißt, du bist verantwortlich für das ganze Mobilfunknetz?", fragte Vera.

„Nicht alleine."

„Kannst du mir zeigen, wie das funktioniert?"

Millimeter für Millimeter wagte Arthies Hand sich an ihrem Bein weiter nach oben. „Aber deswegen bist du nicht zu mir gekommen, oder?"

„Das eine schließt das andere nicht aus."

„Das würde jetzt alles kaputt machen", sagte Arthie. „Die ganze Stimmung."

Vera gab sich einen Ruck und küsste ihn.

„Weißt du, ich habe noch nie ...", sagte Arthie.

„Wir müssen nichts überstürzen", sagte Vera. „Ich bin noch vier Tage hier."

„Oh, nein. Doch. Bitte!" Arthie legte seine muskellose Hand auf ihre. „Du bist unfassbar schön. So war das nicht gemeint. Ich weiß schon, wie das geht. Keine Sorge."

Arthie war der erste Mann, mit dem Vera schlief, der sich für seinen nackten Körper zu schämen schien. Für die haarlose Brust, unter der sich die Rippen abzeichneten, die vorspringenden Beckenknochen, seinen Penis, eine lange dünne Miniatur seiner selbst. Seine Berührungen hingegen waren weicher und zärtlicher, als Vera erwartet hätte. Kein besitzergreifendes Grapschen und Zwicken. Arthie schmiegte sich an sie wie ein abgemagertes Kätzchen.

Plötzlich sprang er aus dem Bett und begann sich anzuziehen. „Ich muss kurz weg", sagte er. „Bin gleich wieder da. Nicht weggehen."

„Schau in meine Geldbörse", antwortete Vera. Sie konnte darauf verzichten, dass Arthie auf der Suche nach einem Kondom die halbe Stadt aus den Betten klingelte.

Einige Minuten später lagen sie am Rücken nackt nebeneinander.

„Wow", sagte Arthie. „Woohoo!" Sanft streichelte seine Hand ihren Bauch. Als sein Atem regelmäßiger wurde, legte Vera seine Hand vorsichtig zur Seite und tappte aus dem Bett. Sie fand zwei PCs und vier Notebooks, von denen eines mit einer Inventarnummer der SSA markiert war. Theoretisch hätte sie nun Daniels USB-Stick einschieben können, doch ein wenig wollte Vera noch abwarten. Auch wenn sie dafür die Affäre mit Arthie länger aufrechterhalten musste, bevorzugte sie eine Lösung, die weniger Spuren hinterließ als Daniels Trojaner.

Sie hatte kaum eine Stunde geschlafen, als eine Sirene sie hochschrecken ließ. In Arthies Schlafzimmer war es stockfinster.

„Was ist das?", fragte sie.

„Eine SMS. Alles gut, schlaf weiter", antwortete Arthie, der bereits am Weg zum Schreibtisch war.

„Das ist ein dezenter Signalton", stellte Vera fest.

„Das war eine automatische Systemwarnung. Sonst höre ich sie nicht im Schlaf. Ich habe heute Bereitschaft."

Vera krabbelte aus dem Bett und blickte Arthie über die Schulter, als er sich in das System einloggte.

„Wenn du zusehen willst, musst du dir etwas anziehen", sagte er, ohne sich umzudrehen. „So kann ich mich nicht konzentrieren."

Am Morgen erwachte Vera von einem beißenden Geruch. Arthie trug unter wortreichen Entschuldigungen ein Tablett mit verkohlten Pancakes in das Schlafzimmer. Als sie sein verzweifeltes Gesicht sah, überschwemmte Vera eine Welle der Zuneigung.

„Heute habe ich Dienst", sagte Arthie. „Aber morgen nehme ich mir frei. Dann gehen wir zu Tino's frühstücken. Und danach könnte ich dir den Flughafen zeigen. Wenn du möchtest."

Vera drückte Arthie an sich. „Du bist süß", flüsterte sie ihm ins Ohr.

Als er im Bad war, löschte sie auf seinem Handy alle Fotos, die er von ihr gemacht hatte.

Gemeinsam gingen sie durch Jamestown und verabschiedeten sich vor dem blitzblauen Haus mit einem Kuss. In ihrem Zimmer zog Vera die Vorhänge beiseite. Von dem Fenster gegenüber winkte ihr Arthie wie ein verliebter Teenager.

Vera duschte und machte sich auf den Weg zum Hauptplatz. In der einzigen Telefonzelle der Insel wählte sie aus dem Gedächtnis die Nummer eines spanischen Wertkartenhandys.

„Hallo?"

„Avro RJ 100", sagte Vera. „Erster Buchstabe und RJ groß. Einser und Nullen durch klein i und klein o ersetzt. Sowie umgekehrt."

„Moment", sagte Daniel. Sie hörte ihn tippen. „Also: Groß Anton – klein Vera – klein Richard – Null – groß Richard – groß Johann – klein Ida – klein Otto – klein Otto."

„Korrekt."

„Und was bedeutet das?"

„Sie haben hier einen fertigen Flughafen, auf dem keine Flugzeuge landen dürfen. Irgendwelche Winde. Das war der einzige Passagierflug, der bis jetzt stattgefunden hat."

„Alles gut bei dir?"

„Bis jetzt ja. Aber die ganze Insel spricht über mich."

„Wir hören uns in vier Stunden!"

Am Nachmittag bohrte zum ersten Mal die Sonne kleine Löcher in die Wolken. Vera hatte Glück. Der Wetterbericht versprach eine trockene Nacht. Mit gepacktem Rucksack wartete Vera, bis Arthie von seinem Platz am Fenster aufstand und in einem anderen Raum verschwand. Sie zog die Vorhänge zu, hinterließ ein gelbes Post-it für ihre Vermieterin am Tisch und lief bei der Tür hinaus. Erst als sie außer Sichtweite von Arthies Büro war, verlangsamte sie ihre Schritte.

Nachdem sie zwei Stunden marschiert war, verließ sie den ausgetretenen Pfad und kämpfte sich durch die dichten Farne, bis sie in sicherer Entfernung von jedem Weg eine kleine Lichtung entdeckte, die ihr ausreichend Platz für die Nacht bot. Bei ihrem zweiten Anruf hatte ihr Daniel bestätigt, dass Arthies Passwort funktionierte. Nun blieb ihr nichts mehr zu tun, als sich im Dikkicht vor den neugierigen Insulanern zu verstecken und auf die Rückkehr des Royal Mail Ships zu warten. Lieber verbrachte Vera eine Nacht im Schlafsack unter freiem Himmel, als sich in Jamestown vom liebestollen Arthie umschwärmen zu lassen.

Die Sonne war bereits untergegangen, als sie am Abend vor ihrer Heimreise die Tür zu ihrem Zimmer öffnete.

Ihr entfuhr ein Schrei. Auf dem Bett lag ein Mann in Uniform.

„Wo warst du, Jacqueline?", fragte Mike.

Vera blickte an ihren schlammverschmierten Kleidern nach unten und ließ den Rucksack auf den Boden sinken. „Wonach sieht es aus?"

„Ich frage noch einmal: Wo warst du?"

Vera hielt Mike das Post-it unter die Nase, das immer noch auf dem Tisch lag. „Hier steht: ,*Unternehme eine Wandertour. Kehre erst Montagabend zurück. Vera.*' Für einen Polizisten fällt es dir ganz schön schwer, Hinweise aufzuspüren."

„Wir haben uns Sorgen um dich gemacht. Arthie hat dich überall gesucht."

„Wohl nicht gründlich genug."

Mike baute sich vor ihr auf. „Was ist das für ein seltsames Spiel, das du mit Arthie treibst?"

„Das geht nur uns beide etwas an!"

„Nein", antwortete Mike. „Arthie ist mein Freund. Tu ihm nicht weh. Du möchtest ja morgen ausreisen, nicht wahr?"

Mike reichte ihr einen Umschlag, auf den jemand mit roter Tinte in kindlicher Schreibschrift „Pour Jacqueline" geschrieben hatte. „Er wartet schon auf dich."

Arthie öffnete die Tür in einem weißen Hemd. Er schien alle Kerzen der Insel zusammengetragen und in seiner Wohnung angezündet zu haben. Es duftete nach geschmolzenem Käse. Arthie packte Veras Kopf mit beiden Händen und verschlang ihre Zunge.

„Du hast mir so gefehlt", sagte er.

„Das tut mir leid", antwortete Vera.

Er zog sie an der Hand ins Schlafzimmer. Auf seinem Bett hatte er ein Herz aus Rosenblättern arrangiert.

„Warte einen Moment, Arthie", sagte Vera. „Ich habe gerade meine Tage."

Er ließ ihre Hand los. „Oh ... ähm." Er blickte auf den Boden. Mit einem Schlag verlosch der Glanz in seinen Augen. „Dann essen wir erstmal etwas. Oder?"

Als sie den Blick sah, mit dem Arthie die Lasagne servierte, wäre sie am liebsten aufgesprungen und durch die Tür gelaufen. Und als er die Rosenblätter aus dem Bett klaubte, mit der Hand sanft unter ihr T-Shirt fuhr und begann ihr seine Liebesgesänge ins Ohr zu hauchen, von der Samtigkeit ihrer Haut, ihren wohlgeformten Brüsten und dem Duft ihrer Locken, sah sie keinen anderen Ausweg als die Augen zu schließen und vorzugeben, sie wäre eingeschlafen.

Ausgelaugt von der Nacht unerwiderter Zuneigung standen sie sich am nächsten Morgen am Hafen gegenüber.

„Ich habe etwas für dich, Jacqueline", sagte Arthie. „Das ist die Schwanzfeder eines St. Helenischen Regenpfeifers. Damit du für immer eine Erinnerung an unsere Insel hast."

Plötzlich lief ein Bach aus Tränen über seine Wangen.

„Ich werde dich nie vergessen", antwortete Vera und umarmte ihn zum Abschied.

„Ich schreibe dir, Jacqueline. Ich komme nach Québec. Ganz bald", schluchzte er.

Vera wandte sich ab, um an Bord des rettenden Tenderboots zu gehen, doch Mike versperrte ihr den Weg.

„Auf Wiedersehen, Mike."

„Deinen Pass bitte."

„Den habe ich ganz unten im Rucksack."

„Dann hol ihn heraus."

„Ach Mike, du weißt, wer ich bin."

„Bei der Ausreise aus St. Helena sind die Pässe vorzuweisen und von den behördlichen Organen die Einhaltung der Visa-Bestimmungen zu überprüfen."

„Du weißt genau, wie lange ich hier war."

„Jacqueline!", sagte Mike und erhob seine Stimme, damit seine umstehenden Landsleute ihn hören konnten. „Auch dies ist ein Staat, in dem Gesetze gelten. Genauso wie du dich gegenüber einem amerikanischen Polizisten ausweisen würdest, hast du das auch jetzt zu tun. Wir sind kein Spielzeugland ohne

Gesetze ..." hier machte Mike eine dramatische Pause, „... und übrigens auch keine Spielzeugmenschen ohne Gefühle. Deinen Ausweis, bitte. Jetzt!"

Vera blickte ihn kühl an und antwortete in derselben Lautstärke: „Niemand hier hat einen Ausweis gezeigt. Und nur weil ich dich nicht vögeln wollte, lasse ich mich von dir nicht schikanieren. Deine Willkür ist das Einzige, was hier hinterwäldlerisch ist."

Bevor Mike reagieren konnte, machte sie einen Schritt an ihm vorbei und kletterte in das Boot.

IX

Wie ein Meteorstrom donnerte der Regen auf das Dachfenster von Pierres Loft. Nach der Rekordhitze der letzten Woche entluden sich die Spannungen der Atmosphäre in einem apokalyptischen Unwetter. Mit einem Siegesgeheul rückte Beate ihre Truppen vor. Wie zwei Imperatoren lehnten sie in den braunen Ohrensesseln vor Pierres Cocktailbar und spielten „Risiko Star Wars Edition". Beate hatte das Brettspiel vor Jahren von ihren Eltern zum Geburtstag bekommen. Die Stimme ihres Vaters hatte gebebt vor Stolz. Was für ein passendes Geschenk für seine Tochter mit dem Außerirdischen-Wahn! Nur – mit wem hätte sie es spielen sollen?

Am vergangenen Wochenende hatte Beate das Spiel originalverpackt aus ihrem Kinderzimmerregal genommen und gemeinsam mit einigen CDs und einem Dutzend Bücher in ihre Tasche gepackt. Sonst besaß sie nichts, was sie in ihr neues Leben mitnehmen wollte.

Beates erster Auftritt daheim war weniger triumphal verlaufen, als erhofft. Ihre Eltern erwähnten die Lalaaren mit keinem Wort. Als hätte es das Fax nie gegeben. Beate wiederum umschiffte alle Themen, die ihr diffuses Zusammenleben mit Pierre auch nur berühren konnten. Sie verbrachten einen Nachmittag mit verkrampftem Smalltalk über den neuesten Klatsch aus ihrem Dorf.

Doch mit Pierre Risiko zu spielen war so ulkig, wie Beate es sich ausgemalt hatte. Obwohl seine Armeen weit zurückgedrängt waren, spuckte er noch immer große Sprüche. Beate mochte Pierres große Sprüche. Sie mochte die Grübchen, die sich dann in seinen Wangen bildeten. Sie mochte, wie leicht er das Leben nahm.

Einmal hatte sie ihn gefragt, wieso er sich Pierre nannte, obwohl in seinem Pass Peter Angelosanto stand.

„*Peter* Angelosanto! Wie klingt das denn?", hatte er ausgerufen. „Einer von den unsäglichen Kompromissen meiner Eltern.

Sogar beim Essen machten sie das. Jeden Tag kochten sie einen Kompromiss aus beiden Ländern: Mozzarella mit Kartoffelpüree. Spaghetti mit Weißwürsten. Pizza mit Frikadellen."

„Als dein Vater verschwunden ist, warst du erst zwei", protestierte Beate lachend. „Daran kannst du dich gar nicht erinnern!"

„Peter Angelosanto klingt wie ein Unfall. Ich wollte nicht länger heißen wie ein Unfall. Und jetzt musst du fragen ..."

„Wieso nicht Pietro?"

„Weil ich meiner Mutter eins auswischen wollte. Obwohl mein Vater sie sitzen ließ, hat sie nie aufgehört, sich nach ihm zu sehnen. Bis heute vergöttert sie alles Italienische. Ich könnte Auftragsmörder für die Cosa Nostra werden und sie würde sich mehr freuen als über ein Enkelkind."

Beate wuschelte ihm vergnügt durch das Haar. „*Pierre Angelosanto*" musste in der Schule Spott angezogen haben wie ein schwarzes Loch das Licht. Doch er lachte darüber wie über die vielen anderen Missgeschicke in seinem Leben.

Pierre rollte die Würfel. „Glaubst du, haben die Lalaaren noch Brettspiele? Oder ist das sinnlos, wenn man die Zukunft kennt?"

„Sie haben von Wahrscheinlichkeiten gesprochen. Wer weiß, ob sie zufällige Ereignisse wie das Fallen eines Würfels überhaupt vorhersagen können. Und mit welchem Aufwand."

„Fußballmatches wird dann wohl keiner mehr ansehen."

„Hast du dir schon den neuen YouTube-Channel angesehen, den Google für Fragen an die Lalaaren eingerichtet hat?", fragte Beate.

„Menschen, die mit den Lalaaren vögeln wollen?"

„Nein. Nicht mehr. Der Channel ist das Deprimierendste, was du im Internet findest. Heulende Mütter mit den Bildern ihrer toten Kinder: *‚Liebe Lalaaren, bitte sagt Tim, dass er am zweiten Dezember nicht mit seinem Fahrrad auf der Straße fahren soll.'* oder *‚Liebe Lalaaren, wird mein Mann seinen Gehirntumor überleben?'* und dazwischen nervöse Männer im Nadelstreif: *‚Wird der Kurs von Smartchip in den nächsten zwei Wochen über zwölf Dollar steigen?'*" Beate schüttelte sich: „Eine kleine Vorschau, was geschieht, falls die Menschen einmal Informationen durch die Zeit übertragen können."

In dem Wirbel des Unwetters war die Musik kaum noch zu hören. Beate griff nach dem iPad, um die Lautstärke zu erhöhen. Auf dem Bildschirm lud Pierres Startseite. Die ORF-Homepage zeigte normalerweise in bis zu acht Rechtecken die wichtigsten Meldungen des Tages. Die Größe gab die Wichtigkeit der Meldung an. Jetzt gab es nur ein Rechteck, das sich über die ganze Breite des iPads erstreckte. Das Rechteck zeigte kein Foto wie sonst. Es war ein schwarzer Kasten mit der weißen Schrift: *„Lalaaren kündigen Apokalypse an."*

„Was ist?", fragte Pierre.

Beate kippte das iPad. Einen Moment stand die Schrift kopf, dann drehte sie sich zu Pierre. Vorsichtig, als könnte das Display zerbrechen, tippte Pierre auf die schwarze Fläche. Ihre Köpfe berührten sich, als sie gemeinsam die Kurzzusammenfassung der Meldung lasen:

„Die Bombe ist geplatzt. In einem heute auf der Erde eingetroffenen Fax erklären die Lalaaren das Motiv ihrer Kontaktaufnahme. Nach ihren Angaben leben sie hundertfünfzig Jahre in der Zukunft. Die Erde ist für Menschen nahezu unbewohnbar geworden. Auslöser dafür ist der durch den Klimawandel verursachte Kollaps vieler Ökosysteme. Bereits ab 2065 soll es zu extremer Lebensmittel- und Wasserknappheit kommen, die zu weltweiten Migrationsbewegungen und kriegerischen Auseinandersetzungen führen. In der Mitte des kommenden Jahrhunderts wird laut dem Fax ein Teil der Menschheit in schwer bewaffneten, biosphärischen Raumschiffen in das Weltall aufbrechen. Da die Lalaaren jeden direkten Kontakt mit ‚sozial instabilen Spezies' präventiv vermeiden, greifen sie nun in die Geschichte der Erde ein."

Beate blickte zu Pierre. Mit einem Nicken zeigte er, dass er fertiggelesen hatte. Sie tippte auf die Schlagzeile: *„Lalaaren greifen BSI an."* Sie lasen weiter:

„Die Lalaaren rufen in ihrem Fax die Menschheit auf, die Erderwärmung durch sofortiges weltweites Handeln auf zwei Grad zu begrenzen. Zu den dringendsten Schritten zählen die Lalaaren einen unmittelbaren Stopp der Exploration weiterer Erdölvorkommen, die Schließung von Kohlekraftwerken, Ökologisierung der Steuersysteme und die Etablierung eines funktionierenden globalen Emissionshandels.

Ihr Fax enthält auch eine unmissverständliche Drohung: Solange die Menschen keine ausreichenden Maßnahmen einleiten, werden die Lalaaren alle Möglichkeiten ausschöpfen, um sich selbst vor dem Exodus der Menschen zu schützen.

Zunächst werden sie Investoren aufrufen, ihr Geld von jenen Unternehmen abzuziehen, die zum Kollaps des Ökosystems am stärksten beitragen.

Als ersten Konzern haben die Lalaaren BSI ausgewählt. Die französische Unternehmensgruppe stand zuletzt unter heftiger Kritik von Umweltschutzorganisationen, nachdem bekannt wurde, dass sie seit Jahrzehnten die Entwicklung von Elektromotoren sabotiert, um die Gewinne aus Rohölförderung abzusichern. BSI ist weltweit Vorreiter bei der Entwicklung neuer Fördermethoden, etwa von Schiefergas und Ölsanden. Bei diesen Methoden werden nicht nur beim Verbrauch, sondern auch bei der Gewinnung der Rohstoffe erhebliche Mengen von Treibhausgasen freigesetzt.

Die Lalaaren sagen voraus, dass der Aktienkurs von BSI innerhalb von drei Tagen um mehr als die Hälfte fallen wird. Zum Börsenschluss der New York Stock Exchange am 18.7. prognostizieren sie einen Aktienkurs von 12,43 Dollar."

Pierre griff nach Beates Hand.

„Hast du schon gerechnet?", fragte er.

Beate nickte.

„Uns trifft es kaum mehr. 2065 bin ich über achtzig."

„Vergiss die Erde. Ich will nach Lalaaris fliegen. Aber hundertfünfzig Jahre sind zu lange. Und offensichtlich werden sie uns nicht mit offenen Armen empfangen."

„Dir ist egal, dass die Menschheit sich selbst ausrottet?"

„Vielleicht akzeptieren sie ausgewählte Besucher", sagte Beate. „Selbst, wenn ich nur an Bord wäre, um mich fortzupflanzen und meine Kinder darauf vorzubereiten, als erste Menschen einem Lalaaren zu begegnen. Wäre das nicht der schönste Sinn eines Lebens?"

Pierre schüttelte lachend den Kopf: „Ich kann mir nichts Schrecklicheres vorstellen."

Doch seine Augen strahlten sie an, als ob er sie dafür liebte. Beate wurde wohlig im Bauch. Wenn Pierre sie so ansah, mochte sie glauben, was kaum zu glauben war, dass ihm all das, wofür sie sich ihr Leben lang geniert hatte, der überdimensionale klobige Körper, die grässliche Zahnlücke und der eklige Flaum überall, der nicht unter Kontrolle zu bringen war, dass ihm all dies tatsächlich gefiel.

Als sie sich das erste Mal für ihn ausgezogen hatte, war sie vor Scham beinahe gestorben. Sie spürte, wie sich die kleinen Härchen auf ihrer Haut aufstellten. Bestimmt hatte sie sich pelzig angefühlt wie eine Ratte. Doch Pierre war nicht zurückgezuckt bei der ersten Berührung. Er hatte sie an sich gezogen, ihr mit beiden Händen auf den Po gegriffen, auf die Brüste, überallhin. Und langsam, von Mal zu Mal ein wenig mehr, hatte sie begonnen es zu genießen. Nichts erregte Beate so sehr wie ihre zauberhafte Wirkung auf Pierre. Wenn sie nackte Räder durch sein Loft schlug und sein gieriger Blick ihr folgte, wenn er mit steifem Glied über ihr kniete und ihre Brüste knetete oder wenn seine blauen Augen strahlten, nur für sie, für niemanden sonst, wurde sie ganz wild vor Glück über ihr neues Leben.

Pierre schwenkte den Flatscreen. Beate nahm ihm die Fernbedienung aus der Hand. Das hysterische Chaos konnte warten.

Sie setzte sich rittlings auf seinen Schoß, umfasste seinen Hinterkopf mit beiden Händen und berührte sanft seine Lippen. Beate spürte die zarte Haut unter seinen Haaren und wusste, dass sie diesen Kuss nie vergessen würde. Konnte man sich von einem Menschen, mit dem man so einen Moment geteilt hatte, je wieder trennen?

„Irgendwie schwierig sich das vorzustellen", sagte Pierre leise, „Untergang der Welt."

„Der Menschheit", korrigierte ihn Beate. „Es sprechen doch alle seit Jahren davon. Die Erde erwärmt sich. Das ist nicht neu."

„Ich habe das nie geglaubt."

„Was gibt es da zu glauben? Das sind einfache Formeln. Wir erzeugen eine gewisse Menge CO_2. Das Ökosystem kann eine bestimmte Menge abbauen. Was übrig bleibt, führt zu einer Erhitzung des Planeten. Bis zu sechs Grad. Hier wird es ein wenig ungemütlich."

„Und die anderen haben gesagt, dass die Temperatur schon immer schwankte. Zum Beispiel wegen der Sonnenaktivität. Es gab ja auch früher schon Eiszeiten."

„Zwei Stunden auf der Couch mit deinem iPad und du kannst selbst entscheiden, wem du vertraust. Tausenden unabhängigen Wissenschaftlern oder dem Buch eines BSI-Managers."

„Ach", sagte Pierre und legte seine Hände auf ihre Brüste, „lieber reiße ich mir eine geile Astronomin auf, die mir das erklärt."

Beate legte ihren Kopf auf seine Schulter. Einige Minuten lang hingen sie ihren Gedanken nach. Beate gab sich einen Ruck. „Sag mal, Pierre", flüsterte sie ihm ins Ohr, „gehen wir eigentlich miteinander?"

„Miteinander gehen?" Pierre schnaubte. „Kein Wunder, dass du auf die Lalaaren stehst. Du klingst, als wärst du in den Achtzigern hängen geblieben, genau wie sie."

Beate richtete sich auf. Pierre grinste. Aber zum ersten Mal glaubte sie Unsicherheit zu erkennen in seinem hübschen Gesicht.

X

Sie schmissen mit dem Geld um sich, als ob sie es bereits verdient hätten. Wie am Höhepunkt der Dotcom-Blase. Schon damals hatte niemand auf Ray gehört.

Die Mitarbeiter, ihre Familien, die Investoren, die Prominenten der Space Industry und die heuer erstmals zum Picknick eingeladenen Journalisten drängten sich auf dem penibel gestutzten Rasen des Florida Falcon Fire Golfclubs. Vor dem strahlend weißen viktorianischen Clubhouse hatte man sogar eine Bühne aufgebaut. In den Jahren zuvor hatte das „WorldSat Company Picknick" auf dem Sportplatz der öffentlichen Schule stattgefunden.

Kellner trugen Tabletts mit blutrotem Himbeersekt durch die Menge. Noch nie hatte es auf dem Picknick Alkohol gegeben, nur Softdrinks, die man sich an einem der Schultische aus Kunststoffflaschen selbst einschenken musste. Ray überlegte, ob sie damit die externen Gäste beeindrucken wollten oder ob sie wirklich so dumm waren, vor ihren Mitarbeitern mit ihrem neuen Reichtum zu protzen. Ray freute sich schon auf seine nächste Gehaltsverhandlung.

Die Sonne brannte vom Himmel wie jeden Tag. Bald würden die Erwachsenen in das klimatisierte Clubhouse flüchten oder im Pool Cocktails trinken und nur noch die Kinder draußen herumtollen.

Um Punkt neun Uhr betraten Ben und Jerry in Sneakers und T-Shirt die Bühne. Man nannte sie „The Twins". Obwohl sie nicht verwandt waren, konnte man sie aus zehn Metern Entfernung nicht unterscheiden. Ben Morgenreich und Jerry Fin hatten WorldSat vor siebzehn Jahren gegründet und besaßen gemeinsam siebenundzwanzig Prozent der Aktien. Die Kursexplosion der letzten Wochen hatte sie damit im Alter von siebenundvierzig Jahren zu Milliardären gemacht. Sie segelten leidenschaftlich gerne, obwohl ihre Teilnahme an Katamaranregatten regelmäßig im Fiasko endete. Mit ihren braun gebrannten Gesichtern, den schlanken Körpern und dem ewig blitzenden Lächeln wirkten sie gesund, stark und zufrieden. Heute lächelten sie noch breiter.

Ray gönnte ihnen ihren Erfolg. Sie arbeiteten hart, trafen oft gute Entscheidungen und übertrugen den Mitarbeitern ein akzeptables Maß an Verantwortung. Natürlich sah Ray, dass man vieles besser machen konnte, aber scheinbar genügte ihre Performance, um im Spitzenfeld der Satellitenindustrie mitzuspielen. Es war nicht Neid, der Ray an diesem Tag verstimmte. Ray war besorgt. Äußerst besorgt über die Naivität, mit der man dieser Lalaaren-Geschichte begegnete.

Rays Frau Bonny und seine fünfjährige Tochter Mia spielten mit den anderen Kindern irgendwo auf dem Rasen. Ray trug als einziger einen der Ansteck-Buttons auf der Brust, die sie am Eingang verteilten, und auf den er in seiner präzisen, leicht geneigten Schrift *„Ray Damanis – Chief Software Architect"* geschrieben hatte. Mit einer energischen Bewegung wehrte er einen Kellner ab, der ihm ein Glas Sekt anbieten wollte. Seine umstehenden Kollegen ignorierten Rays demonstrative Missbilligung des Picknicks. Sie schätzten ihn für seine Intelligenz und achteten seinen Fleiß. Sobald man ihn von der Schwierigkeit eines Problems überzeugt hatte, verbiss Ray sich solange darin, bis er es gelöst hatte. Ansonsten versuchte man Ray besser aus dem Weg zu gehen. Rays Perfektionismus vertrug sich nur selten mit effizienter Softwareentwicklung in einem gewinnorientierten Unternehmen.

„Willkommen auf unserem Company Picknick", rief Ben auf der Bühne in das Mikrofon.

„Wir hoffen, die Location ist halbwegs okay für euch", sagte Jerry. Die Menge johlte.

„Also ich vermisse ein wenig diesen Sporthallengeruch", feixte Ben, „geht euch der gar nicht ab?"

„N-E-I-N", brüllten seine Mitarbeiter.

„Mit diesem Picknick möchten wir uns bei euch bedanken. Natürlich waren eure Leistungen auch in all den Jahren herausragend, in denen wir auf dem Sportplatz gepicknickt haben. Doch heuer ernten wir die Früchte unserer Arbeit."

„Die Früchte", übernahm Jerry wieder, „jener Samen, die wir jeden Tag mit unserer Forschungsarbeit legen. Die Früchte dafür, dass wir konsequent in unser Knowhow investieren. Wir können nie sicher sein, welche R&D-Projekte sich später kommerziell verwerten lassen. Wir alle gehen ein Risiko ein ..."

„... aber ihr habt an den Weg geglaubt. Unsere Investoren Microdyn Inc. und FintecInvest haben daran geglaubt. Und wir haben daran geglaubt. Forschung bereitet uns jeden Tag einen Riesenspaß. Es erfüllt uns, die Welt ein kleines Stück voranzubringen. Und wir versprechen euch: Ihr werdet nie aufhören zu forschen, solange ihr Teil dieser wunderbaren Familie seid. Heute ist der Zeitpunkt gekommen, an dem die Welt auf unser Wissen und eine ganze Reihe unserer Patente zurückgreift. Ein großes Dankeschön an euch, an unsere Investoren und last but not least an die LALAAREN!"

Rays Kollegen applaudierten wie besessen. Ray schnaubte verächtlich, aber bewegte die Hände leise mit.

„Ihr könnt es wohl gar nicht erwarten, endlich in die Golfcarts zu steigen ..."

„... oder in den Pool zu springen ...", warf Jerry ein.

„... deswegen möchten wir euch nicht länger aufhalten, sondern einen Mann auf die Bühne bitten, der zurzeit weltweit im Rampenlicht steht. Es ist uns eine besondere Ehre, dass er sich heute für uns Zeit genommen hat. Hier ist das höchste Tier der NASA: Administrator William Shapiro." Wieder tosender Applaus. Shapiro, der Ray mit seiner weißen Stoppelglatze immer an eine dicke Version von John McCain erinnerte, betrat die Bühne.

Keuchend rief er ins Mikrofon: „Was für ein Tag! Was für ein aufregendes Jahr! Wisst ihr, ich sehe die Ereignisse der letzten Wochen mit einem lachenden und einem weinenden Auge. Das weinende erinnert sich an einen Abend vor vielen Jahren, als Ben und Jerry mich fragten, ob ich mit ihnen ein auf Satellitentechnologie spezialisiertes Unternehmen gründen wolle."

Shapiro machte eine Kunstpause. Einige im Publikum lachten. „Hätte ich damals mit ihnen WorldSat Corporation gegründet, wäre ich heute so reich wie sie. Obwohl ...? Wer weiß, ob ich den Mut gehabt hätte, den Ben und Jerry hatten. Den Mut, so viel in Forschung zu investieren! In Patente für satellitenbasierte Verteidigungssysteme! Ob nicht auch ich gesagt hätte: Leute, habt ihr zu viel Star Wars geschaut? Und nun seht euch dieses Stockchart an."

Er enthüllte ein Plakat, das den raketenhaften Anstieg der WorldSat-Aktien zeigte. Der Kurs hatte sich seit dem ersten Fax der Lalaaren verzehnfacht. Wieder Applaus, der größte bis jetzt. Ray sah das gierige Glitzern in den Augen seiner Kollegen. Obwohl sie das Ergebnis längst auswendig kannten, multiplizierten ihre Köpfe noch einmal den Kurs von 172,5 Dollar mit der Anzahl ihrer Mitarbeiteraktien. Jeder Einzelne von ihnen.

„Nein, ich will nicht behaupten, dass ich diesen Mut gehabt hätte. Dabei sind diese Tage auch als NASA-Administrator ein unvergessliches Erlebnis. Auch wir mussten in den letzten Jahren um das Budget für Grundlagenforschung kämpfen. Auch wir mussten rechtfertigen, wieso wir Milliarden von Steuergeldern dafür ausgeben, in das Weltall zu fliegen. Jetzt kennen wir die Antwort.

In einigen Jahrzehnten wird niemand mehr von einem globalisierten Planeten sprechen, sondern von einer intergalaktischen Gesellschaft. Und jeder von euch wird einen wichtigen Beitrag dazu geleistet haben.

Ich möchte euch für die ausgezeichnete Zusammenarbeit in den letzten Wochen danken. Ihr seid die Schnittstelle zu den Lalaaren und sie hätten sich für ihr Fax keinen besseren Satelliten aussuchen können als WorldSat 707. Ihr könnt euch nicht vorstellen, wie froh ich bin, die Analysen und Authentifizierungen der Faxe mit einem Team hochqualifizierter Amerikaner durchzuführen und nicht mit irgendwelchen chinesischen Anfängern. Danke, danke, danke! Und nochmals Gratulation zu dieser Performance." Er deutete auf das Stockchart, hob die kurzen Arme und schlug sie über seinem Kopf zusammen. Langsam folgten die Menschen seinem Beispiel, bis die ganze Firma mit hoch erhobenen Händen im gleichen Rhythmus applaudierte. „Ben-und-Jerry"-Sprechchöre ertönten. Die beiden Vorstände liefen auf die Bühne und fielen in den Rhythmus ein. Es sah aus, als würden sie jeden Moment zu heulen beginnen. Wie eine verdammte Sekte! Ray ließ die Hände sinken. Die anderen klatschten und klatschten. Vermutlich wäre das ewig so weitergegangen, hätte nicht irgendjemand Erbarmen gehabt und die Musik aufgedreht.

Marcus klopfte Ray auf die Schulter. „Na, was hat dich gebissen? Hast du alle Aktien verkauft oder warum machst du so ein Gesicht?"

„Der Kurs wird nicht halten."

„Dann verkaufe."

„Nachdem ich diesen Affenzirkus hier gesehen habe, mache ich das noch heute."

„Ray glaubt, dass Ben und Jerry sich die Außerirdischen nur ausgedacht haben, damit sie hier eine coole Party schmeißen können", erklärte John McOwen. Ray entging der Blick nicht, den John und Marcus sich zuwarfen. Daran war er gewöhnt.

„So einen Unsinn habe ich nie behauptet", wehrte er sich. „Ich sage nur, dass wir einem riesengroßen Hype aufsitzen, für den uns die Fakten fehlen. Und ich begreife nicht, wieso niemand bereit ist, mit mir vernünftig darüber zu sprechen."

„Weil hunderte NASA-Wissenschaftler das Fax untersucht haben und bestätigen, dass es aus dem All kommt."

„Und mit welchen Daten? Mit denen, die wir ihnen geliefert haben. Zufällig kenne ich diese Daten genauso gut wie ihr. Wie wollen sie damit beweisen, dass das Fax aus dem All kam?"

„Das Fax wurde in dem Satelliten durch eine Strahlung moduliert, die niemand auf der Erde erzeugen kann. Sie haben alle anderen möglichen Quellen ausgeschlossen."

„Alle bekannten Quellen!"

„Und die Zukunftsprognosen? Wer hat diese Werte vorhergesagt?"

„Nur weil jemand die Zukunft kennt, beweist das nicht, dass er ein Außerirdischer ist."

„Na, schön", sagte Marcus. „Was ist deine Erklärung?"

„Ich habe keine Erklärung. Das ist auch nicht mein Job. Ich bin Software-Architekt. Aber ich kann logisch denken und beurteilen, ob eine kausale Kette schlüssig ist. Und es gibt keine kausale Kette, die beweist, dass die Lalaaren tatsächlich existieren."

„Eben. Du bist Software-Architekt. Ein ausgezeichneter noch dazu. Ich bin ein passabler Programmierer. Und dann gibt es Wissenschaftler, die sich ihr verdammtes Leben lang mit außerirdischen Signalen beschäftigen. Denkst du nicht, dass die die Situation besser einschätzen können?"

„Nicht einmal die NASA behauptet, dass es wissenschaftliche Beweise für die Lalaaren gibt."

„Aber sie sagen, dass alle Hinweise dafürsprechen. Es gibt keine andere plausible Erklärung."

Ray schüttelte mit zusammengekniffenen Lippen den Kopf. Er deutete mit den Armen um sich. „Schau dir das an. Diese Hysterie. Niemand denkt mehr vernünftig. Niemand!"

„Niemand außer meinem süßen, schlauen Ray", sagte Bonny lachend, legte ihm von hinten ihre langen Arme um den Hals und küsste ihn auf die Wange.

Seine Kollegen hätten einiges gegeben, dass Bonny ihren schlanken Oberkörper so an ihre Rücken schmiegte. Doch aus unerfindlichen Gründen hatte die attraktivste Frau des Unternehmens dem Traum aller männlichen Mitarbeiter von WorldSat vor acht Jahren ein jähes Ende bereitet. Die süße, immer lächelnde Bonny Link, die auf jeder Büroparty bis zum Morgengrauen tanzte, hatte plötzlich Einladungen zu ihrer Hochzeit mit dem spröden Ray verteilt. In den WorldSat-Kaffeeküchen verging seither kein Tag, an dem nicht gerätselt wurde, wie das hatte passieren können.

Für Ray lag die Sache einfach. Er hatte sein Leben lang daran gearbeitet, ein echter Amerikaner zu werden. Durch eisernes Training tilgte er den lächerlichen pakistanischen Akzent aus seinem Englisch. Er nannte sich Ray statt Rashid, bekam ein Stipendium am renommierten Georgia Institute of Technology, schuftete in der Firma bis zum Umfallen und kaufte sich ein modernes Haus mit drei Schlafzimmern und Whirlpool im Garten. Dennoch - die Menschen betrachteten ihn weiter wie einen Fremdkörper. Was blieb noch zu tun? Die amerikanischste Frau zu heiraten, die sich in der Stadt finden ließ. Ray hatte keine Sekunde gezweifelt, dass Bonny Link ihn lieben konnte. Er war durchaus gutaussehend und hatte zweifellos den höchsten IQ unter allen Männern, die Bonny je angebetet hatten. Er musste ihr bloß beweisen, dass er sie nicht nur wegen ihrer langen Beine und der blonden Locken verehrte.

Der Erfolg gab ihm recht. Er und nur er durfte sie nun auf dem Rasen des Falcon Fire Golfclubs auf den Mund küssen. Er genoss die bohrenden Blicke seiner Kollegen.

Bonny schubste Ray an. „Ach komm, lass uns eine Runde spielen gehen. John, Marcus - kommt ihr mit? Eure Frauen sind auch dabei."

„Dann nicht", sagte John lachend. Ray verzog das Gesicht, drehte sich um und folgte Bonny zum Clubhouse.

XI

Vera arbeitete seit sieben Jahren für „Happy & Away". In einem guten Monat verkaufte sie zweihundert Flugtickets. Ausgerechnet sie. Schon die Flugreisen, die Vera selbst jedes Jahr auf Kosten des Reisebüros unternahm, erzeugten doppelt so viel CO_2, wie einem Menschen in einer gerechten Welt zustand. Wieder und wieder nahm sie sich vor, ihre Flüge im nächsten Jahr einzuschränken. Und konnte dann doch nicht widerstehen, wenn sie irgendwo auf der Erde ein neues, geheimnisvolles Fleckchen entdeckte.

Am meisten genoss Vera ihre Arbeit, wenn sie Kunden von exotischen Orten vorschwärmte. Wie sich der Duft von Curry auf einem indischen Markt mit dem von Räucherstäbchen und rohem Lammfleisch mischte. Von dem unberührten Pulverschnee, weich wie Daunen, wenn man in Kanada aus einem Helikopter sprang. Von der unendlichen Weite des Meeres in einem Segelschiff ganz alleine am Mittelmeer.

Als sie vor fünf Jahren mit einem dicken Minus am Konto von ihren afrikanischen Abenteuern zurückgekehrt war, verwandelte sich das Afrikanistikstudium mit Nebenjob in eine Vollzeitanstellung mit Afrikanistik-Hobby. Daniel besaß einige Reserven aus dem Verkauf des Softwareunternehmens, das er während seines Studiums gegründet hatte. Doch ihren gemeinsamen Lebensunterhalt verdiente hauptsächlich Vera.

Während Vera zu ihrer alten Beschäftigung zurückkehrte, nahm Daniel sich nach dem jämmerlichen Scheitern von We-Join länger Zeit, den Sinn seines Lebens neu zu ergründen. Tagelang wanderte er durch die Wälder in der Umgebung Wiens. Mit einem Rucksack voller Zeitungen saß er auf Wiesen und versuchte den Mechanismen der Welt auf die Schliche zu kommen. Er fuhr nach Deutschland zu Castor Protesten, besuchte Podiumsdiskussionen und Demonstrationen, surfte durchs Internet und diskutierte mit Vera. Nächtelang. Wofür lohnte es sich zu kämpfen?

In den letzten Jahren war eine seit langem allgegenwärtige Bedrohung allmählich zur Gewissheit geworden. Laut dem Klimarat der Vereinten Nationen galt es als erwiesen, dass die Erde sich schneller erwärmte als je zuvor, und dass diese Erwärmung vom Menschen verursacht wurde. Der Klimawandel rückte ins Zentrum eines Netzwerks aus eng verflochtenen Gefahren: Knappheit von Lebensmitteln, Energie und fossilen Brennstoffen, ungerechte Verteilung globaler Ressourcen, Artensterben, Übersäuerung der Ozeane.

Trotzdem scheiterten die Verhandlungen zu einer Nachfolgeregelung für das Kyoto-Protokoll. Daniel beobachtete erstaunt, wie die eindeutigen Ergebnisse der Wissenschaft weder zu politischen Maßnahmen noch zu nennenswertem Interesse der Zivilgesellschaft führten. Sogar das US-Verteidigungsministerium stufte die Gefahr durch den Klimawandel höher ein als jene durch Terrorismus. Dennoch unternahm niemand etwas dagegen.

Und Vera? Sie verkaufte Flugreisen und trug so unmittelbar zum größten Problem der Menschheit bei. Daniel kritisierte sie nicht für ihren Job. Ob Vera die Reisen verkaufte oder jemand anders, hatte genau so wenig Einfluss auf die weltweiten Vorgänge wie die tausenden Menschen, die sich an Bagger ketteten und auf Bäumen kampierten, die Umweltverbrechen aufdeckten und Ölbohrungen sabotierten. Daniel machte es rasend vor Wut, wie viele Menschen ihr Leben für diesen Kampf opferten und wie wenig sie bewirkten. Er begann an seiner eigenen Lösung zu arbeiten.

Einige Jahre später, 2015 beim Klimagipfel von Paris, eröffnete sich doch noch eine Chance für die Erde. Mit Merkel, Obama, Hollande saßen Menschen an den Hebeln der Macht, denen die Bekämpfung des Klimawandels ein echtes Anliegen war. China drohte im eigenen Smog zu ersticken. Der niedrige Ölpreis machte die Erschließung neuer Vorkommen im Mittelmeer und der Arktis unrentabel. Trotzdem brachten Zehntausend Diplomaten nach sechs Jahren Vorbereitung nicht mehr zuwege als freiwillige Emissions-Ziele, die viel zu hoch waren, um die Erderwärmung auf 1,5 Grad zu begrenzen. Man definierte keine konkreten Maßnahmen, keine Sanktionen. Die Politiker feierten das schwammige Papier, als ob sie die Welt gerettet hätten, und wandten sich wieder jenen Themen zu, die ihnen den nächsten Wahlsieg sichern sollten.

Für Daniel bewies der Gipfel von Paris, dass nichts die Erde vor einer Katastrophe bewahren konnte, solange der Klimawandel eine theoretische Bedrohung blieb. Die Gefahr musste aus den Köpfen der Wissenschaftler in den Bauch von sieben Milliarden Menschen übertragen werden. Damit sie spürten, dass die Zukunft ihrer Kinder am Spiel stand.

Je mehr Daniels Plan ihr Leben in Beschlag nahm, umso öfter meldete sich Veras schlechtes Gewissen zu Wort. Wenn ihr Chef nicht im Büro war, versuchte Vera ihren Kunden ökologische Aspekte der Reisen näherzubringen und erntete dafür witzige Antworten wie: „Ökologisch? Muss ich dann im Flugzeug selbst treten?"

Seit die Lalaaren den Menschheit die Apokalypse prophezeit hatten, schienen die Kunden empfänglicher für ihre Tipps geworden zu sein. Als sie am 18. Juli das Reisebüro absperrte, hatte sie gerade eine ganze Reisegruppe von einem Flugzeug in den Nachtzug umgebucht.

Statt in die Straßenbahn zu steigen, die sie in wenigen Minuten zu Daniel gebracht hätte, marschierte Vera einem plötzlichen Impuls folgend an der Station vorbei. Die Bewegung würde ihr gut tun nach dem Tag vor dem Bildschirm.

Schon wieder lag eine brütende, jeden Pulsschlag lähmende Hitze über Wien. Der heiße Asphalt sog die Sonne auf und wurde so weich, dass ihre bunten Sandalen daran festzukleben drohten. Jeder Meter verlangte Vera die doppelte Kraft ab.

Mit ihrem Handy prüfte sie den Liveticker. Der BSI-Kurs oszillierte seit Stunden um den prognostizierten Wert von 12,43 Dollar. Wenn um zweiundzwanzig Uhr die Wallstreet schloss, würden Daniel und sie durch das Zimmer tanzen und mit einer Flasche Rotwein auf die Vernichtung von BSI anstoßen.

Vera empfand eine tiefe Befriedigung bei dem Gedanken, dass die Eigentümer dieses schmutzigen Konzerns gerade die Hälfte ihres Vermögens einbüßten. Doch noch wichtiger war das Ergebnis für die nächsten Etappen des Krieges. Je genauer der prognostizierte Kurs eintrat, desto höher stieg die Glaubwürdigkeit der Lalaaren und umso effektiver wurden die nächsten Operationen. Es war ein entscheidender Tag für die Zukunft der Menschheit. Und für Daniel.

Wieso vertrödelte sie ihre Zeit dann lieber in dieser unerträglichen Hitze, anstatt jede triumphale Minute mit ihm auszukosten? War sie eifersüchtig auf seinen Erfolg?

Daniel betonte gerne, dass die Lalaaren ohne Vera nicht möglich gewesen wären. Ohne ihr Einkommen, ohne ihre moralische Unterstützung, ohne ihre Mission in St. Helena wären die Lalaaren nie zum Leben erwacht. Wenn sie dabei in seine glühenden Augen blickte, konnte sie ihm glauben. Sobald er den Blick wieder abwandte, wusste sie, dass sie niemals die Ausdauer für solch eine komplexe Operation aufgebracht hätte. Sie war ersetzbar, er einzigartig.

Vera schleppte sich durch die grauen Gassen des achten Bezirks. Asphalt, Gullydeckel und ein paar kümmerliche Pflanzungen der Stadtgärtner bedeckten jeden Zentimeter des Bodens. Im Gegensatz zu Daniel fehlte ihr die Natur jeden Tag. Daniel liebte die Effizienz der Städte, wie ressourcenschonend man die Menschen hier dicht an dicht übereinander stapeln konnte. Auch Vera mochte die Energie, das unendliche Angebot an abgedrehten Performances, winzigen Konzerten und kuriosen Lokalen. Wahrscheinlich hätte sie es nicht ausgehalten, dieses pulsierende Leben aufzugeben für einen einsamen Bauernhof mitten im Wald. Trotzdem: Sie sehnte sich nach Wildnis.

Vera überquerte den Gürtel, der die Grenze zwischen den hochnäsigen Innenstadtbezirken und dem vielfältigen Biotop Ottakrings bildete. Statt Boutiquen, Büros und Feinkostläden säumten hier Wettcafés die Straßen. Sogar die zeigten Aktienkurse statt Fußball. Und das bestimmt nicht nur in Ottakring sondern auch in Melbourne, Rio und Nairobi. Der Mann, den sie liebte, hielt die Welt in Atem.

Bei Nasri, der eine Mischung aus maroder Kebap-Bude und einer Galerie für junge libanesische Künstler betrieb, kaufte sie zwölf Falafel und ein Curry-Hummus.

„Guck mal, die Tomaten sind jetzt bio", sagte Nasri. „Plötzlich fragen alle wegen der Lalaaren, ob das bio ist. Also verkaufe ich jetzt bio."

„Dann kannst du mir vier geben", sagte Vera.

„Sind aber teurer."

„Ist in Ordnung."

„Hihi, hab ich gewusst, dass das bei dir funktioniert", sagte Nasri und wandte sich dem Fernseher zu.

Vera und Daniel wohnten gegenüber von Nasris Geschäft, in einem heruntergekommenen Haus der Nachkriegszeit, dessen einziger Charme in seiner von Graffiti überzogenen Fassade bestand. Im Zentrum des Gemäldes umfassten zwei Hände eine apokalyptische Erdkugel, auf der sich zwischen Atompilzen und Kampfjets alle Lebewesen des Planeten tummelten. Amöben und Walfische, Kätzchen und Stegosaurier, kopulierende, lachende und Kühe in ihre Mäuler stopfende Menschen. Je nach Veras Stimmung schienen die Hände die Erde entweder zu zerquetschen oder zu beschützen. An diesem Tag übten sie Gewalt aus. Vera spürte die kalte Angst in ihre Knochen kriechen. Plötzlich wusste Vera, dass es ein Fehler gewesen war, in dieses Haus zu ziehen. Die auffällige Fassade würde Daniel eines Tages verraten.

Zitternd versuchte sie, die Haustür aufzuschließen, bis sie begriff, dass einer ihrer Mitbewohner schon wieder nicht abgesperrt hatte. Sie schlich an den Gemeinschaftsräumen im Erdgeschoß vorbei. Durch die Tür drangen Stimmen eines Nachrichtensprechers und aufgeregte Diskussionen. Vera bereute die vertrödelte Zeit. Jetzt wollte sie keinem Hausgenossen begegnen. Sie musste wissen, ob es Daniel gut ging.

Mit jeder Stufe, die sie höher stieg, kroch die Gänsehaut weiter ihren Rücken hinauf. Im zweiten Stock schob sie den Schlüssel in das Schloss und riss die Tür auf. Es roch muffig. Sie hörte Stimmen. Mit zwei schnellen Schritten stand sie in der Wohnküche, ein Raum in L-Form mit gelb gestrichenen, fleckigen Wänden. Der vordere Bereich, den sie von der Tür überblickte, war leer. In der orangenen Siebzigerjahre-Küchenzeile lagen Brot und Avocadoschalen, die Reste einer improvisierten Jause. Auf dem alten Holztisch mit den unzähligen Schrammen und Kerben stand Daniels geschlossener Laptop. Die Stimmen kamen aus dem hinteren Teil. Ohne die Schuhe auszuziehen, lief Vera um die Ecke. Daniel saß auf einem Sitzpolster vor dem Fernseher. Alleine.

Er sprang auf und rief: „12,44!" Vera küsste ihn.

„Es schaut ziemlich gut aus", sagte er und deutete auf den Fernseher. Der aktuelle BSI-Kurs blieb sogar während der Werbungen eingeblendet. Seit einer halben Stunde hatte er das Konfidenzintervall zwischen 12,37 und 12,49 Doller nicht mehr verlassen. Vera legte ihre Arme um seinen Hals. Ihre Hände spürten die steinhart gespannten Nackenmuskeln. Seine Finger tanzten auf ihrem Rücken.

„Fast hätte die US-Börsenaufsicht die Aktie heute vom Handel ausgesetzt", erzählte Daniel. „Aber dann haben sie Angst bekommen, einen Präzedenzfall zu schaffen. Falls die Lalaaren weitere Prognosen tätigen, wäre der Druck gestiegen, jedes Mal die Papiere auszusetzen."

Daniel sprach so schnell, dass Vera dem Inhalt kaum folgen konnte. Seine tiefe Stimme hallte wohltuend in ihrer Brust nach. Sie drückte sich fester an ihn. „Lediglich das Short-selling für BSI wurde gestoppt, um Wetten auf ein Fallen des Kurses zu unterbinden. Sie fürchten wohl, dass die Lalaaren die ganze Börse lahmlegen könnten, indem sie Prognosen für alle Aktien abgeben. Das ist gut. Alle schwitzen und haben Angst."

Stimmt, dachte Vera. Sie wollte sich in Daniel verkriechen, ihn nie wieder loslassen. Sie wollte ein Baby mit ihm haben, zu dritt auf einen einsamen Bauernhof ziehen. Ja, doch. Jetzt wusste sie es. Sie wollte Daniel nicht mehr mit der Welt teilen.

Vera schälte sich aus ihren klebrigen Kleidern und ließ unter der Dusche eiskaltes Wasser über ihren Körper strömen, bis sie vor Kälte fror und nicht mehr aus Angst. Sie schlüpfte in ein weites T-Shirt und leerte die Falafeln auf eine rot bemalte Holzplatte, die sie auf den japanischen Teetisch vor dem Fernseher stellte.

Daniel sah n-TV, der sich in den letzten Tagen zum lalaarenfreundlichsten Sender entwickelt hatte. In einem schnell geschnittenen Beitrag stellten die Journalisten Auswirkungen des Klimawandels dem Profit gegenüber, den Investoren und Manager von BSI daraus zogen. Vera verfolgte den Bericht fasziniert. Die Fakten waren nicht neu. Doch wie radikal der Sender BSI an den Pranger stellte, wäre zwei Wochen zuvor undenkbar gewesen.

Man sah eine Insel im Indischen Ozean, auf der die Menschen in primitiven Pfahlbauten wohnten, vom Fischfang lebten und vom Flechten von Körben aus Schilf. Die Dayaks waren arm, hatten aber Trinkwasser, Nahrung, ein Zuhause. Am Ende dieses Jahrhunderts würde all das nicht mehr existieren, wenn die Menschen den Anstieg der Treibhausgasemissionen nicht in den nächsten zehn Jahren stoppten. Wenigstens einer hatte schon vorgesorgt. Der CFO der BSI-Gruppe hatte sein Luxusdomizil mit Yacht und Hubschrauber auf der Nachbarinsel verkauft. Er war in die klimasichere Toskana übersiedelt.

„BSI ist nicht alleine verantwortlich für den Klimawandel", schloss der n-TV-Kommentator den Beitrag, *„und niemand kann Unternehmen vorwerfen, ihre Gewinne zu maximieren. That's their job. Wie auch die Lalaaren in ihrem Fax betonen, kann nur die Politik Rahmenbedingungen für eine nachhaltige Weltordnung schaffen. Durch den Angriff auf mächtige Klimasünder schwächen die Lalaaren geschickt den Einfluss deren Lobbys auf politische Entscheidungen.*

Keiner weiß bis jetzt, worauf die Lalaaren tatsächlich abzielen, aber ihr erster Schritt zeugt von einem soliden Verständnis der Machtverhältnisse auf unserem Planeten."

Vera blickte hinaus auf die Straße. Hinter jedem Fenster flimmerte ein Fernseher. Jeder wollte wissen, ob auch die zweite Prognose der Lalaaren eintrat. Doch war den Menschen wirklich der Klimawandel ein Anliegen geworden oder dürsteten sie bloß nach der nächsten Sensation?

Daniels Schrei riss sie aus ihren Gedanken. Wie ein Katapult schnellte er auf die Füße. Im selben Moment unterbrach n-TV die Einspielung mitten im Satz. Vera meinte das Raunen zu hören, das sich über der Welt erhob. Nur sie blieb stumm. Wie versteinert verharrte sie auf dem Polster. Vera hatte in diesem Moment die verstörendste Erkenntnis ihres Lebens. Sie verstand plötzlich ihre ungewohnte Angst. Sie verstand ihren Drang, sich bei der Heimfahrt zu verbummeln. Alles fügte sich zusammen.

Der Aktienkurs war nach oben ausgebrochen und sie hatte aufgeatmet. Sie hatte einen Augenblick der Euphorie verspürt, bevor sie sich schämte und wünschte, sie hätte sich geirrt. Doch der Kurs galoppierte in Richtung der Vierzehn-Dollar-Marke und mit jedem Satz nach oben wogte eine warme Welle der Erleichterung durch ihren Körper.

Sie musste Ruhe bewahren, ihre Gefühle unter Kontrolle bringen.

Ihre Gefühle unter Kontrolle bringen! Ihr Leben lang hatte sie alle ausgelacht für diese Floskel. Es lag im Wesen von Gefühlen, dass sie sich der rationalen Kontrolle entzogen. Menschen vergruben sie bloß tief in ihrem Inneren, wo sie unbeobachtet zu Magengeschwüren heranwuchsen, zu Griesgrämigkeit, zu Zorn oder Gewalt. Nichts war erfüllender, als jedem Impuls augenblicklich nachzugeben. Deswegen war Vera so oft glücklich. Deswegen fühlte sie sich auch im Kummer wohl. Weil sie weinte und schluchzte und trauerte, sobald ihr danach war.

Zum ersten Mal in ihrem Leben schämte sie sich für ein Gefühl so sehr, dass sie es um jeden Preis verbergen wollte. Doch war ihre Erleichterung tatsächlich so verwerflich? Sie fühlte so, weil sie Daniel liebte. Wenn der Kurs jetzt stieg und die Prognose der Lalaaren nicht eintrat, wenn sie wirklich weit danebenlag, war dieser Spuk vorüber. Der Zauber ihrer Vorhersagen wäre gebrochen. Genauso wie Daniels größter Traum. Das, woran er seit vier Jahren Tag und Nacht gearbeitet hatte. Sie konnte ihn nicht mehr ansehen. Wie er dastand, gerade wie ein Laternenpfahl, den Mund zusammengekniffen zu einer schmalen Linie. Auf seiner Stirn bildete sich eine senkrechte Falte, die sie noch nie gesehen hatte. Seine rechte Hand krallte sich so fest um die Fernbedienung, dass die Knöchel sich weiß färbten.

Die Börsenexperten auf n-TV spekulierten über eine feindliche Übernahme oder eine Kursmanipulation durch einen großen Investor. Ob BSI selbst versuchte, den Kurs zu korrigieren? Sie rätselten über das Paradoxon von Zukunftsprognosen. Hatten die Lalaaren solche Manipulationen einberechnet?

Die Linie sank in Richtung Zielwert. Noch vierundzwanzig Minuten. Dann stieg sie wieder.

Daniel stieß einen gutturalen Schrei aus und schleuderte die Fernbedienung durch das Zimmer. Klirrend prallte sie gegen den Flatscreen. Ein Spinnennetz aus Rissen breitete sich über das Display aus. Die gelbe Linie kletterte weiter.

„Na das hilft uns jetzt", sagte Daniel trocken, ließ sich zurück in den Polster fallen und sah ihr zum ersten Mal ins Gesicht. Vera spürte, wie sie rot wurde. Sie fühlte sich wie eine Greenpeace-Aktivistin in einer norwegischen Fischerkneipe. So als ob eine einzige falsche Bewegung sie verraten könnte.

„Was ist los?", fragte Daniel.

„Was soll los sein?"

„Du sagst nichts."

„Ich bin sprachlos. Das ist schrecklich. Aber wir haben noch siebzehn Minuten."

„Ich habe den Fernseher ruiniert."

„Wenn es schiefgeht, liegt es nicht an dir. Du hast alles richtig gemacht."

„Wenn es schiefgeht, habe ich nichts richtig gemacht. Dann war alles umsonst."

Vera versuchte, ihn zu streicheln, doch als ihre Hand sein Haar berührte, zuckte sie zurück. Wie verlogen sich das anfühlte! Wie stellte sie sich das überhaupt vor? Wie konnte sie je wieder zornig auf Menschen sein, die den Planeten ruinierten, wenn sie in diesem entscheidenden Moment nicht zu ihm gehalten hatte?

Das Stockchart füllte mittlerweile den vollen Bildschirm aus. Die Menschen sprachen nur noch im Hintergrund. Um 21:47 fiel der Kurs abrupt ab.

13,82 ... 13,41 ... 12,98.

Daniel feuerte die Linie an: „Ja, ja! Los! Weiter!"

12,58 ... 12,38 ... zurück im Prognosekorridor.

11,80 ... zu tief.

Daniel raufte sich die Haare. Er kniete wenige Zentimeter vor dem Fernseher.

21:58 – 12,75

21:59 – 12,64

22:00 – 12,43. Börsenschluss. Volltreffer.

Daniel sprang in die Höhe und brüllte aus voller Kehle. Ein tiefer, martialischer Urwaldschrei. Er riss die Arme empor wie ein angeschlagener Boxer nach dem Weltmeistertitel: „In your face, ihr fucking BSI-Wichser."

BSI-Wichser, das hatte er von ihr, dachte Vera. Daniel packte sie unter den Armen und riss sie hoch. Er wirbelte sie im Kreis wie ein kleines Kind. Vera versuchte Boden unter die Beine zu bekommen.

„Gratuliere Blümchen", sagte sie. „Du bist der Größte."

„Ich liebe dich", schrie er und küsste ihr wilde Küsse auf die Lippen. „Dieser Sieg gehört uns. Danke, dass du meine Komplizin bist. Danke, dass du an diesen kranken Plan geglaubt hast. Danke, dass du mich liebst. Ich liebe dich auch! Ich liebe dich, ich liebe dich so sehr."

XII

Im siebzehnten Stock der „grünen Fackel" holten Mark van Storen und Dr. Mayer Pierre aus seinem Zimmer ab.

„Meetingraum Nautilus?", fragte Pierre. „Wieso treffen wir ihn nicht in seinem Büro?"

„Laptop und Handy kannst du hierlassen", antwortete sein Boss van Storen.

„Okay. Alles klar. Jetzt werde ich gefeuert."

„Beeilung", sagte Dr. Mayer. „Wir kommen zu spät." Obwohl er hierarchisch unter Mark stand, übernahm Mayer die Führungsrolle. Er hatte schon für AMOCC gearbeitet, als Mark und Pierre noch mit Bauklötzen gespielt hatten.

Im Aufzug zog er seine Zutrittskarte über den Sensor und drückte „-4". Die tiefste Ebene der grünen Fackel lag ein Geschoß unter der Tiefgarage.

„Ist Nautilus der Name unseres U-Boots?", scherzte Pierre. „Ich wusste nicht, dass die Donau dafür tief genug ist."

Der Lift öffnete sich zu einer kleinen Sichtbetonkammer mit einer offenen Stahltür. Die drei Männer in ihren schwarzen Anzügen traten durch die Tür in einen Raum mit gestapelten Klappbetten und einer professionellen Kochzeile in funktionaler Edelstahlausstattung. Sogar in dem Bunker wucherte an den Wänden ein verstaubter Plastikurwald.

Burkhart Flumm, der CEO von AMOCC, diskutierte mit seiner Assistentin vor einem großen Vorratsschrank.

„Wieso haben wir keine Astronautennahrung?", fragte Flumm. „Die gibt es in allen Geschmacksrichtungen. Passen Sie auf, dass Sie genug Steaks bestellen und Lachs." Verärgert wühlte er durch die Packungen im Vorratsschrank. „Sie wollen keine drei Monate mit mir in einem Raum verbringen, wenn ich nichts anderes bekomme als chinesische Instantnudeln." Flumm reichte seinen Mitarbeitern beiläufig die Hand. „Außerdem Cabernet Sauvignon, den chilenischen, wie üblich. Und einen guten Bourbon." Seine Assistentin notierte die Einkaufsliste auf Papier.

Flumm führte sie in den Meetingraum des Bunkers. Auf dem Besprechungstisch stapelten sich hunderte Rollen des grünen AMOCC-Toilettenpapiers. „Jetzt steht das hier noch immer herum", fluchte Flumm. „Wir werden den Raum jetzt öfter nutzen. Ich würde es bevorzugen, nicht auf einem Berg Klopapier sitzen zu müssen."

Seine Assistentin nickte und schloss die Stahltür mit einem lauten Krachen.

„Meine Herren", begann Flumm. „Ziel des heutigen Termins ist es, Maßnahmen zu definieren, mit denen wir einen Angriff der Lalaaren auf AMOCC verhindern können. Über dieses Thema werden wir uns ausschließlich in diesen geschmackvollen unterirdischen Räumen unterhalten. Wir werden von den Terminen keine Aufzeichnungen verfassen und uns darüber niemals über elektronische Kommunikationsmittel austauschen. Beginnen wir mit Herrn Angelosanto. Wie groß sehen Sie die Wahrscheinlichkeit, dass Ihr Projekt uns in Schwierigkeiten bringt?"

„Äußerst gering, Herr Flumm", antwortete Pierre. „Bis jetzt haben die Lalaaren Unternehmen ausschließlich wegen Vergehen angegriffen, die zuvor öffentlich bekannt waren. Wir können davon ausgehen, dass sie ihre Informationen aus den Medien beziehen. Projekt ‚LOWCARB' ist öffentlich nicht bekannt und wird es nie werden. Darüber würde ich mir keine Sorgen machen."

Flumm lachte. „Angelosanto, unser Sunny Boy. Aber ihre Argumentation leuchtet mir ein. Gut. Gibt es andere Projekte, die uns Probleme bereiten könnten?"

Der CEO nahm ein paar Klopapierrollen vom Stapel und begann sie vor sich in einer Reihe aufzustellen. An seinem Verhalten in Besprechungen konnte man den Grad des Respekts für sein Gegenüber ablesen.

„Unser Problem sind weniger einzelne Projekte", antwortete Pierres Chef Mark, „sondern das grundsätzliche Image unseres Konzerns. Es liegt im Wesen der Branche, dass wir Energie verbrauchen, Schadstoffe emittieren und nicht die Lieblinge der Umweltschützer sind."

„Was halten Sie davon, wenn wir weltweit auf den Dächern unserer Anlagen Solarpaneele montieren?", fragte Flumm. „Das kostet nicht viel und ist für alle gut sichtbar. Vor allem von oben aus dem All."

„Oder wir pflanzen im großen Stil Bäume", sagte Mark. „Und geben vor, wir seien CO_2-neutral."

„Haben wir nicht in Brasilien noch diesen riesigen Wald? Den sollten wir in unsere CO_2-Bilanz in jedem Fall einberechnen."

„Leider haben wir ihn schon als Entwicklungsunterstützung im Emissionshandel genutzt", wandte Pierre ein.

„Das wird wohl niemand bemerken." Die Klopapiermauer reichte Flumm bereits bis zum Kinn. Ab der nächsten Reihe ließ er in der Mitte drei Rollen frei, sodass ein kleines Fenster entstand.

„Was spricht dagegen, dass wir unsere Emissionen tatsächlich reduzieren?", fragte Pierre.

„Sagt ausgerechnet der Projektleiter von ‚LOWCARB'?"

„Wenn die Lalaaren das durchziehen, kann in zehn Jahren kein Unternehmen mehr überleben, das nicht CO_2-neutral operiert. Und zwar ohne gefälschte Daten."

Flumm schüttelte durch sein Toilettenpapierfenster den Kopf. „Jetzt wäre der dümmste Zeitpunkt unseren Kurs zu ändern. Gleichzeitig mit allen anderen. Die Industrie ist im Panikmodus. Je mehr Konkurrenten sich aus unseren Geschäftsbereichen zurückziehen, umso besser wird unsere Position."

„Wir müssen bloß verhindern, dass uns die Lalaaren in die Suppe spucken", ergänzte Mark.

Kurzsichtige Menschenlogik, dachte Pierre. Als er bemerkte, dass sich Beate in seine Gedanken geschlichen hatte, huschte ein unwillkürliches Lächeln über sein Gesicht.

„Was ist daran so witzig?", fragte Flumm.

„Obwohl uns die Lalaaren voraus sein mögen", sagte Pierre, „sind die Menschen immer noch viel gerissener. Wenn wir den Planeten zerstören wollen, werden wir ihn auch zerstören."

Flumm nahm eine Klopapierrolle vom Stapel und begann sie Blatt für Blatt in Stückchen zu reißen.

„So moralisch kenne ich Sie gar nicht, Herr Angelosanto. Was haben die Lalaaren mit Ihnen angestellt?"

Mark warf ihm einen eindringlichen Blick zu. Doch Flumm hatte einen wunden Punkt getroffen. Was hatte Beate mit ihm angestellt?

„Der Beobachtung müssen Sie doch zustimmen!", verteidigte sich Pierre, „dass die Menschen ..."

Mark fiel ihm ins Wort: „Was ist, wenn wir den Lalaaren öffentlich eine Kooperation anbieten? Eine gemeinsame Forschungseinrichtung für grüne Energie."

Mayer, der Älteste in der Runde, hatte bis jetzt geschwiegen. Nun schüttelte er den Kopf: „Die Lalaaren können uns mit einem einzigen Fax zerstören. Wir müssen absolut sichergehen, nicht ihr nächstes Opfer zu werden. Dazu gilt es reale Maßnahmen zu setzen. Wir müssen Projekte stoppen. Echte Projekte."

„Woran denken Sie konkret?", fragte Flumm und legte die Klopapierrolle beiseite.

Dr. Mayer zog eine Liste aus seiner Hemdtasche und las ein Dutzend Namen von internationalen Projekten vor. „Jede Maßnahme wird mit maximaler Öffentlichkeitswirkung abgebrochen. Geläuterte Manager geben Pressekonferenzen. Mitarbeiter treten gemeinsam mit ihren Kindern im Fernsehen auf, freudestrahlend, weil sie ihnen endlich wieder guten Gewissens in die Augen blicken können."

Flumm nickte und zog eine Klopapierrolle aus der untersten Reihe. „Perfekt. Arbeiten Sie die Details aus!" Die Mauer brach zusammen, die Rollen kullerten durch den Besprechungsraum. „So tun wir auch gleich etwas für das Gewissen von Herrn Angelosanto."

Als er Mark vor der Stahltür die Hand reichte, sagte er mit einem Nicken zu Pierre: „Passen Sie mir bloß auf, dass er auf der richtigen Seite des Spiels bleibt."

Im Aufzug fragte Pierre: „Wieso hat er plötzlich akzeptiert, dass wir wegen der Lalaaren Projekte stoppen?"

Mayer reichte ihm seinen Ausdruck. Die Überschrift lautete: *Maßnahmen mit negativem Deckungsbeitrag, sortiert nach Gesamtverlust.*

„Das ist die Liste der Aktivitäten, die wir nächstes Jahr ohnehin eingestellt hätten."

XIII

Seltsam vornübergebeugt, mit vor den Mündern gewölbten Händen, standen die Männer im Star Café des WorldSat Campus in Florida. Ray erkannte Donald Whitlock aus dem Pentagon. Nutzten sie neuartige Instrumente zur Verschlüsselung ihrer Gespräche? Ray näherte sich interessiert dem seltsamen Ritual. Je näher er kam, umso deutlicher hörte er Schlürfgeräusche. Ray entdeckte die eisgekühlte Schale von Deliah's Delikatessen auf dem Buffet. Jetzt war ihnen tatsächlich nicht mehr zu helfen. Sie servierten Austern zum Frühstück!

Er wendete auf der Stelle und knallte die dicke Mappe auf den Platz mit seinem Namensschild. Bis vier Uhr morgens hatte Ray die Unterlagen vorbereitet: technische Voraussetzungen für die Abwehrschilde, Schaubilder zur IT-Architektur von World-Sat und die berüchtigten Sensorikdaten der Satelliten, die angeblich die extraterrestrische Herkunft des Faxes bewiesen. Die Euphorie, die er auf dem Weg zur Arbeit verspürt hatte, begann sich zu verflüchtigen.

Obwohl die Einladung zu dem Workshop reichlich knapp gekommen war, schienen Ben und Jerry endlich zu verstehen, dass man einen Chefarchitekten so früh wie möglich in jede Planung involvieren musste. Natürlich wären die beiden Geschäftsführer ohne ihn in dem Workshop verloren gewesen. Sie konnten im Schlaf abschätzen, wie lange es dauerte, einen Satelliten in die Erdumlaufbahn zu befördern. Aber von der Entwicklung der Software-Komponenten hatten sie keinen Schimmer.

Anstatt sich zu den schlürfenden Männern zu gesellen, studierte Ray die großformatigen Abbildungen der WorldSat-Satelliten an den samtblauen Wänden des Cafés. Er suchte auf den Bildern die Verkleidung der Bordcomputer und stellte sich vor, dass dahinter Software lief, die er entwickelt hatte. Dass seine Programme diese majestätischen Maschinen tausende Kilometer über ihren Köpfen kontrollierten, erregte ihn stärker als die nackte Bonny unter der Dusche.

Um Punkt neun Uhr klatschte ein grauhaariger Mann mit goldenen Manschettenknöpfen und einer goldumfassten Brille dreimal in die Hände.

„Guys", rief er, „let's start!"

Die Teilnehmer wischten ihre fettigen Finger in die Servietten und bewegten sich ohne Eile zu den kreisförmig angeordneten Tischen in der Mitte des Raumes. Ray war froh, dass er sich für einen Anzug entschieden hatte. Die beiden WorldSat-Eigentümer stachen in ihren bunten T-Shirts unangenehm hervor.

„Guten Morgen", sagte der Grauhaarige, „und willkommen zu dem spannendsten Workshop, den ich in meiner Karriere je leiten durfte. Mein Name ist Roger Madsen. Ich bin Senior Partner der SSSC. Wer uns noch nicht kennt: Strategic Security Service Consulting. Langjähriger Partner des Pentagons."

Madsen klang wie ein ehemaliger Army-Offizier und bevorzugte Sätze mit wenigen Worten. Wurde ihm ein Satz zu lang, artikulierte er zwischendurch einen Punkt.

„Meine fünf Kollegen und ich wurden beauftragt, die Ausarbeitung der Lalaarian Response Strategy, kurz LARS, zu begleiten. Vorab organisatorische Bemerkungen: zu diesem Zeitpunkt mission critical."

Er ließ seinen Blick durch den Raum schweifen, um sich der Aufmerksamkeit aller Teilnehmer zu vergewissern.

„Geheimhaltung. Alle LARS-bezogenen Tätigkeiten sind als Top-Secret klassifiziert. Sie unterliegen damit den neuen Bestimmungen für die höchste Geheimhaltungsklasse. Das heißt: keinerlei elektronische Aufzeichnungen, kein Austausch über elektronische Kommunikationsnetze. Nicht mündlich. Nicht schriftlich. Im Klartext: Wir arbeiten an der LARS nur in direkten Gesprächen in abhörsicheren Räumen. Protokolle und Arbeitsunterlagen werden mit der Schreibmaschine erfasst und per Post verschickt."

Einige schüttelten lachend den Kopf. Madsen fuhr unbeirrt fort: „Die Digitalisierung dieser Dokumente ist untersagt. Laptops und Mobiltelefone sind während der Sitzungen im Raum verboten. Solange wir nicht wissen, welche Informationen die Lalaaren abrufen, gehen wir auf Nummer sicher. Es geht um die Sicherheit unseres geliebten Planeten."

Während sein Assistent elektronische Geräte einsammelte, stellten sich die Teilnehmer reihum vor. Neben den fünf Consultants saßen Whitlock, seine Kollegen vom Pentagon und Experten der Industrie. Der Stab des Präsidenten wurde durch einen geschniegelten Burschen vertreten, der aussah wie ein Ferialpraktikant. Am Ende des Tisches hatten der NASA-Administrator William Shapiro und zwei seiner Mitarbeiter Platz genommen.

In der ersten Session des Vormittags sammelte Madsen in einem Brainstorming jene Themen, die sie als wichtige Bestandteile der LARS betrachteten. Jerry Fin warf sofort das „Satellitenbasierte Verteidigungssystem" in die Runde. Einer der Consultants notierte den Begriff auf einem Flipchart.

„Kontrolle der Kommunikation der Lalaaren", rief einer der Vorstände des Rüstungskonzerns DefPro.

„Das ist in erster Linie ein politisches Thema", ergänzte Whitlock. „Kein Land kann im Alleingang verhindern, dass die Lalaaren ihre Nachrichten verbreiten. Sobald ein einziger Satellit verbleibt, über den die Lalaaren unkontrolliert Nachrichten versenden können, ist unsere Kontrolle wirkungslos."

„Das ist korrekt", nickte Ben. „Wir sollten die technologische Komponente nicht außer Acht lassen. Schließlich geht es um gigantische Datenmengen, die in Echtzeit gefiltert werden müssen. Wir haben da bereits etwas in der Schublade. Nicht wahr, Ray?"

Ray blätterte hastig in seiner Mappe. Bevor er etwas sagen konnte, meldete sich jedoch der smarte Vertreter eines privaten Raumfahrtunternehmens zu Wort. „Biosphärische Raumschiffe. Auch wenn die Lalaaren behaupten, die Klimakatastrophe abwenden zu können, sollten wir vorbereitet sein. Wir denken, dass die Entwicklung dieser Raumschiffe dramatisch beschleunigt werden muss. Sollte der Ernstfall eintreten, benötigen wir zehntausende Schiffe, um den Planeten zu evakuieren. Es gilt frühzeitig Serienreife zu erreichen."

Lester Abernacy von DefPro räusperte sich. Er hatte ein rundes Ferkelgesicht mit winzigen, zwischen dicken Fettwulsten verborgenen Augen. Abernacy legte den Zeigefinger auf die Lippen und sagte leise, beinahe wie zu sich selbst: „Ich denke nicht, dass wir das ins Protokoll aufnehmen sollten, aber ist nicht die Kolonialisierung von Lalaaris auch unabhängig von den Vorgängen auf der Erde ein erstrebenswertes Ziel? Dort muss doch für uns etwas zu holen sein!"

Er blickte nachdenklich zur Decke empor. „Ich möchte hier auch ein public-private partnership erwähnt haben. DefPro etwa wäre für eine Beteiligung an Kolonialisierungserträgen bereit, selbst einen Teil des Risikos zu tragen."

„Was halten wir fest?", fragte Madsen.

„Ich traue den Lalaaren nicht", fügte der DefPro-Vorstand hinzu. „Ich würde sie lieber zu Gemüse machen, bevor sie das mit uns tun."

Madsen sah zu dem Pentagonteam.

„Weltraumgemüse", sagte einer der Pentagonmitarbeiter. „Schreibt Weltraumgemüse. Klingt gesund und merkt sich jeder." Die Männer lachten.

„Die von Lester angesprochenen Finanzierungsmodelle sind ebenfalls ein wichtiges Thema", warf jemand ein. „Im Bereich biosphärische Raumschiffe können private Investitionen durchaus gewinnbringend sein. Sollte der Bedarf entstehen, den Planeten zu evakuieren, werden Privatpersonen viel Geld für Plätze in Raumschiffen bezahlen."

„Die Frage ist, was Geld noch wert ist, wenn der Planet evakuiert wird."

„Die Raumschiffe müssten mittels eines Versicherungsmodells vorfinanziert werden."

„Das Risiko müssten sich staatliche Institutionen und private Unternehmen allerdings teilen. Sollten die Lalaaren etwa vorhersagen, dass die Apokalypse abgewendet ist, würde der Markt schlagartig einbrechen."

„Oder sollte sich herausstellen, dass die Lalaaren nicht existieren", bemerkte Ray trocken.

Die Männer starrten ihn an, als hätte sich eben die Kellnerin zu Wort gemeldet.

„Wie bitte?", fragte Madsen.

„Alles, was wir heute besprechen, beruht auf der Annahme, dass die Faxnachrichten tatsächlich von einer außerirdischen Spezies stammen. Diese Annahme zu überprüfen, sollte der erste Schritt von LARS sein."

„Bestehen daran noch Zweifel?", fragte der junge Mitarbeiter des Präsidenten.

„Nein, keineswegs", antwortete William Shapiro. „Die sensorischen Werte der WorldSat Satelliten zeigen bei jedem der Faxe ein Muster, das keine bekannte irdische Quelle verursachen kann."

„Das sieht WorldSat genauso", bestätigte Ben.

„Vor Gericht", setzte Ray an und ignorierte Jerrys Fußtritt unter dem Tisch, „würde man das als Indizienbeweis bezeichnen. Ist das für eine Frage dieser Größenordnung ausreichend?"

„Was wollen Sie denn?", donnerte Shapiro. „Glauben Sie es erst, wenn die Lalaaren ein persönliches Geständnis ablegen?"

„Wenn die Lalaaren in unseren Gerichtssälen sitzen, könnte es für Verteidigung zu spät sein", pflichtete ihm Abernacy bei.

„Mr. Damanis. Dürfte ich mich nach Ihrem Aufgabengebiet erkundigen?", fragte Madsen.

„Ray ist der WorldSat-Experte für Informationstechnologie", antwortete Jerry für ihn.

Ray setzte wieder an, doch Jerry hob die Hand. „Ray, bitte konzentriere dich auf deine Themen. Du willst doch auch nicht, dass sich Astronomen in deine Softwarearchitektur einmischen."

„Sollen wir den Punkt aufnehmen?", fragte Madsen. Die Pentagonmitarbeiter schauten zu Shapiro. Der NASA-Vorsitzende antwortete: „Nein, das ist nicht nötig. Die Ergebnisse sind eindeutig."

In der Mittagspause stellte sich der Ferialpraktikant des Präsidenten mit einer dampfenden Tasse Kaffee zu Ray: „Mir scheint, als wären Ihre Bedenken nicht vollständig ausgeräumt." Ray schüttelte den Kopf, doch bevor er antworten konnte, packte ihn von hinten eine Hand an der Schulter. „Würden Sie Ray bitte kurz entschuldigen?", sagte Jerry. „Wir müssen etwas besprechen."

Der junge Mann drückte Ray eine Visitenkarte mit der Prägung des Weißen Hauses in die Hand: „Ich würde mich gerne mit Ihnen unterhalten. Vielleicht haben sie nach dem Workshop ein paar Minuten Zeit?"

Jerry schob Ray in den nächsten Kopierraum und schloss die Tür hinter sich.

„Was soll das?", fauchte er.

„Ich habe mich an dem Brainstorming beteiligt", antwortete Ray.

Jerry riss Ray die Visitenkarte aus der Hand und stopfte sie in den Schredder. Die Maschine verschlang die Karte mit einem gierigen Knurren.

„Was haben wir gestern vereinbart? Deine Einladung zu dem Workshop ist ein Vertrauensvorschuss. Ich erwarte mir, dass du dich an deine Rolle hältst."

„Wieso nehme ich teil, wenn ich nichts sagen darf?"

„Jedes Statement zu Softwarearchitektur, Hardwarekomponenten und Datenverarbeitung ist herzlich willkommen. Aber zu Aussagen über Außerirdische fehlt dir jegliche Qualifikation."

Ein Drucker begann Papier in die Ablage zu spucken. Jemand rüttelte an der Tür. Jerry lehnte sich von innen dagegen.

Ray antwortete: „Die NASA kann ihre Hypothese zu den Lalaaren genau so wenig verifizieren oder falsifizieren wie ich. Kein Mensch kann beurteilen, wie die Messwerte für ein technologisch unbekanntes Signal aussehen müssten."

„Niemand außer dir."

„Sieh dir die NASA-Pressekonferenzen noch einmal an. Zuerst sprachen sie von einer Theorie, die noch nicht hinreichend belegt sei. Doch als der Lalaaren-Hype ausbrach, rückten die Zweifel langsam in den Hintergrund. Das war eine politische Entscheidung. Es gab keine neuen Daten. Und Shapiro weiß das."

„Das hörte sich eben anders an."

„Nachdem er sich vor der ganzen Welt festgelegt hat, wird er keinen Rückzieher machen, bevor man ihm das Gegenteil nachweist."

„Zu Recht. Wir brauchen keine zusätzliche Ungewissheit. Angenommen du stiftest in dieser Runde noch mehr Verunsicherung. Der Präsident stoppt darauf die Investitionen, bis die Existenz der Lalaaren eindeutig bewiesen ist. Das Satellitenschild wird verzögert. Die Lalaaren greifen an, bevor wir uns verteidigen können."

Jerrys Aggression schien gemeinsam mit den ratternden Druckern den ganzen Sauerstoff in der kleinen Kammer aufzusaugen. Ray rang nach Luft. Der Tonerstaub verursachte einen Hustenreiz. „Und unser Aktienkurs stürzt in den Keller", krächzte er. „Darum geht es eigentlich, oder?"

„Natürlich. Jetzt kommen die Verschwörungstheorien. Ende der Diskussion. Du wirst niemanden mehr mit deinen abstrusen Hirngespinsten verunsichern. Sonst gibt es für dich keinen Platz mehr in diesem Unternehmen."

Ray versuchte sich an Jerry vorbeizudrängen, doch der hielt die Tür zu.

„Noch etwas, Ray", sagte er. „Vergiss nicht, welche Leute hier am Tisch sitzen. Womit Unternehmen wie DefPro ihr Geld verdienen."

Ray blickte ihn fragend an.

„Du weißt, was Martys Tochter passiert ist." Jerrys Augenlider zuckten. Plötzlich fragte sich Ray, ob er mit der Wut nur seine eigene Angst überspielte.

„Das Gerücht stimmt?", fragte Ray.

„Der Fahrer wurde nie gefunden. Aber denk vor dem Einschlafen ruhig darüber nach. Ein verspiegelter SUV überfährt ein vierjähriges Mädchen. Keine Bremsspur. Die Nummerntafel zur Unkenntlichkeit verdreckt."

„Willst du mir drohen?"

„Nein, nein", Jerry hob die Hände. „Du solltest dir nur der Konsequenzen deines Handelns bewusst sein. Marty hat gerade einen Satellitenabsturz für das Pentagon untersucht. Die Ergebnisse hätten eine Milliardenklage gegen DefPro auslösen können."

„Lass mich raus hier", schrie Ray. Jerry trat zur Seite.

Im gleichen Moment öffnete Shapiro die Tür. „Aber hallo", feixte er und zwinkerte ihnen zu. „Werden hier heimlich Popos kopiert?"

XIV

Maria hielt eine Packung Ölkreiden in der einen und einen Lippenstift in der anderen Hand, als sie Vera die Tür öffnete. Ihr Make-up war verschmiert. Vera überlegte, ob ihre Freundin die Stifte verwechselt hatte. Wie ein geölter Blitz schoss Sabrina in das Vorzimmer, tanzte an Marias Knien vorbei und umschlang Veras Beine. „Vera-a-a, Vera-a-a-a!", schrie das blonde Mädchen und zog an ihrer Jeans, als warte im Kinderzimmer ein akuter Notfall auf sie. Vera hob die Vierjährige hoch und schmatzte ihr schnelle Küsse auf beide Wangen.

„Spielen wir heute etwas Lustiges, meine kleine Erdkröte?", fragte sie.

Sabrina blähte die Wangen auf und machte: „Quak, quak." Mit ernstem Blick erklärte sie: „Das heißt Ja auf Krötisch."

„Danke, dass du auf Sabrina aufpasst", sagte Maria und verschwand mit Lippenstift und Ölkreiden im Bad.

„Was heißt aufpassen? Heute nehme ich sie mir nach Hause mit."

„Da müsst ihr euch schon euren eigenen Zwerg machen", rief Maria ihr aus dem Badezimmer zu.

In der Wohnung von Veras bester Freundin schien kürzlich ein Komet eingeschlagen zu haben. Den Boden bedeckte ein Teppich aus Unterhosen, Spielzeugautos, Weintrauben, faustgroßen Staubmäusen, Fragmenten eines Puppenkinderwagens und dem Inhalt einer aufgerissenen Packung Penne. Über der Couch hatte eine vierjährige Künstlerin ein ausuferndes Gemälde angelegt. Ölkreide auf Wand, frühes einundzwanzigstes Jahrhundert. Leider unvollendet.

Das Chaos passte zu Veras Vorfreude auf den Abend wie ein Haufen Sondermüll zu einem Palmenstrand. Sie hatte sich die Zeit mit Sabrina wie eine warme Insel ausgemalt, auf die sie fliehen konnte, um einen klaren Kopf zu bekommen. Raus aus der eiskalten Angst, die seit Wochen ihre Gedanken lähmte. Sie hatte sich vorgestellt, dass Sabrina ihr einen Blick in ihre eigene Zukunft gewähren könnte. Nun sah Vera bloß das zermürbende Leben einer Alleinerzieherin.

Maria musterte sich mit einem grau geblümten Kleid und einer braunen Weste im Spiegel: „Wenn Frederick halb so attraktiv ist wie auf den Fotos, wird er umdrehen, sobald er mich sieht."

„Wie wäre es mit ein wenig Farbe?", schlug Vera vor.

Mit beachtlicher Zielstrebigkeit zog Maria ein rotes Halstuch unter der Couch hervor.

„Viel besser", sagte Vera. „Du siehst umwerfend aus."

Maria warf ihr einen zweifelnden Blick zu, küsste Sabrina auf die Wange und stolperte in Stöckelschuhen zur Tür hinaus.

Vera liebte es, mit Sabrina zu spielen. Sie liebte die fantastische Welt, in der das Mädchen lebte. Sie liebte es, selbst Kind zu werden, die Grenzen der Wirklichkeit aufzuweichen. Sabrina und Vera verwandelten sich in Flugzeuge, unterhielten sich auf Außerirdisch und tranken unsichtbaren Zauberwein. Sie zeichneten liebenswerte Monster, bauten Türme bis zum Mond und ließen sie krachend in sich zusammenfallen.

Am allerliebsten mochte Vera es, Sabrina schlafen zu legen. Wenn sie sich müde an ihren Körper schmiegte, den Kopf an ihre Schulter kuschelte und die Arme um ihren Hals schlang. Wenn Vera sie sanft in ihr Gitterbett legte, ihre Locken streichelte und ihr eine Geschichte von der Familie Erdkröte erzählte. Zuerst funkelten Sabrinas Augen noch aufgeregt, dann griff sie nach ihrem Häschen, hielt es an der Hand wie eine Mutter ihr Kind und die Schlitze ihrer Augen wurden immer schmäler.

Vera wusch einen rosa Plastikbecher ab und schenkte Rotwein ein. Noch einmal schlich sie in Sabrinas Zimmer. Draußen im Wohnzimmer empfand sie Mitleid für Maria, hier neben dem friedvoll schlafenden Menschlein brennende Eifersucht.

Maria und Vera hatten sich zehn Jahre zuvor in der Prärie Nebraskas kennengelernt. Vera überstellte in ihren Sommerferien das weinrote Chevrolet Cabrio eines Filmproduzenten von New

York nach Los Angeles. Am Rande eines verschlafenen Dorfs wartete Maria ohne Gepäck und mit zitterndem Daumen neben dem Highway. Maria konnte ihr Glück kaum fassen, dass statt eines brutalen Truckers ausgerechnet eine junge Österreicherin neben ihr hielt.

Vera verfiel Maria in dem Augenblick, in dem sie ihre Geschichte hörte. Maria hatte wenige Minuten zuvor die SMS eines fremden Mädchens auf dem Handy ihres Freundes entdeckt. Bevor ihr Freund von der Toilette der Raststätte zurückkehrte, löschte Maria die SMS, packte ihre Handtasche und verschwand, ohne eine Nachricht zu hinterlassen, aus dem Greyhound-Bus. Vera hätte ihm zumindest vor der versammelten Reisegruppe eine Ohrfeige verpasst. Marias Strafe war feiger und grausamer zugleich.

Wie Thelma und Louise brausten die Mädchen zwölf Tage lang mit wehenden Haaren in Richtung Kalifornien. In der Nähe von Las Vegas holten zwei Polizisten sie mit vorgehaltenen Waffen aus dem Auto. Die Vermisstenanzeige von Marias Freund hatte eine landesweite Fahndung ausgelöst.

Die Freundschaft, die aus dieser wundersamen Begegnung entstand, schien für die Ewigkeit gemacht. Bis zu der Geschichte mit den Lalaaren hatte Vera kein Geheimnis vor Maria gehabt. Und nach dem dritten Becher Rotwein auf Marias Couch fragte sie sich, ob es nicht Zeit wäre, Maria einzuweihen. Vera dürstete nach Marias Pragmatismus. Ihre Sorgen hatten den schmerzenden Klumpen in ihrem Bauch wachsen lassen wie eine Kugel beim Schneemannbauen. Mit jedem Tag, den Vera die Kugel weiter wälzte, wurde sie größer und kälter. Sie musste endlich mit jemandem sprechen.

Vera hatte nicht nur Angst zu enden wie Maria, in einem Leben ohne Spontaneität, wo sie ihre ganze Kraft aufwenden musste, um Arbeit, Ärzte, Hausarbeiten und ein wenig Spaß für ihr Kind unter einen Hut zu bringen. Sie fürchtete auch, dass ihr dafür Marias Zähigkeit fehlte. Sie würde eine miserable Mutter abgeben ohne Daniel an ihrer Seite.

Vera schaute nach Sabrina. Wenn sie ihre Hand auf die Rippen des Mädchens legte und spürte, wie sich der Brustkorb hob und senkte, glaubte sie plötzlich wieder, dass kein Risiko zu hoch war, endlich so ein kleines Wesen in ihr Leben zu lassen.

Und was würde passieren, wenn sie selbst ins Gefängnis musste?

Vera krallte die Hände in ihre Locken. Wie konnte sie nur ihr altes Selbst zurückholen? Die unbekümmerte Vera, die wusste, dass ein Leben nur lebenswert ist, wenn man einfach handelt, statt Entscheidungen monatelang hin- und herzuwenden, bis die Gedanken so abgenutzt sind, dass man sie nicht mehr ansehen will, bis man sich an das Für und Wider so gewöhnt hat, dass man deren Wert nicht mehr beurteilen kann.

Vera hörte das Kratzen eines Schlüssels an der Tür und tappte hinaus ins Licht. Maria stand mit einem Grinsen im Vorzimmer, das nur eines bedeuten konnte.

„Oh, la la", sagte Vera.

Maria schlüpfte lächelnd aus den Schuhen.

„Das war aber eine schnelle Nummer."

Maria schnaubte, warf die Jacke in eine Ecke des Vorzimmers, füllte einen Becher randvoll mit Wein und ließ sich auf die Couch fallen.

„Also? Wie war der schöne Frederick?"

„Er hat eine halbe Stunde lang über seine Probleme mit Unterhosen gesprochen. Wie sie sein großes Gemächt einengen. So hat er es wirklich gesagt. Ich habe mitgezählt. Siebenundvierzig Mal Gemächt, dreiundzwanzig Mal großes Gemächt, vierzehn Mal beachtliches Gemächt und zwei Mal riesiges Gemächt. Und er hat ständig der Kellnerin auf den Hintern gestarrt. Und aus dem Mund gestunken hat er auch."

Maria schüttelte sich angewidert.

„Und dann?", fragte Vera.

Ihre Freundin schmunzelte triumphierend. Vera packte sie ungeduldig am Knie. „Jetzt komm schon! Ich will die Erklärung für dein Orgasmusgesicht."

„Als die Mappe mit der Rechnung kam", sagte Maria, und ihr Grinsen wurde immer breiter, „war er gerade auf der Toilette. In der Mappe lagen eine Visitenkarte und ein Kugelschreiber. Ich habe auf die Rückseite der Karte geschrieben: *„Hey Süßer, ich hörte zufällig …"*, Maria konnte kaum noch Sprechen vor Lachen, *„… ich hörte zufällig, wie du von deinem beachtlichen Gemächt erzähltest. Das macht mich so scharf! Darf ich dich nachher zu einem Drink an der Bar einladen? Steffi (die Kellnerin)."*

„Du bist das fieseste Biest auf dem ganzen Planeten."

Maria bekam Schluckauf.

„Als er die Karte sah, klappte er die Mappe schnell wieder zu, als hätte ich ihn mitten im Lokal mit einem Pornoheft erwischt. Und seit ich gegangen bin, stelle ich mir vor, wie er versucht, die Aufmerksamkeit der Kellnerin auf sein Gemächt zu lenken."

Vor Lachen liefen ihr Tränen die Wangen hinunter. Sie stießen mit Rotwein an. Die Kunststoffbecher ploppten traurig. „Ich sollte mich darauf spezialisieren, Männer zu verarschen", sagte Maria. „Damit habe ich mehr Erfolg, als jemand Netten zu finden."

„Ich würde dich auf der Stelle heiraten!"

„Werden wir lesbisch? Wir könnten es schön haben miteinander."

„Das würde auch meine Probleme lösen."

Maria seufzte. Als hätte sie gerade erst die Unmöglichkeit dieses Plans erkannt, ließ sie sich zurück in die Couch sinken. „Und welche Probleme wären das?"

„Hmm", machte Vera. Noch ein letztes Zögern. Dann öffnete sie die Schleuse: „Daniel und ich hätten gerne ein Kind. Im Prinzip."

„Aber es klappt nicht?" Marias Stimme nahm den Tonfall einer gewissenhaften Therapeutin an.

„Wir haben es noch nicht probiert."

„Okay. Und warum nicht?"

„Was, wenn das mit Daniel eines Tages vorbei ist?"

„Habt ihr Streit?"

„Nein. Im Gegenteil."

Maria runzelte die Stirn. Sie begann ein Müllauto von Playmobil mit Bröseln zu beladen, die sie mit Pinzettenfingern von der Couch klaubte.

„Sagen wir mal, es besteht die Möglichkeit, dass er beruflich woanders hin muss."

„Was arbeitet Daniel eigentlich? Das habe ich nie verstanden."

Vera seufzte. „Egal. Es könnte ihn eines Tages in Schwierigkeiten bringen."

„Daniel macht etwas Illegales? Ich habe ihn für so korrekt gehalten."

„Er ist der korrekteste Mensch der Welt."

Maria entdeckte zwischen den Polstern drei Rosinen, die sie in das Müllauto steckte.

„Geht es um eine Greenpeace-Aktion oder etwas Ähnliches?"

Vera nickte.

„Und wie schlimm ist es?"

Vera nahm einen großen Schluck Rotwein und betrachtete Maria.

„Die Lalaaren", sagte Vera. „Die gibt es nicht wirklich. Das ist Daniel."

Maria lachte.

„Das ist kein Scherz." Vera sah sie ernst an.

Marias Hand erstarrte auf dem Lastwagen. „Wie meinst du das?"

„Daniel hat die Lalaaren erfunden. Er schickt die Faxe."

„Er schickt es nicht von einem anderen Planeten. Er hat den Satelliten gehackt."

„Du meinst, er täuscht die NASA?"

Vera nickte. Maria musterte sie prüfend. „Wie viel Rotwein hast du getrunken?"

„Maria, das ist die Wahrheit."

„Und wie kann er in die Zukunft sehen? Woher kennt er die Aktienkurse?"

„Er kennt sie nicht. Das ist eine Selffulfilling Prophecy. Weil die Menschen den Lalaaren glauben, pendeln sich die Aktienkurse auf diesem Wert ein."

„Das verstehe ich nicht."

„Wenn du weißt, dass ein Aktienkurs morgen auf zehn Euro fällt, wirst du die Aktie verkaufen, solange sie mehr wert ist. Liegt der Kurs unter zehn Euro wirst du mehr Aktien kaufen, da du damit einen Gewinn machen kannst. So nähert sich der Aktienkurs dem prognostizierten Ziel an. Solange alle glauben, dass der Wert zu dem Zeitpunkt eintritt, wird er tatsächlich eintreten. Und nach jeder Prognose, die sich bewahrheitet, glauben mehr Menschen den Lalaaren. Der Kreislauf verstärkt sich von selbst."

„Und wieso macht das nicht jeder? Warum dieses Tamtam mit den Lalaaren?"

„Das funktioniert nur, weil die Lalaaren scheinbar in die Zukunft sehen können. Der Großteil der Spekulanten muss glauben, dass der Aktienkurs zu einem bestimmten Zeitpunkt eintritt. Der Prognose eines Menschen würde niemand folgen. Der Kreislauf würde nicht in Gang kommen."

„Aha", sagte Maria zweifelnd. „Und ihr werdet reich damit?"

„Nein. Aber die Arschlöcher, die unseren Planeten ruinieren, verlieren Geld. So viel Geld, dass sich ihre Geschäfte nicht mehr rentieren."

„Das heißt, die Welt geht gar nicht unter."

„Das ist der Witz daran. Was die Lalaaren vorhergesagt haben, wird wirklich eintreten, wenn wir nichts unternehmen. Das wissen wir seit zwanzig Jahren, doch niemand will es wahrhaben. Oder zumindest will niemand dafür auf irgendetwas verzichten."

Anstatt zu antworten, stand Maria auf und sammelte schmutzige Papiertaschentücher ein, die sie in den Müllwagen stopfte. Sie drehte sich zu Vera. „Falls das stimmt, ist es unfassbar, dass du mir davon erzählst."

„Ich habe keine Geheimnisse vor dir."

„Du hast mich zur Mitwisserin gemacht! Wenn ich nicht zur Polizei gehe, mache ich mich strafbar."

„Wir sind Freundinnen. Ich brauche deine Hilfe."

„Ich bin nicht wie ihr. Ich beschieße keine Walfangboote. Ich spraye nicht Pelzmäntel von alten Frauen an. Ich halte mich an Gesetze. Und weißt du, warum? Weil ich sonst nicht mehr ruhig schlafen kann. Und weil ich eine Tochter habe. Ich trage Verantwortung für ein kleines Mädchen, verdammt noch einmal! Ich kann es mir nicht leisten, ins Gefängnis zu gehen. Sabrina braucht mich jeden Tag."

„Ich dachte, wir wären Freundinnen?", wiederholte Vera.

„Ja, waren wir. Und dazu gehört zufällig, dass man seine Freundin nicht in den größten Betrug der Weltgeschichte mit hineinzieht."

„Betrug? Daniel rettet die Erde vor dem Kollaps. Er ermöglicht Sabrina, in einer Welt aufzuwachsen, in der es genügend Nahrung gibt, funktionierende Ökosysteme, Korall..."

Maria fiel ihr ins Wort. „Nur blöd, dass ihre Mutter im Gefängnis landet, bevor sie in die Schule kommt."

Maria betätigte den Hebel des Müllwagens. Mit lautem Spielzeugkrachen ergoss sich der gesammelte Müll über den Couchtisch. „Hast du in letzter Zeit den Fernseher eingeschaltet? Euer kleines Spiel ist ein wenig außer Kontrolle geraten. Überall schießen neue Terrorgruppen aus dem Boden."

„Kannst du es ihnen verübeln? Wie würdest du dich fühlen, wenn es in deinem Land nicht mehr genug Trinkwasser und Nahrung geben würde, wenn Sabrina erwachsen ist? Weil die Menschen in einem anderen Teil der Welt auf deine Kosten im Luxus leben."

„Du empfindest Gewalt als eine gute Lösung? Ich nicht. Gewalt ist nie die Lösung. Genauso wenig wie Lügen."

„Was dann? Klimagipfel? Demonstrationen? So lange, bis wir verglühen?"

„Das ist nicht der Punkt. Ihr könnt tun, was ihr wollt. Aber jetzt habt ihr mich da reingezogen. Und Sabrina!", schrie Maria. Prompt quäkte ein Stimmchen aus dem Babyfon. Maria ging ins Zimmer nebenan.

Vera hörte durch das Gerät mütterliche Laute. Glühende Eifersucht strömte durch ihren Körper. Sie ließ den Kopf nach hinten auf die Polster der Couch sinken und betrachtete die seidenen Spinnennetze in den Ecken des Zimmers. Das Babyfon war verstummt, doch Maria blieb noch bei Sabrina. Vera wusste genau, wieso.

Irgendwann tappte Maria dann mit zusammengekniffenen Augen zurück in das helle Wohnzimmer. Sie setzte sich neben Vera und begann mit den Fingern Kreise in den Müllberg zu zeichnen.

„Es tut mir leid", sagte Vera. „Ich wollte so dringend mit dir darüber sprechen."

„Was soll ich jetzt nur tun?"

„Was soll ich jetzt nur tun?", fragte Vera.

„Willst du ein Kind?"

„Mehr als alles andere auf der Welt."

„Mit Daniel?"

„Ich bin süchtig nach ihm."

„Kann er damit aufhören?"

„Ausgeschlossen."

„Wenn er auffliegt, muss er aussagen, dass du von nichts wusstest."

„Wenn er auffliegt, bin ich auch dran. Ich habe ihm geholfen."

Maria bedeckte ihr Gesicht mit beiden Händen. „Warum überrascht mich das nicht?"

„Ich musste es tun. Daniel steckte in einer Sackgasse. Er benötigte Zugriff auf die Kontrollstation eines Satelliten, aber die Anlage war sehr gut abgesichert."

„Verblüffenderweise."

„Jedenfalls habe ich ihm das Passwort beschafft."

„Dann bist du genauso in Gefahr wie er."

„Solange sie ihn nicht finden, können sie mich auch nicht aufspüren."

„Das perfekte Verbrechen."

„Willst du das alles überhaupt wissen?"

Maria untersuchte sorgfältig die Räder des Müllwagens. Sie nahm einen Schluck Rotwein. „Jetzt ist es wohl auch schon egal."

„Ich war auf St. Helena."

„Das Napoleon-St.-Helena?" Maria schnaubte. „War das der letzte Punkt der Erde, den du noch nie besucht hattest?"

„Das ist einer der wenigen Orte auf der Welt, an denen das Telefonnetz noch über Satelliten angebunden ist. Überall sonst gibt es Breitbandkabel. Jedenfalls habe ich dort ein kleines Techtelmechtel mit einem Techniker angefangen und ihm über die Schulter gesehen, als er das Passwort eingab. Aber alles unter falschem Namen. Mein Pass wurde nicht elektronisch erfasst. Sie haben kein Foto. Selbst wenn sie dahinterkommen sollten, dass ich das Passwort weitergegeben habe, können sie nicht auf der ganzen Welt nach einer namenlosen Rothaarigen suchen."

„Du hast Daniel mit einem Satellitentechniker betrogen?"

„Nicht betrogen. Er weiß, wie ich es gemacht habe."

„Ihr seid krank."

„Daniel ist in diesen Dingen sehr rational."

„War der Typ fesch?"

„Glaub mir, es war kein Vergnügen. Er ist dann ziemlich anhänglich geworden."

Maria seufzte. „Wahrscheinlich sah er hundert Mal besser aus als die Männer, mit denen ich mich verabrede."

„Das war nicht der Punkt."

„Nein, natürlich. Du hast mit ihm geschlafen, um den Planeten zu retten."

„Es geht hier doch gar nicht um mich. Ich möchte auch kein Kind haben, wenn Daniel im Gefängnis sitzt."

„Väter werden überbewertet. Sabrina kommt sehr gut ohne einen aus."

„Und du?"

„Das siehst du ja."

„Eben", sagte Vera.

„Was soll das heißen?"

„Ich denke, dein Leben ist kein Honigschlecken."

„Was ist schon ein Honigschlecken? So schlimm ist es nicht."

Maria deutete Veras Blick durch die Wohnung in Sekundenschnelle. Sie fuhr in die Höhe und verpasste dem Müllwagen einen Tritt. Das Auto krachte gegen ihren Laptop, der in einer Ecke auf dem Boden lag. „Seit Wochen habe ich mich auf diesen Abend gefreut. Dann höre ich zwei Stunden lang Geschichten von einem Gemächt, das ich nicht zu Gesicht bekomme, werde ohne mein Zutun in ein Verbrechen verstrickt und meine beste Freundin erklärt mir, dass ich ein abschreckendes Beispiel dafür sei, ein Kind zu bekommen."

Vera versuchte, ihr Haar glatt zu streichen, doch Maria stieß ihren Arm weg. Sie wandte sich ab und ging zum Fenster.

„Maria", sagte Vera. „So war das nicht gemeint."

Maria bedeutete ihr mit der Hand, zu schweigen. Nach einigen Minuten drehte sie sich um. „Bitte geh jetzt. Ich muss nachdenken, was ich unternehme."

Vera zog ein eiskalter Schauer über den Rücken. „Wie meinst das?"

„Bitte geh."

„Maria ...", setzte Vera an, „... lass uns noch ..."

Maria presste Vera ihre Umhängetasche gegen die Brust. „Geh!", sagte sie kühl. „Und ruf mich nicht an, bevor die Sache vorüber ist. Ich will da nicht weiter hineingezogen werden."

„Versprich mir, dass du nicht zur Polizei gehst."

Maria öffnete die Eingangstür und wartete daneben, die Klinke in der Hand. Vera legte ihr die Hand auf den Oberarm. Maria schob sie an den Schultern aus der Wohnung. Die Tür fiel ins Schloss. Wieder hörte Vera das Kratzen, als der Schlüssel sich drehte.

XV

Bonny zog Mia gerade ihren Pyjama an, als Ray endlich nach Hause kam. Schon an seinen Schritten auf der Treppe hörte sie seine Wut. Als sie den Kopf aus dem Badezimmer streckte, pfefferte er seine lederne Aktentasche in eine Ecke, marschierte wortlos in das Arbeitszimmer und knallte die Tür zu.

Bonny seufzte. Natürlich wollte er, dass sie ihm folgte. Doch sie hatte keine Lust auf seine säuerliche Stimme. Lieber brachte sie Mia ins Bett und sang ihr hundert Lieder vor, als seine wutverzerrte Fratze sehen zu müssen. Sie wusste, dass Ray sich aus so einer Laune nicht selbst befreien konnte. Doch zumindest ein wenig würde er warten müssen. Bonny trug Mia an der Arbeitszimmertür vorbei in ihr Bett. Als Mia schlief, legte Bonny sich auf den Boden. An der Decke tanzten die Sterne von Mias Nachtlicht.

Sie hätte es schlechter treffen können. Seit Mias Geburt brauchte sie nicht mehr zu arbeiten und ihr strebsamer Ehemann verehrte sie, als wäre sie die perfekte Mischung aus Jennifer Lopez und Cameron Diaz. Ray war der treueste Mensch, der sich auf diesem Planeten finden ließ, und hatte die mokkafarbene Haut und schwarzen Augen, wegen derer sie sich stundenlang Bollywood-Filme ansehen konnte. Sie wohnte in einem großzügigen Haus mit einem üppigen Garten, in dem auch dieses Jahr der größte Pumpkin der Nachbarschaft gedeihen würde. Das einzige Opfer, das sie für all diesen Luxus bringen musste, war hin und wieder Ray von seinem Wahn zu befreien. Das war wohl kaum zu viel verlangt.

Mit bleiernen Füßen schleppte sie sich in sein Zimmer, küsste ihn flüchtig auf die Wange und ließ sich in seinen Massagesessel fallen. Ray saß vor einem schwarzen Bildschirm, über den weiße Zahlen liefen, deren Bedeutung Bonny weder verstand noch verstehen wollte. Sicher bildete er sich ein, dass das, was er hier trieb, keinen Aufschub bis zum nächsten Morgen duldete.

„Was ist los, Ray?", fragte sie matt.

„Sie hören nicht auf mich."

„Das ist nicht neu."

„Stimmt."

„Darüber haben wir schon oft gesprochen, Ray. Das brauchst du nicht persönlich zu nehmen. Es ist nicht dein Geld."

Ray drehte seinen Bürostuhl mit Schwung zu ihr und zischte: „Diesmal ist es wichtig."

Bonny blickte zu Boden. „Geht es noch immer um die Lalaaren?"

„Ich habe sieben Szenarien entwickelt, wie ein Mensch das Fax schicken könnte."

Er breitete einen zusammengefalteten Flipchart-Bogen auf dem Boden aus. Wirre Pfeile in verschiedenen Farben verbanden einen Satelliten und mehrere Antennen auf der Erde. Rundherum standen technische Begriffe in Rays Handschrift. Ray streckte den Zeigefinger in die Höhe. „Erstens: Ein Geheimdienst könnte bei der Konstruktion den Satelliten manipuliert haben." Rays Mittelfinger schnellte empor. „Zweitens: Jemand könnte sich in eine beliebige Bodenstation gehackt haben."

Der Ringfinger. „Drittens: Jemand könnte in unser Kontrollcenter eingedrungen sein. Unwahrscheinlich allerdings. Viertens ..."

Bonny unterbrach ihn. „Ray, du brauchst mir das nicht zu erklären. Ich verstehe das nicht. Du musst das Ben erzählen oder Jerry."

„Die wollen das nicht hören."

„Dann lass es gut sein. Was macht das schon? Wenn du recht hast, fallen sie auf die Nase."

„Hast du die Nachrichten gesehen?"

Bonny schüttelte den Kopf. „Ich musste mich bis neun Uhr abends alleine um Mia kümmern."

„Terroristen haben mit einer Autobombe vor dem Hoover Building acht Mitarbeiter des Handelsministeriums getötet."

„Du glaubst doch nicht, dass du ein Attentat in Washington verhindern hättest können?"

„Doch. Wenn ich bewiesen hätte, dass die Lalaaren nicht existieren."

„Dann finden sie eine andere Ausrede."

„Noch nie haben so viele Menschen mit den Terroristen sympathisiert wie jetzt. Andere Menschen wegen der falschen Religion umzubringen ist das eine. Aber jetzt kämpfen sie für die Zukunft ganzer Erdteile."

Bonny ließ die Lehne nach hinten klappen und schaltete die Massagefunktion des Sessels ein. Das Brummen des Motors würde Rays Stimme ein wenig dämpfen. „Und, wer soll die Faxe deiner Meinung nach schicken?"

„Keine Ahnung. Der russische Geheimdienst? Der chinesische Geheimdienst?"

„Seit wann interessieren sich die für die Umwelt?"

„Die interessieren sich kein bisschen für die Umwelt. Die Absender wollen amerikanische Unternehmen zerstören. CO_2! Was für eine idiotische Ausrede! Jeder stößt CO_2 aus. Auch wir. Genau jetzt. Mit jedem Atemzug."

„Glaubst du nicht, dass diese Vorgehensweise ein wenig umständlich ist?", fragte Bonny.

„Vielleicht schickt die Faxe auch jemand aus der Raumfahrtindustrie. Du kannst dir nicht vorstellen, was bei uns gerade los ist. Daneben wirkt der Goldrausch wie ein wohldurchdachter Businessplan. In allen Augen blinken die Dollarzeichen. Endlich wird wieder in die Raumfahrt investiert. Biosphärische Archen, Kriegsschiffe, Abwehrschilder, interstellare Spionagedrohnen - niemand möchte diese wunderbare, geldspuckende Blase platzen lassen."

Bonny seufzte. „Vermutungen, Theorien. Wieso bist du der einzige Mensch auf der ganzen Welt, der daran zweifelt?"

„Bin ich nicht. Im Internet gibt es unzählige Foren, auf denen namhafte Wissenschaftler ihre Zweifel austauschen."

„Im Internet gibt es für jedes Blatt, das von einem Baum fällt, dreiundvierzig Verschwörungstheorien."

Aus den Augenwinkeln stellte Bonny fest, dass Rays Gesichtszüge weicher wurden. Vielleicht zog seine Wut heute schneller ab, als erwartet.

„Ich habe etwas Ähnliches wie einen Beweis", sagte Ray.

„Und zwar?"

„Du kennst die Geschichte von Martys Tochter? Jerry hat gedroht, dass Mia etwas zustößt, wenn ich meine Nachforschungen nicht einstelle."

Bonny zog den Hebel. Die Lehne schnellte nach vorne. Sie fauchte ihn an: „Ray, es reicht. Lass Mia aus dem Spiel. Jerry würde so etwas nie sagen."

„Hat er aber."

„Was hat er gesagt? Wortwörtlich!"

Ray erzählte von dem Gespräch in der Druckerkammer.

Bonny fingerte nach der Fernbedienung des Massagestuhls. Mit welcher Taste ließ sich diese verdammte Vibration beenden? Endlich verstummte das Grollen unter ihr.

„Glaubst du mir?", fragte Ray.

Nach einigen Sekunden nickte Bonny.

„Er würde mir nicht drohen, wenn sie nichts zu verbergen hätten."

Bonny rutschte zur Seite und klopfte neben sich auf den Sessel. Ray setzte sich auf die Lehne. Der kalte Schweiß unter seinen Achseln verströmte einen beißenden Geruch. „Wir dürfen nichts riskieren", sagte Bonny. „Du musst stillhalten."

„Menschen sterben! Diese Wahnsinnigen verwandeln die Welt in ein einziges Pulverfass."

„Gib den Behörden einen anonymen Hinweis."

„Damit die am Ende als große Helden dastehen?"

„Geht es jetzt um dich?"

„Nein", schrie Ray und drosch mit der flachen Hand auf die Lehne, „aber ich lasse mich nicht mein ganzes Leben lang verarschen."

Plötzlich stand Mia in der Tür. Mit bloßen Füßen und ihrer Schmusedecke in der Hand. „Bist du böse, Daddy?", fragte sie.

„Ein bisschen, mein Liebling", sagte Ray.

„Auf mich?"

„Warum sollte ich auf dich böse sein?"

„Du hast mir nicht Gute Nacht gesagt. Und keine schönen Träume gewünscht."

„Ach, mein Liebling. Ich habe gearbeitet." Ray hob Mia hoch und streichelte ihren Rücken. Seine große dunkelbraune Hand zitterte. Doch als er sich zu ihr umdrehte, sah Bonny, dass sogar jetzt, mit dem leichten, wehrlosen Körper seiner Tochter im Arm, der Funken der Wut noch in seinen Augen glomm.

XVI

Vera fühlte sich wie an dem dämmrigen Morgen in Norwegen, als sie an Bord der „Rainbow" ging oder wie damals auf dem Weg zur OP nach dem Freeride-Unfall auf dem Dachstein. Sie versuchte sich abzulenken und doch wusste jede Faser ihres Körpers, was ihr drohte.

„Zehn Minuten später war alles vorbei", las Vera vor. „Zehn Minuten später war alles vorbei."

Daniel blickte sie an.

„Was?"

„Du hast die Zeile zweimal gelesen."

Sie lagen auf den Polstern in ihrer Sitzecke, mit dem Roman „Solar" von Ian McEwan. Daniel trug nichts als eine Unterhose, Vera eine Trainingshose aus Fleece und eine langärmlige Weste. In der Wohnung hatte es mindestens fünfunddreißig Grad. Zumindest auf dem Hals und auf dem Handrücken, wo ihre Haut den erhitzten Daniel berührte, war ihr angenehm warm.

„Möchtest du aufhören?", fragte Daniel.

Vera schloss das Buch, das erste seit langem, das sie sich gegenseitig vorlasen, so wie sie es früher oft getan hatten. Kapitel für Kapitel wechselten sie ab, einer las vor, der andere hörte zu. Daniel streichelte Vera an der weichen Stelle unter ihrem linken Ohr. Das Surren des Laptops auf dem Esstisch war das einzige Geräusch. Das nächste Fax einen Tastendruck entfernt.

„Es ist so still", sagte Vera.

„Bis auf dein Herz", antwortete Daniel. „Das klingt, als ob es jeden Moment durchbrechen würde."

Sie schwiegen. Fünf, zehn, fünfzehn Minuten, kein Wort, bis Daniel sich aufrichtete.

„Sei vorsichtig", sagte Vera.

„Ich muss bloß einen Knopf drücken."

„Trotzdem."

„Mach dir keine Sorgen, Vera." Er fuhr ihr sanft durch die Haare. „Uns kann nichts passieren."

Daniel nahm in dem hohen schwarzen Drehstuhl Platz. Von hinten sah Vera bloß noch Daniels Kopf und seine nackten Arme und Beine. Nur die weiße Katze auf dem Schoß und der beige Anzug fehlten ihm zum Klischeebösewicht. Ob sich die Nummer eins aus James Bond seinen Ohrensessel auch wegen Rückenschmerzen gekauft hatte?

Bis auf den Laptop und eine Kanne grünen Tees war der zerkratzte alte Holztisch leer. Kein Ratgeber „Satelliten hacken für Dummies", keine Post-its mit gecrackten Passwörtern und Netzwerkadressen. Auf den Bücherborden an der Wand verstaubten Romane, einige Lonely-Planet-Reiseführer und handgeschnitzte, afrikanische Figuren. Kein Gegenstand in dieser Wohnung lieferte einen Hinweis auf Daniels Mission.

Angeblich erlaubte nicht einmal sein Laptop einen Rückschluss auf die Lalaaren. Vera bezweifelte das in ihren bangen Stunden. Der ganze Programmcode, hatte Daniel ihr erklärt, alle Faxe, alle gecrackten Usernamen und Passwörter lagen auf den Servern ahnungsloser Besitzer im Internet. Das Programm, das die Faxe erzeugte, lief nicht auf seinem Laptop, sondern auf einem der vielen Server, die Daniel in den letzten Jahren für seine Zwecke gekidnappt hatte. Aber ließen sich seine Hacks wirklich unter keinen Umständen zu ihm zurückverfolgen?

Technisch gesehen hätten die Lalaaren genauso gut eine E-Mail schicken können. Auch das Fax war nichts anderes als einige Kilobyte Daten, die an der richtigen Stelle in ein Computernetzwerk gespeist wurden. Für das Fax hatte sich Daniel aus psychologischen Gründen entschieden. Jeder Mensch räumte Tag für Tag Dutzende Spam-Mails aus seiner Inbox. Es war kinderleicht, gefälschte E-Mails an hunderttausende Empfänger zu versenden. Ein Fax hingegen erschien den Menschen beinahe so handfest wie ein Dokument. Man konnte es in die Kamera halten und in Museen ausstellen.

Vier Jahre lang hatte Daniel an dem Netzwerk aus Programmen gearbeitet, das heute die Faxe der Lalaaren versandte. Im Gegensatz zu anderen Hackerattacken, die nur einmal ausgeführt wurden, musste Daniel ein nachhaltiges System entwickeln, das über einen langen Zeitraum unbemerkt operieren konnte. Selbst wenn seine Manipulationen erst Jahre später aufflogen, würde das einen großen Teil des Erfolgs wieder vernichten. Einmalige Angreifer nutzten kurzfristige Sicherheitslücken. Daniel musste seinen Code so tief in den Systemen vergraben, dass er auch laufend verbesserten Schutzmechanismen und Softwareupdates widerstand. Daniel arbeitete alleine und griff auf keine bestehenden Tools der Hackercommunity zurück. Denn die meisten Ermittlungserfolge gegen Hacker gelangen nicht durch technische Analysen, sondern durch verdeckte Ermittler oder Denunzianten innerhalb der Community.

Wenn Vera an die vier Jahre Entwicklungszeit zurückdachte, erinnerte sie sich an lange Phasen der Verzweiflung, unterbrochen durch kurze euphorische Momente. Jeder Anstieg der CO_2-Konzentration in der Atmosphäre, jeder Hurrikan und jede Sturmflut erhöhte den Druck auf Daniel, endlich fertig zu werden. Ursprünglich hatte er für seinen Hack bloß ein paar Monate geplant. Wie viele Menschenleben kostete jeder Tag, den er länger benötigte? Wann würde der Planet den Punkt erreichen, an dem das Klima kippte, wenn Permafrostböden zu tauen begannen, tausende Tonnen Methan freisetzten und die Erderwärmung damit in einen selbstverstärkenden, katastrophalen Kreislauf eintrat?

Daniel klebte rund um die Uhr an seinem Computer. Trotzdem kam er nur im Schneckentempo voran. In eine Bodenstation einzudringen hatte Daniel für eine kleine Fingerübung gehalten. Ein halbes Jahr lang kämpfte er gegen Firewalls an den abgelegensten Orten der Welt. Sechs Monate ohne jeden Erfolg. Zum ersten Mal war Daniel bereit aufzugeben. Veras Verführungskünste auf St. Helena retteten seine Mission.

Die Unberechenbarkeit seines Unterfangens machte ihm zu schaffen. Nie konnte er sicher sein, ob sich sein Plan zu Ende bringen ließ. Und was, wenn die Menschen das Fax schließlich für einen Scherz hielten?

Manchmal, wenn Daniel an einem Tag sechzehn Stunden oder länger programmierte, musste Vera ihn am Arm packen und aus der Wohnung schleppen. Sie spielten eine Runde Basketball auf dem Yppenplatz oder fuhren mit dem Mountainbike durch den Wienerwald. Wie eine verwelkte Blume richtete sich Daniel an der frischen Luft auf und Vera ließ ihn erst zurück an seinen Computer, wenn seine Schultern wieder so gerade und die Gedanken so klar waren, dass ihm kein Mensch auf diesem Planeten widerstehen konnte.

Es beeindruckte Vera, wie einfach es nun für Daniel war, ein Fax zu verschicken, obwohl der Weg dorthin so schwierig gewesen war. Er musste dazu nichts weiter tun, als den verschlüsselten Text der Nachricht auf einem gecrackten Server im Internet ablegen. Dort lief eine kleine Routine. Wenn sie eine neue Datei entdeckte, entschlüsselte sie den Text und führte zwei Operationen durch: Erstens startete sie ein kleines Programm im WorldSat-Kontrollzentrum in Florida. Das Programm fügte der Routingtabelle des Satelliten eine zusätzliche Netzwerkadresse für St. Helena hinzu. Außerdem belegte sie die Messungen der Satellitensensoren für einige Sekunden mit extremen Werten, für die es keine irdische Erklärung gab. Zweitens übertrug das Programm den entschlüsselten Text an die Bodenstation auf St. Helena. Von dort aus sendete ein weiteres Softwaremodul das Fax mit der neuen Netzwerkadresse an den Satelliten. Danach räumten die Programme auf und löschten verräterische Einträge aus Protokolldateien. Nach wenigen Sekunden war der Spuk vorüber.

Der Satellit erhielt keine unerklärlichen Signale aus dem All. Daniel veränderte bloß die Anzeige der Messwerte auf dem Boden. Analysierte man die Datenpakete des Faxes, so schienen sie auf geheimnisvolle Weise von einer nicht existierenden Netzwerkadresse versendet worden zu sein. Denn die Adresse war aus den Routingtabellen längst wieder entfernt.

Daniel war einer der klügsten Menschen der Welt, sein System schien perfekt. Trotzdem vergaß Vera nie, dass auch hunderte andere hochintelligente Hacker gerade ihre Haftstrafen abbüßten.

Im Gegensatz zu ihnen spielte Daniel nicht bloß mit gestohlenen Kreditkarten. Er legte sich systematisch mit Konzernen an, die so mächtig waren, dass sie die Erde in hundert Jahren unbewohnbar machen konnten. Er wählte absichtlich die Unternehmen mit den schmutzigsten Lobbyisten, den skrupellosesten Geschäftsmodellen und den brutalsten Eigentümern.

Heute nahm Daniel AMOCC in die Mangel, den österreichischen Industrieriesen, der dank statistischer Manipulationen mit dem Verkauf überflüssiger CO_2-Zertifikate satte Gewinne erwirtschaftete. Daniels Angriff würde AMOCCs Verbrechen in das Zentrum des öffentlichen Interesses rücken. Die Manipulation der Aktienkurse würde diese gierigen Aasgeier hunderte Millionen Euro kosten. Sie würden jeden Hebel in Bewegung setzen, um sich für den Verlust zu rächen.

Vera konnte ihm schon lange nicht mehr zusehen, wenn er seine Operationen durchführte. Sein Gesicht hing wenige Zentimeter vor dem Bildschirm. Daniels Ausstrahlung erlosch. Seine ganze Kraft floss in die Finger, die sein Gehirn mit dem Internet verbanden. Auch wenn die Vorstellung schwachsinnig war, fürchtete Vera manchmal, dass sich plötzlich ein Fenster der CIA auf seinem Laptop öffnen würde. Immer und immer wieder hatte Vera Visionen von dem Moment, in dem sie ihn erwischten.

Ohne dass Daniel es bemerkte, verkroch sich Vera in ihr Bett. Durch die Wand hörte sie ihn tippen. Vera drückte die Shuffle-Taste ihres MP3-Players. Sie hatte nicht mehr die Kraft selbst Lieder auszuwählen. Die Angst zog sie in ihre kalten Untiefen. Vera wickelte die Decke fest um ihr schmerzendes Gerippe, bis nur noch ihr pochender Schädel aus der Höhle ragte. Ihr Player zeigte sich sarkastisch. Er spielte R.E.M., „It's the End of the World as We Know It".

Was, wenn Daniels Hack perfekt war? Wenn nicht Bytes und IP-Adressen die Ermittler auf seine Spur brachten, sondern Maria? Die Vorstellung trieb sie in den Wahnsinn. Wieso hatte sie nur alles ausgeplaudert? Und warum hatte Maria sich plötzlich für die Geschichte von St. Helena interessiert? Maria war kein neugieriger Mensch. Statt ihren Fehler endlich Daniel zu beichten, entwickelte Vera abstruse Fantasien, wie sie Maria aufhalten konnte. Im Moment verweigerte Maria ihr jeden Kontakt. Sie lehnte ihre Anrufe ab und als Vera vor ihrem Haus gewartet hatte, hatte sie mit Sabrina an der Hand die Straßenseite gewechselt. Kurz drehte Sabrina sich um. Vera winkte ihr. Das Mädchen wendete sie sich einfach ab. Was hatte Maria ihr erzählt?

Aus den Schlafzimmerboxen tönten melancholische Männer: Nick Cave, Radiohead und ein früher Song der Smashing Pumpkins. Daniel tippte noch immer im Wohnzimmer. War das ein gutes oder ein schlechtes Zeichen?

Veras Gedanken krochen hinunter in ihren Unterleib. Jeden Monat reifte dort ein Ei heran und verfiel nach einigen Tagen unverrichteter Dinge. Wie lang würde das noch gehen? Sie sehnte sich danach, endlich ein kleines Baby in ihrem Bauch zu spüren. Doch dann krabbelten ihre Gedanken zurück zu Maria. Vera stellte sich vor, wie sie alleine in dieser Wohnung saß mit ihrer winzigen Tochter. Wie sie Daniel am Wochenende im Gefängnis besuchten, durch eine Scheibe winkten und wieder heimkehrten in die Einsamkeit.

Der MP3-Player merkte, was er mit seiner Playlist anrichtete, und änderte die Strategie. „Ooh", riefen die Pixies, „... stop!" Und sogar in diesem düsteren Moment konnte Vera nicht anders, als im Geiste zurückzureisen zu jenem Abend, als sie „Where Is My Mind" zum ersten Mal gehört hatte. In Gedanken saß sie wieder auf einer Klippe an der Algarve. Neben ihr Fabio, der ihr einen Ohrenstöpsel seines Walkmans anbot und die Kassette zum Beginn seines Lieblingsliedes zurückspulte. Vor ihnen lag der Atlantische Ozean. Weit unter ihnen – zwanzig oder dreißig Meter – mündete er in eine ruhige Bucht. Sie warteten, bis alle anderen gesprungen und zur Seite geschwommen waren. Die rauen Felsen warfen in der sinkenden Sonne lange spitze Schatten. Die Ohrhörer fesselten ihre Köpfe aneinander. Fabio, den sie seit zwei Stunden kannte, berührte ihre Lippen sanft mit der Spitze seiner Zunge, bevor er sie gierig in ihren Mund schob. Er schmeckte nach Lavendel.

„With your feet on the air and your head on the ground", sangen die Pixies, als Vera wieder auf die rötlichblaue Oberfläche des Meeres hinausblickte, die sie töten konnte, wenn sie im falschen Winkel aufschlug. Vera schwor sich für immer und ewig so zu leben. Die Füße in der Luft, den Kopf auf dem Boden und drehen. Wo ist der Verstand? Wen kümmerte es! Hauptsache leben!

Nach achtzehn Jahren spürte sie bei diesem Lied noch jede Empfindung von damals. Sie spürte, wie jung und elastisch ihr neunzehnjähriger Körper gewesen war, wie unendlich lang die Zeit, die noch vor ihm lag, und wie unbekümmert und leer ihr Kopf.

„Your head will collapse, but there's nothing in it."

Vera warf die Decke zur Seite. Sie hatte ihren Schwur gebrochen. Mit ihrer lächerlichen Angst betrog sie ihr neunzehnjähriges Selbst. Sie zweifelte kein bisschen, dass sie damals die richtige Einstellung zum Leben gehabt hatte. Es lag nicht an Reife und Erfahrung, dass sie hier lag und zitterte wie ein verwundetes Tier. Sie war alt geworden. Und um ein Haar hätte sie es nicht bemerkt. Um ein Haar hätte sie sich, spröde und ängstlich, die Chance entgehen lassen, mit dem wundervollsten Mann der Welt ein Kind zu bekommen.

Sie musste an Daniels Mutter denken, die von den Studentenprotesten in den 1960er-Jahren bis zu den Demonstrationen gegen das Atomkraftwerk Zwentendorf mit all ihrer Kraft das Establishment bekämpft hatte. Vera besuchte Olivia Degenhorst oft, auch ohne Daniel. Sie half ihr in dem Dschungel ihres Gartens, buk mit ihr einen Kuchen oder sie tranken eine Tasse Tee vor ihrem offenen Kamin.

Vor einem Jahr, an einem Sonntagnachmittag, blickte Olivia sie ernst über den Rand ihrer Brille an. „Vera, ich habe ein Anliegen. Und du bist der einzige Mensch, der mir helfen kann."

Sie hatten gerade Äpfel geerntet und saßen in Olivias dichter Laube. Olivia griff nach dem Krug mit frischgepresstem Apfelsaft. Sie hatte kräftige Hände mit einer rauen Haut, die besser zu einer alten Bäuerin gepasst hätten als zu dieser würdevollen Stadtbewohnerin. Sie sagte: „Achtest du darauf, dass Daniel nicht vergisst zu leben?"

„Wie meinst du das?", hatte Vera gefragt.

„Er ist so verbissen in letzter Zeit. Ich weiß nicht, an was für einem Projekt ihr arbeitet. Aber es tut ihm nicht gut."

„Du willst, dass er damit aufhört?"

„Ich will bloß nicht, dass er daran zu Grunde geht."

„Tut mir leid, das kannst du vergessen."

„Ihr müsst kämpfen. Ich bin furchtbar stolz, dass ihr das tut. Aber daneben gibt es noch etwas anderes. Jeder von uns hat nur ein Leben. Und glaube mir, es gibt nichts Traurigeres, als am Ende festzustellen, dass man für ein Ziel gekämpft hat, das man alleine nicht erreichen konnte. Und wie viel Schönes man dafür verpasst hat."

„Daniel kann nicht anders. Er könnte sich nicht zurücklehnen und das Leben genießen."

„Weißt du, Daniel ist wie Viktor in diesem Alter", sagte Olivia. „Du möchtest nicht, dass er endet wie sein Vater."

Viktor Degenhorst, Professor an der Universität für Bodenkultur und eine der charismatischsten Figuren der europäischen Umweltszene, hatte sich in den letzten Jahren seines Lebens zu einem unerbittlichen Zyniker entwickelt. Die Rückschritte der 1990er-Jahre frustrierten ihn. Grüne Parteien auf der ganzen Welt stagnierten nach vielversprechenden Anfängen. Wieso wählte niemand die einzige Bewegung, die sich für die Zukunft einsetzte? Die Errungenschaften, für die er sein ganzes Leben geopfert hatte, schmolzen im Feuer des Neoliberalismus dahin. Er beobachtete das Heranwachsen einer Jugend, der persönliche Erfolge wichtiger waren als Umweltschutz und gesellschaftliche Solidarität. Ihm graute vor der Kraftlosigkeit der nächsten Generation, die vor den komplexen Problemen der Welt kapitulierte, die sich lieber in ihre eigenen vier Wände zurückzog, als einen Konflikt zu riskieren.

Daniel kämpfte erbittert gegen die Resignation seines Vaters. Er verbrachte seine Sommerferien mit einem gefälschten Studentenausweis auf Camps von Global 2000 und versuchte Viktor bei jeder Gelegenheit vom Engagement seiner Alterskollegen zu überzeugen. Noch am Sterbebett lachte ihn sein Vater für die Zahnlosigkeit einer Demonstration aus, von der ihm der siebzehnjährige Daniel erzählte. Die Verbitterung hatte ihn so tief durchdrungen, dass er nicht einmal in den letzten Minuten seines Lebens Daniels Einsatz würdigen konnte.

Vera wusste, dass Daniel sich jeden Tag fragte, was sein Vater zu den Lalaaren gesagt hätte. Ob er stolz auf ihn gewesen wäre? Die Erfolge waren nicht von der Hand zu weisen. Vier skrupellose Weltkonzerne hatten ihre Umweltsünden mit einer Halbierung des Unternehmenswertes gebüßt. Und in ihrem Sog waren die Kurse hunderter weiterer Unternehmen abgestürzt. Green Invest Ratings wurden zum wichtigsten Entscheidungskriterium der Investoren. Aus Angst vor den Lalaaren gelobte ein Konzern nach dem anderen einen radikalen Kurswechsel in der Umweltpolitik. Zum ersten Mal spielte Klimaschutz eine signifikante Rolle in Wahlkämpfen. Bei den europäischen Parlamentswahlen hatten die Grünen überraschend zu den beiden großen Fraktionen aufgeschlossen.

Falls Olivia ahnte, dass Daniel etwas mit den Lalaaren zu tun hatte, ließ sie sich das nicht anmerken. Obwohl sich ihr scharfer Blick auf die Ausbeutung der Erde nicht gemildert hatte, obwohl sie mit vierundsiebzig Jahren noch immer für Greenpeace aktiv war, hatte die mütterliche Vorsicht Oberhand gewonnen. Bei jedem Treffen klopfte sie Daniels Leben auf vergnügliche Momente ab. Wenn ihre Inquisition zu keinem befriedigenden Ergebnis kam, folgte ein sorgenvoller Blick zu Vera. Früher, davon war Vera überzeugt, wäre ihr der Kampf für die Umwelt wichtiger gewesen als die Zerstreuung ihres Sohnes.

Wie mitleidig hatte Vera diese ergraute, wehmütige Frau betrachtet! Und nun war ihr dasselbe passiert. Sie war schon jetzt so ängstlich wie die doppelt so alte Olivia.

Vera zog die verdammte Weste aus. Sie stellte die Musik ab und ging ins Wohnzimmer, um nach Daniel zu sehen. Vera hatte wahrhaftig nicht vor, mit siebenunddreißig Jahren eine alte Frau zu werden.

XVII

Die roten Ziffern der Laseruhr an der Wand des Lofts zeigten 11:25. Beate wärmte ihre Muskeln mit leichten Hocksprüngen auf. Sie hatte sich den Tag an der Uni freigenommen. Falls man das so nennen konnte, bei einem unbezahlten Praktikum. Beate turnte, um sich für ihr erstes Vorstellungsgespräch aufzulockern.

Ein wenig plagte sie wegen ihrer Bewerbung das schlechte Gewissen. Bei dem Wiener Forschungsunternehmen Biosystema würde sie Luftfilter für biosphärische Raumschiffe entwickeln. Der Boom der Raumfahrtindustrie pervertierte die Intention der Lalaaren. Mit ihren Nachrichten hatten sie versucht, zu verhindern, dass die Menschen auf ihren Planeten einfielen. Doch anstatt sich darauf zu konzentrieren, die Klimakatastrophe abzuwenden, investierte die Menschheit seit Neuestem viele Milliarden Euro in die Entwicklung der Fluchtraumschiffe. Selbst wenn die Erde bewohnbar bliebe, würde ihre unheilbringende Bevölkerung in wenigen Jahrzehnten mit selbstversorgenden Raumschiffen in die Tiefen des Alls ausschwärmen. Einfach, weil sie jetzt wussten, dass es dort etwas zu holen gab.

Moralische Bedenken hin oder her, Beate war entschlossen, ihren Teil beizutragen. Weil sie sich nichts sehnlicher wünschte, als die Erde eines Tages in einem Raumschiff zu verlassen.

Manchmal fragte sie sich, ob Pierre in zwanzig Jahren bereit sein würde, sie zu begleiten. Oder ob ein natürliches Ablaufdatum sogar der Garant für eine lange Beziehung mit Pierre war. Wenn ihr Körper zu Pierres Midlife-Crisis endgültig schlaff und unattraktiv wurde, würde sie mit den Kindern ins All aufbrechen und Pierre könnte sich eine Jüngere suchen.

Mit einer Flugrolle katapultierte Beate sich in das Doppelbett und schaltete die Musikanlage ein. Nena sang: *„Ich hab' heute nichts versäumt. Denn ich hab' nur von dir geträumt."*

Was für eine wundersame Wendung ihr Leben genommen hatte. Dieses luxuriöse Loft statt ihres Kinderzimmers, Hunderte Jobs für Astronomen, die Existenz von Außerirdischen und ein Mann wie Pierre, dem ihr ungeschlachter Körper gefiel, für den sie sich immer geniert hatte. Sie konnte nicht sagen, was sie am meisten glücklich machte.

Beate lief auf den Händen durch das Loft, als sie ein Geräusch vom Eingang hörte. Die Aufzugstür öffnete sich. Ein verkehrter Pierre trat aus dem Lift, mit einem roten Plastiksack in der Hand. Beate sprang auf die Füße. Irgendetwas stimmte nicht mit seiner Haltung. So leise, dass sie es bloß ahnen konnte, sagte Pierre: „Du bist noch hier."

Sie griff nach dem iPad. Nena verstummte.

„Was machst du schon zuhause?", fragte sie in die Stille.

„Ich dachte, du gehst jeden Tag auf die Uni?", erwiderte Pierre.

„Heute ist mein Vorstellungsgespräch. Das habe ich dir gesagt."

Pierre ließ den roten Sack auf den Boden fallen, setzte sich auf die Couch und legte seine Füße auf den Tisch. Die Schuhsohlen hinterließen schwarze Streifen auf dem Edelstahl. Pierre schaltete den Fernseher ein.

„Ist etwas passiert?", fragte Beate.

„Pscht!", antwortete Pierre.

Er wechselte nicht einmal den Kanal. Mit gespieltem Interesse verfolgte er eine Werbesendung für figurformende Strumpfhosen. Beate legte ihm den Arm um die Schulter und küsste ihn auf die Wange. „Was ist los?"

„Wann gehst du?"

„In einer halben Stunde."

„Du wirst zu spät kommen. Besser, du gehst früher", sagte er. Ohne ihr in die Augen zu sehen, verschwand er in der Toilette. Beate lugte in Pierres Plastiksack: ein Pirelli Wandkalender, drei Bananen, eine drahtlose Apple Mouse, ein gerahmtes Foto von Kerstin und Pierre am Strand, ein kleiner Hubschrauber mit Fernbedienung, eine Kaffeetasse mit Brüsten und ein Blatt Papier in einer Klarsichthülle. Vorsichtig bog Beate eine Ecke des Papiers zurück. Sie las:

Betrifft: Fristlose Entlassung

Sehr geehrter Herr Angelosanto,

in Anbetracht der Entwicklungen ...

Beate hörte die Spülung. Sie fuhr hoch. Pierre stand in der Klotür.

„Geht's noch?", fragte Pierre.

Beate wurde knallrot im Gesicht.

„Anstatt in meinen Sachen herumzuschnüffeln, könntest du endlich verschwinden. Du brauchst gar nicht so zu schauen. Ich habe versucht, es dir durch die Blume zu sagen. Aber das verstehst du ja nicht. Also Klartext: Ich will alleine sein. Einmal! Einmal in meiner eigenen Wohnung ein paar Sekunden für mich sein. Ist das zu viel verlangt?"

„Wieso haben die Schweine dich entlassen?"

„Du hast das gelesen?" Sie hatten sich nicht bewegt. Pierre stand in der Tür der Toilette, zwanzig Schritte von ihr entfernt und schrie quer durch das halbe Loft. „Dafür sollte ich dich rauswerfen. Sofort."

„Wir sind ein Paar. Über so etwas spricht man miteinander."

„Ach, natürlich. Ein Paar. Meine Privatsphäre ist damit abgeschafft. Was möchtest du wissen? Darf ich dir Fragen zu meinem Stuhlgang beantworten?"

„Warum haben Sie dich entlassen?"

„Wegen deinen ach so reizenden Freunden aus dem All."

„Wie bitte?"

„Vielleicht erinnerst du dich, dass sie vor einer Woche zwei Drittel unseres Börsenwertes vernichtet haben?"

„Und was hat das mit dir zu tun?"

„Beate, verstehst du, was Ironie ist? Ich wollte dir nicht wirklich von meinem Stuhlgang erzählen. ICH WILL VERDAMMT NOCH EINMAL NICHT MIT DIR DARÜBER SPRECHEN!"

Beate ging auf ihn zu. Ihr armer, geprügelter Schatz wich in weitem Bogen aus. Sie nahm ihm seine Laune nicht übel. Fristlos entlassen!

Sie zog sich in den begehbaren Schrankbereich zurück und gab vor, nach Kleidern zu suchen. Sollte sie ihn in Ruhe lassen, einfach gehen? Das kam ihr falsch vor. Sie liebten sich. Es war ihre verdammte Pflicht, ihn zu trösten.

Hinter seinem Rücken steckte sie die Hand noch einmal in den roten Sack, ganz langsam, um jedes Rascheln zu vermeiden. Sie nahm die Flasche Aperol Spritz aus dem Kühlschrank und füllte die Busen-Tasse bis zum Rand. Mit einem schwarzen Stift kritzelte sie eine kleine Zeichnung unter die Nippel.

Mit weichen Knien trug sie die Tasse zum Fernseher und stellte sie wortlos neben Pierres Schuhe auf den Couchtisch. Sie sah ihm nicht in die Augen. Über dem Waschbecken versuchte sie zitternd Wimperntusche aufzutragen, als sie ihn stöhnen hörte.

„Du bist so durchgeknallt", sagte er.

„Verknallt macht durchgeknallt", antwortete sie.

Als sie sich fertig geschminkt hatte, stand der Aperol Spritz noch unberührt auf dem Tisch.

„Du musst ihn trinken", sagte Beate. „Ich schwöre, das hilft! Und wenn ich zurückkomme, erwecken wir meine Zeichnung zum Leben."

„Hilft wogegen?" Pierre zog die Schuhe aus und stellte den Ton des Fernsehers leiser.

„Den Ärger zu verdauen. Auch andere Firmen haben gute Jobs."

„Es gibt keinen Job, bei dem ich genug verdiene, um meine Kredite zu bezahlen."

„So ein Unsinn. Du bist gut."

„Keine Firma zahlt so ein Gehalt, weil jemand *gut* ist."

Langsam, als wäre er ein scheues Tier, setzte sich Beate ihm gegenüber auf die Couch. „Wie meinst du das?"

„Das war Schweigegeld. Und damit sie bei Bedarf einen Sündenbock haben."

„Sündenbock wofür?"

„Für das Emissionstuning. Projekt ‚LOWCARB'. Das habe ich geleitet."

Das hatte Pierre letzte Woche verschwiegen, als er ihr erklärte, wieso die Lalaaren AMOCC angegriffen hatten. Hinter dem euphemistischen Begriff Emissionstuning verbarg sich Betrug mit CO_2-Zertifikaten. In den ersten beiden Perioden hatten alle europäischen Industrieunternehmen überhöhte Schätzungen für ihren CO_2-Ausstoß abgegeben und dafür von den nationalen Behörden mehr Gratiszertifikate erhalten, als sie benötigten. Mit dem Verkauf der Zertifikate verdienten sie jedes Jahr hunderte Millionen Euro. Dieses paradoxe Ergebnis bewies am besten, dass die Menschheit verloren war ohne die Richter aus dem All. Der CO_2-Handel war das einzige Instrument zur Reduktion von Treibhausgasen, auf das die Politik sich jemals geeinigt hatte. Und wer profitierte davon? Genau jene Unternehmen mit den höchsten Emissionen. In der dritten Handelsperiode verschärfte die EU daher die Regeln für die Vergabe der Gratiszertifikate. Die goldenen Zeiten waren vorbei, doch dank eines Bündels von statistischen Tricks lukrierte AMOCC noch immer zwanzig Millionen Euro pro Jahr. Beate wollte Pierre nicht glauben. Doch die Lalaaren hatten es in ihrem Fax bestätigt. Und wie ihr jetzt klar wurde, wusste niemand darüber besser Bescheid als Pierre.

Beate rutschte näher an ihn heran. „Das heißt, du hast mit Emissionsbetrug Millionen verdient?"

„Ich?" Pierre schnaubte. „Nein, nicht ich. Unsere Eigentümer. Die Aktionäre. Und der Vorstand in Form von fetten Prämien."

„Wieso feuern sie dann dich?"

„Weil ich für das Projekt verantwortlich war. Rein formal war ich beauftragt, die Abwicklung der Emissionsmessungen mit der EU durchzuführen. Ich sammelte Daten, analysierte Firmenstandorte, ließ Berichte und Auswertungen erstellen. Ich zog eine riesige Show ab, um dahinter unser Tuning verbergen zu können. Für das hatte ich natürlich keinen offiziellen Auftrag. Sie haben das so aufgesetzt, dass sie mir die Schuld in die Schuhe schieben können. Zwei Fliegen mit einer Klappe: Ich erledige die Drecksarbeit für sie und bin auch noch ein prima Sündenbock. Jetzt behaupten sie, ich hätte eigenmächtig gehandelt, um meine Prämie zu maximieren."

„Also hast du doch daran verdient?"

„Sechzigtausend Euro Prämie pro Jahr. Brutto. Viel Geld für mich, meine Rettung vor dem Privatkonkurs, aber eine Lappalie im Vergleich zu den Beträgen, die ich erwirtschaften durfte."

„Du musst damit zur Presse gehen."

„Die Entlassung nehmen sie deswegen nicht zurück."

„Aber diese Arschlöcher fliegen auch."

„Das sind Manager. Die machen ihren Job. Weißt du, wer wirklich schuld ist?"

„Nein. Nein. Nein. Das kannst du nicht den Lalaaren in die Schuhe schieben."

„Sie greifen willkürlich in unsere Aktienmärkte ein. Wieso gerade AMOCC? Jedes Unternehmen in unserer Branche hat genau so ein Programm laufen."

„Die werden noch an die Reihe kommen."

„Logisch! Natürlich hältst du zu denen."

Beate blickte auf die Uhr. Sie würde ein Taxi nehmen müssen. „Dieser ganze Emissionsbetrug gibt den Lalaaren doch recht. Ohne Hilfe von außen werden die Menschen ihren Planeten immer weiter zerstören."

„Wer sagt, dass wir etwas zerstören?"

„Alle. Die Lalaaren, die Wissenschaftler. Du musst nur aus dem Fenster sehen."

„Bullshit! Weißt du, dass die Feinstaubbelastung im neunzehnten Jahrhundert viel höher war? Ohne Autos, nur durch den Abrieb von Kutschen! Weißt du, wie viel sauberer die Luft heute ist?"

„Aber es gab keine Klimaerwärmung."

„Und was ist mit der Eiszeit?", rief Pierre. „Vor den Lalaaren durften das Wissenschaftler noch sagen. Doch Objektivität ist auf diesem Planeten ja längst abgeschafft worden."

Das war nicht der richtige Moment, um mit ihm zu diskutieren. Natürlich war er zornig. Beate schob die Aperol-Spritz-Tasse näher zu Pierre hin. „Um das Geld musst du dir keine Sorgen machen."

„Ich glaube, du hast das nicht verstanden. Ich wurde fristlos entlassen. Ab nächstem Monat kann ich die Kredite nicht mehr zahlen."

„Ich übernehme das."

„Bullshit."

„Doch."

„Wo nimmst du dreitausendfünfhundert Euro im Monat her?"

„Von meinem Sparbuch."

„Auf keinen Fall. Das Geld ist für dein Praktikum auf dieser Sternwarte in Chile."

Beate schüttelte den Kopf. „Das Geld ist für meinen Traum. Mein Traum bist du. Und dein Paradies. Ich brauche kein Chile mehr. Ich liebe dich."

Pierre stierte auf den Boden. Beate kränkte nicht, dass Pierre diese drei Worte nie erwiderte. Sie sah die Antwort oft genug in seinen Augen. Eines Tages würde er es sagen. Sie durfte ihn bloß nicht unter Druck setzen.

Er blickte zur Uhr. „Musst du nicht gehen?"

Beate stand auf und küsste ihn auf den Mund.

„Bis nachher", sagte Beate. „Mach dir keine Sorgen."

Sie lief zum Lift. Sie würde selbst mit einem Taxi zu spät kommen. Doch sie bereute nichts. Er hatte gelächelt. Und mit ihr gesprochen. Sie konnte einen Menschen trösten! Und ihr gefiel die Vorstellung, dass sie ab nun von ihren Ersparnissen lebten. Endlich konnte sie Pierre etwas zurückgeben.

XVIII

Hand in Hand streiften Vera und Daniel über die staubigen Wege um den ehemaligen Ziegelteich am Wienerberg. Sogar hier, direkt neben dem See, hatte die Trockenheit tiefe, zentimeterdicke Furchen in den Boden geschlagen. Durch einen schmalen Spalt schlüpften sie zwischen den Holunderbüschen und Götterbäumen hinunter zum Wasser. Ihre schwarzen T-Shirts klebten an ihrer Haut. Auf Daniels Shirt brannte ein Baum. Von Veras verwaschenem Leibchen grinsten die Pixies. Sie trug es zum ersten Mal seit vielen Jahren.

Vera watete in den See. Der Schlamm stieg bei jedem Schritt blubbernd zwischen ihren bloßen Zehen auf. Einige Meter vom Ufer entfernt setzten sie sich auf einen Felsen und streckten ihre Beine in das lauwarme Wasser.

„Packen wir jetzt endlich den Rucksack aus?", fragte Daniel.

„Nein", sagte Vera. „Der ist für später."

„Verrätst du mir wenigstens, was drin ist?"

„Eine Flasche Wein", antwortete Vera. Sie verschwieg den selbstgebackenen Kuchen, die Picknickdecke, die Windlichter, die gestohlene Zutrittskarte des Fensterreinigers Nenad Damic und das Notfallkit, falls etwas schiefging: Taschenlampe, Werkzeugset und Kletterseil. Die für Daniel wichtigere Information wäre ohnehin gewesen, was in ihrem Rucksack fehlte. Die Kondome waren daheim geblieben, in der kleinen roten Schatulle im Bad.

„Eine Flasche?", fragte Daniel. „Da passt ein ganzer Komasäufercontainer hinein."

Vera lächelte geheimnisvoll. Sie liebte dieses struppige Gelände am Wienerberg. Jedes Pflänzchen durfte leben, ob Brennnessel oder Wildrose, solange es den Wettstreit um Lebensraum und Anpassungsfähigkeit für sich entscheiden konnte. Welche Blume bohrte ihre Wurzeln tiefer, um an das rare Wasser zu kommen? Welche Pflanze konnte sich am schnellsten in die freigewordenen Nischen drängen? Würden die Frösche sterben, weil es in diesem Jahr kaum Gelsen gab? Der Umbruch in den Ökosystemen der Welt hatte bereits begonnen. Man musste kein Genie sein, um zu ahnen, dass sich ein über Jahrmillionen ausbalanciertes Gleichgewicht nicht in wenigen Jahrzehnten an einen Temperaturanstieg von mehreren Graden anpassen konnte. Hunderttausende Arten würden für immer verschwinden. Vielleicht Korallen, Miesmuscheln und Austern. Vielleicht Kaffeebohnen oder Bienen. In ein paar tausend Jahren würden sich neue Lebensformen an die veränderten Bedingungen angepasst haben. Doch wie würden zehn Milliarden Menschen inmitten einer kollabierenden Natur überleben?

Daniel musterte sie von der Seite.

„Was ist?", fragte sie.

„Ich versuche zu erraten, was in dir vorgeht."

„Und?"

„Ich weiß es nicht. Dein Gesicht lächelt, aber dein Körper macht sich Sorgen."

„Mein Blümchen kennt mich."

„Wieder die Angst, dass sie mich finden?"

Vera schüttelte den Kopf. Daniel deutete auf eine Stelle am Ufer, wo eine Sumpfschildkröte aus dem Wasser kroch. Zwei Sperlinge warben um Geschlechtspartner. Daniels Zehen trippelten unter Wasser zu Veras Fuß und streichelten ihren Rist.

„Unglaublich, dass man die Lalaaren erfinden muss", sagte Vera. „Es kann doch keinen Menschen geben, dem das nicht gefällt: Bäume, Vögel, Libellen …" Sie ließ den Satz in der Luft hängen. Die Klimakatastrophe und die Lalaaren besetzten jeden Winkel ihrer Gedanken. Eigentlich wollte sie an diesem Abend nicht darüber sprechen.

Vera blickte zum Himmel. Der Wetterbericht hatte für die Nacht heftige Unwetter angekündigt. Zumindest für ein paar Stunden musste es noch trocken bleiben.

Als die Schatten der Bäume länger wurden, machten sie sich auf den Weg zu den Hochhäusern, die auf dem höchsten Punkt des Wienerbergs standen.

„Lass uns bloß nicht in das Multiplex gehen", sagte Daniel.

Vera machte ein empörtes Gesicht. „Spinnst du? Es gibt auf der Welt keinen besseren Platz für eine romantische Flasche Wein."

Sie durchquerten die öffentliche Gastrozone im Vienna Twin Tower, fuhren jedoch nicht mit der Rolltreppe zum Kino hinauf, sondern mit dem Aufzug hinunter in die Garage.

Vera zog die Zutrittskarte aus der Außentasche des Rucksacks. Unter einem weißhaarigen, rundlichen Männergesicht stand der Name Nenad Damic. Vera führte Daniel durch eine Stahltür, hinter der ihnen ein vertikales, raumhohes Drehkreuz den Weg versperrte. Vera hielt die Karte hoch. „Damit kommen wir hier durch."

„Und wozu?"

„Vertraust du mir?", fragte Vera.

Daniel nickte.

„Dann komm mit."

„Aber wir haben nur eine Karte."

Vera zog sich an einer Sprosse des Drehkreuzes nach oben, stemmte einen Fuß gegen eine der unteren Sprossen und den anderen gegen die Wand.

„Im Boden ist eine Waage eingebaut", erklärte Vera. „Solange ich die Waage nicht berühre, kommen wir zu zweit durch die Schleuse."

Daniel deutete auf die Kamera.

„In diesem Haus gibt es hundertsiebenundzwanzig Kameras. Wir haben gute Chancen, dass niemand zusieht."

„Und falls doch?", fragte Daniel.

„No risk, no fun."

Auf diesen Moment hatte sich Vera gefreut, seit sie die Schleuse im Keller entdeckt hatte. Schon bevor sie dem Fensterputzer im Burger King seine Zutrittskarte vom Tablett stahl. Ihr gefiel die Vorstellung, wie Catwoman in der Schleuse zu schweben, mit gespannten Armmuskeln und gespreizten Beinen. Daniel musste sich nun entscheiden.

Vera sah in Daniels Gesicht, wie er mit sich rang. Wie er überlegte, ob er dieses sinnlose Risiko eingehen sollte. Sie wusste, dass Daniel die Zukunft der Welt gegen das Abenteuer mit ihr abwog. Was würde aus den Lalaaren werden, wenn man ihn hier festnahm? Es konnte durchaus sein, dass Daniel sich für die Lalaaren entschied.

Beinahe eine halbe Minute lang hing sie in der Schleuse direkt vor der Kamera. Das Blut kribbelte in ihren Adern. Keine Spur von der kalten Angst. Vera genoss jede Sekunde.

Daniel bewegte sich nach vorne, drückte sich an Vera und zog die Zutrittskarte über den Leser. Das war ein kritischer Moment. Würde die Karte noch funktionieren?

Der Sensor piepte. Das Kreuz drehte sich. Vera fiel nach hinten und rollte sich auf dem harten Boden ab. Sie waren drin!

Hinter der Brandschutztür verwandelte sich das karge Garagenflair in den glänzenden Schick des Towers mit polierten Marmorfliesen und verspiegelten Aufzugstüren. In der Liftkabine drückte Vera den obersten Knopf. Geräuschlos setzte sich der Aufzug in Bewegung. Daniel spielte mit ihren Haaren. Er küsste sie. Seine Lippen fühlten sich leicht wie Daunen an, im Kontrast zu der rohen Kraft, die sie hundertachtunddreißig Meter in die Höhe katapultierte.

Die oberste Etage war ausgestorben, wie Vera es an einem Sonntagabend erwartet hatte. Nur die Kameras folgten ihnen mit stoischer Gelassenheit. Vera zog die Zutrittskarte noch einmal über einen Sensor. Das Schloss entriegelte sich mit einem leisen Klack. Schwüle, heiße Luft schlug ihnen entgegen. Sie traten in einen quadratischen, nach oben offenen Kobel, der von einer grauen Metallverkleidung umgeben war.

„Wo sind wir?", fragte Daniel.

„Wirst du gleich sehen."

Sie umrundeten Türme von Lüftungsanlagen und kletterten eine Leiter empor. Nun standen sie ganz oben, beinahe im Himmel, alleine auf einer tausend Quadratmeter großen Terrasse des höheren der beiden Zwillingstürme. Die Geräusche

Wiens, die Stimmen, die Autos, die kläffenden Hunde addierten sich zu einem sanften Summen. Veras Locken flatterten in dem heißen Wind der Abenddämmerung. Die Dächer der Stadt glühten in der untergehenden Sonne. Langsam krochen schwarze Schatten an den Hauswänden empor.

Den größten Teil des Daches bedeckten schräge Alulamellen, die von einer hüfthohen Mauer und den Schienen der Fensterreinigungskörbe umgeben waren. Auf einer der glatten Betoninseln dazwischen breitete Vera eine Decke aus und zündete die Windlichter an. Noch einmal überprüfte Vera, dass man von der Decke nichts als Himmel sah. Niemand konnte sie hier beobachten.

„Womit habe ich mir das verdient?", fragte Daniel.

„Weil du mit durch die Schleuse gekommen bist."

Abwechselnd tranken Vera und Daniel den Rotwein. Direkt aus der Flasche, wie früher am Strand.

Vera flüsterte in Daniels Ohr: „Blümchen, möchtest du mir ein Baby machen?"

Der Mann, der die Welt beherrschte, grub seinen Mund in ihre Haare und antwortete ebenso leise: „Ja."

Vera hätte ihn auffressen können vor Glück.

Daniel zog Vera auf seinen Schoß. Sie schlang ihre Beine um seine Hüfte. Die Decke war angenehm warm von der Hitze des Daches unter ihnen. Er zog ihr das Pixies-Shirt über den Kopf und küsste die weiche Stelle unter ihrem Kinn, ihr Schlüsselbein, den Ansatz ihrer Brüste. Als Daniel den Verschluss ihres BHs öffnete, erhob sich plötzlich ein Dröhnen über ihnen. Fluchend warf sich Vera auf Daniel und schlug die Decke über ihnen zusammen.

„Was war das?", fragte Daniel.

„Ein Hubschrauber. Direkt über uns. Ich habe das verdammte Unfallkrankenhaus vergessen."

Sie warteten unter der Decke, bis der Lärm der Rotoren verklungen war.

„Es gibt nur eine Lösung", sagte Daniel mit gespieltem Ernst. „Wir dürfen keine Zeit verlieren."

Vera strich mit den Fingern über seine rotweinfeuchten Lippen. Durch die Hose spürte sie Daniels harten Schwanz. Er drehte sie auf den Rücken und knöpfte ihre Jeans auf. Sie hatte keine Unterhose an. Mit beiden Händen streichelte er ihren Körper. Zwischen den Händen spürte sie seine kühlen Küsse. Sie lag nackt unter freiem Himmel. Mitten in der Stadt, mit dem Mann, den sie liebte. Eine plötzliche Windböe fegte einen wohligen Schauder über ihren Körper. Daniels Zunge spielte mit ihren steifen Brustwarzen. Sie wollte nicht, dass dieser Moment je verstrich, und doch konnte sie es nicht mehr erwarten, Daniel in sich zu spüren.

„Komm schon", flüsterte sie. „Komm schon."

Daniel richtete sich über ihr auf und schlüpfte aus seinen Kleidern. Sie strich mit den Händen über seinen weichen Bart, zog ihn an sich, damit er sie küsste. Und dann spürte sie ihn zwischen ihren Beinen. Millimeter für Millimeter, so langsam, dass sie beinahe verrückt wurde vor Verlangen, drang Daniels warmer Schwanz in sie ein. Er beobachtete sie dabei genau. Kein Mann hatte sie je mit solcher Hingabe geliebt. Daniel setzte beim Sex keine verzückte Miene auf, er keuchte nicht mit halboffenem Mund. Daniel liebte sie mit gespanntem Körper, mit aufmerksamem Blick, der über ihre Haut glitt, mit höchster Konzentration. Sie sah, dass er jedes Detail in sich aufsog, dass er jeden Augenblick genoss, keine Sekunde verpasste. Daniel war in ihr. Nicht nur körperlich. Sie fühlte sich eins mit ihm.

„Ich liebe, liebe, liebe dich für immer", sagte Daniel.

„I love, love, love you forever!", antwortete Vera.

Daniels Bewegungen wurden schneller und härter. Sie brauchte nur ein paar Minuten, zögerte es noch hinaus, spannte sich an und dann sprang sie, ließ sich fallen in die unendliche Tiefe. Er kam im selben Moment mit einem lauten Schrei. Sie versuchte ihn zu übertönen, schrie ihr Glück, ihre Liebe, ihre Hoffnung, dass alles für immer gut bleiben würde, hinaus in die Welt. Ihre Stimmen fegten über die Häuser unter ihnen.

Jeder Mann und jede Frau in Wien musste sie hören. Und wer sich davon nicht anstecken ließ, der war aus Stein.

Sie schmiegten ihre verschwitzten Körper aneinander und küssten sich atemlos. Daniels Hände wühlten in Veras Locken. Er zitterte. Vera zog ihn fester an sich.

Sie beobachteten, wie die Stadt unter ihnen dunkler und wieder heller wurde. Wie die Sonne hinter den Bergen des Wienerwalds untertauchte und die Beleuchtung hinter den Fenstern anging.

Und dann plötzlich eine stumme Explosion, die das ganze Dach, den ganze Himmel in feuerrotes Licht hüllte. Vera schirmte die Augen mit ihren Handflächen ab. Die gleißende Helligkeit ließ nicht nach. Vorsichtig linste sie durch ihre Finger. Daniel lachte. „Schau mal. Wir sitzen direkt neben einem der Warnlichter für Flugzeuge."

Der Wind wurde rauer, blies die Kerzen aus und dicke Wolken über die Stadt.

Sie liebten sich noch einmal.

Kurz nach Mitternacht gingen über den südlichen Vororten die ersten Blitze nieder. Sie zogen sich an und genossen Arm in Arm das Biofeuerwerk unter ihnen.

Das Gewitter näherte sich. Die Blitze und Donnerschläge folgten so rasch aufeinander, dass man die Sekunden dazwischen nicht mehr zählen konnte. Die lauen Böen verwandelten sich in einen bitterkalten Sturm.

„Lass uns gehen", sagte Daniel.

„Ich will noch bleiben."

„Es ist ziemlich ungesund, bei einem Gewitter auf dem höchsten Punkt zu stehen. Auf tausend Quadratmeter Metall."

„Ich glaube, das Unwetter hat sich schon entladen. Das kommt nicht mehr zu uns."

„Und das soll ich mit meiner schwangeren Freundin riskieren?"

„Vielleicht schwanger", widersprach Vera lächelnd und legte die Hand auf ihren Bauch. Über die Leiter kletterten sie hinunter in die Senke zu der Tür, durch die sie gekommen waren. Vera drehte den Knauf. Nichts rührte sich. Sie rüttelte mit beiden Händen daran. Sie stemmte ihre Füße gegen die Wand. Die Tür bewegte sich keinen Millimeter.

„Verfluchte Tür!", sagte Vera. „Die war immer offen. Von außen braucht man keine Zutrittskarte. Ich habe das extra geprüft."

„Vielleicht wird sie in der Nacht verriegelt?"

Die Tür bot wenig Angriffsfläche. Vera setzte einen Schraubenzieher aus ihrem Notfallskit in den Spalt neben dem Rahmen und drosch mit der Taschenlampe darauf ein. Es war eine Verzweiflungstat. Wenn die Tür versperrt war, konnte sie so nichts ausrichten.

Daniel blickte zum Himmel. „Vielleicht hat sich das Unwetter schon entladen."

„Blümchen, es tut mir so leid. Die Tür war immer offen. Wirklich."

XIX

Ein gewaltiges Krachen ließ Beate hochfahren. Das Buch fiel ihr von der Brust. Sie war eingeschlafen. Blitze zuckten über den schwarzen Nachthimmel. Beate bemerkte eine Bewegung in ihrem Augenwinkel. Es war doch nicht der Donner, der sie geweckt hatte. Im Dunkeln neben der Aufzugstür stand Pierre.

Beate erinnerte sich an ihren Plan. Sie schaltete das Licht über dem Bett ein, sprang auf die Beine und breitete die Arme aus. „Tataaaa!"

Für die neue Reizwäsche hatte sie ein halbes Vermögen ausgegeben: ein bordeauxrotes, spitzenbesetztes Set inklusive Strapsen. Sie hüpfte aus dem Bett, nahm Anlauf, führte die Beine zusammen und drückte sich ab. Im ersten Moment schon spürte sie, dass der Salto nicht gelingen würde. So hatte sie das ja auch nicht geplant. Pierre hatte ihr nicht gesagt, dass er fortging. Wahrscheinlich war er in der „Passage" gewesen. Gut so. Pierre sollte ruhig Spaß haben. Seine neue Freiheit genießen. Beate wollte seine Augen wieder leuchten sehen. Ein bisschen auszugehen würde ihn bestimmt aufmuntern. Und wenn sie ihn daheim mit geschmeidigen Bewegungen in dieser heißen Stripperinnenunterwäsche empfing ...

Doch nun trudelte sie unkontrolliert auf ihn zu wie ein ausgedienter Satellit. Sie ruderte mit den Armen, um das Schlimmste zu verhindern, doch sie würde diesen Sprung nicht stehen. Halb nach rechts hängend krachte sie mit ihrem Gesäß vor ihm auf den Boden.

Pierre blickte zu ihr hinunter und ging wortlos zum Kühlschrank.

„Ups", sagte Beate und rieb sich ihr Steißbein.

Pierre lehnte in der Küche und trank Orangensaft aus dem Karton. „Ich glaube, die Lalaaren führen etwas Übles im Schilde." Er sprach zu laut und lallte ein wenig.

„Und warum?", fragte Beate vom Boden aus.

„Irgendetwas stinkt da zum Himmel."
„Hat dich der Aperol erleuchtet?"
„Weißt du, was seltsam ist? Die Informationen, die sie über AMOCC veröffentlicht haben, waren zuvor nicht bekannt. Alle Konzerne davor standen in der Kritik von Umweltschutzorganisationen. Doch von den Optimierungen der CO_2-Zertifikate wusste niemand außer drei Kollegen und den Vorständen."

Beate erhob sich. „Was beweist das?"

„Sie müssen einen Informanten auf der Erde haben."

„Aber wie ist der an die Informationen gekommen?"

„Meine Kollegen kann ich ausschließen. Die würden so etwas nie im Leben tun."

„Also bleibt der Vorstand", sagte Beate.

„Glaube ich nicht. Wieso sollten sie?"

„Wer sonst? Du hast es ihnen auch nicht gesagt."

„Nicht den Lalaaren, nein, jedenfalls nicht direkt", antwortete Pierre.

„Was soll das heißen?"

„Ich hatte mal eine Diskussion auf einer Party. Weil einer dieser Idioten behauptete, der Emissionshandel sei eine sinnvolle Maßnahme, habe ich ihm das Gegenteil bewiesen. Das war dumm. Ich war betrunken. Und ich war umzingelt von einer Gruppe Ökofanatiker. Ich wette, einer von ihnen hat die Informationen an die Lalaaren weitergegeben."

„Ach, Pierre, mach dich nicht auch noch deswegen fertig!" Beate ging auf ihn zu. Je näher sie kam, umso stärker wurde der Geruch nach Schweiß, Zigaretten und Alkohol. „Die Lalaaren haben bessere Informationsquellen als betrunkene Partygäste."

„Natürlich! Die Lalaaren sind ja so toll."

„Es ist mitten in der Nacht. Lass uns schlafen gehen."

„Zuerst würde ich gerne wissen, wie sie deiner Meinung nach von den Optimierungen erfahren haben." Pierres Miene war Beate unheimlich. So verbissen kannte sie ihn nicht.

„Sie können uns mit hochauflösenden Kameras überwachen, jede Bewegung, jeden Ton aufzeichnen und mit Computern auswerten. Die Lalaaren sind uns technologisch tausende Jahre voraus. Sie könnten beinahe allwissend sein."

Pierre schnaubte. „Und warum haben sich deine göttlichen Wesen dann bis jetzt an die Propaganda von Umweltschutzorganisationen gehalten, anstatt verborgene Verbrechen aufzudecken?"

„Meine Theorie ist noch immer plausibler als deine von dem Spion auf der Party."

„In jedem Fall belügen sie uns", beharrte er.

„Was hast du nur gegen die Lalaaren? Schau dir mal an, was sie alles erreicht haben."

„Das weiß ich genau. Siebenhundertdreißig Tote."

„Du kannst den Lalaaren nicht die Schuld an den Terroranschlägen geben."

„Wem dann? Die Lalaaren sind böse. Sie machen den Klimaschutz zur neuen Religion, für die nun tausende Wahnsinnige in den Krieg ziehen. Sie stiften eine Ideologie, die Menschen das moralische Recht zum Morden gibt. Wie Osama bin Laden."

Beate fror. Sie lief zu dem Kleiderkasten. Pierre war aufgebracht. Vollkommen nachvollziehbar. Aber seine Argumente waren irrational, konstruiert und absurd. Außerdem hatte er zu viel Alkohol im Blut. Das musste sie ihm klarmachen.

Beate schlüpfte in einen langen Wollpullover und dicke rosa Socken. Von ihrer Unterwäsche waren nur noch die Strümpfe zu sehen.

„Heiße Kombination", spottete Pierre.

„Vorher hat es dir scheinbar auch nicht besser gefallen."

„Gib zu, dass die Lalaaren böse sind, und wir vögeln bis zum Morgengrauen."

„Wieso ist das auf einmal so wichtig? Um vier Uhr morgens? Wo warst du denn?", fragte Beate.

„Was geht dich das an? Bin ich dein Leibeigener, nur weil du mir Geld borgst?"

„Entschuldige. Du hast recht. Du darfst tun, was du willst. Aber du argumentierst einseitig. Die Lalaaren haben bewiesen, dass sie in die Zukunft sehen können. Ihre Aussagen decken sich mit den Erwartungen aller Wissenschaftler."

„Du bist so naiv."

„Ach, Pierre", seufzte Beate. Sie machte einen Schritt auf ihn zu und strich ihm über die Haare.

Pierre schlug ihre Hand zur Seite. „Verdammt noch einmal, nicht jetzt! Ich versuche dir gerade zu erklären, dass du auf dem falschen Weg bist. Wir müssen Widerstand leisten! Verstehst du? Wir dürfen die Hinweise, die ich gefunden habe, nicht für uns behalten. Wir müssen die Welt warnen."

„Pierre, du hast keine Hinweise, sondern einen Rausch."

Pierre holte aus und schleuderte den Orangensaft in seiner Hand durch das Loft. Der Karton zischte wenige Zentimeter an Beates Kopf vorbei. Hatte er nach ihr gezielt? Eine gelbe Saftspur zog sich von der Küche über ihre Haare bis hinüber zur Klotür. Am liebsten wäre Beate der Spur gefolgt und hätte sich dort eingesperrt. Zum ersten Mal sehnte sie sich nach einem eigenen Zimmer.

XX

Aus einem großen Topf schöpfte Bonny heiße Marmelade in Einmachgläser. Auf jedes Glas hatte sie in sauberer Handschrift den Namen einer Freundin geschrieben und darüber: *„Bonny's Homemade Peach Jam".* Zufrieden schleckte sie sich einen warmen Marmeladeklecks vom Handrücken und lauschte den Geräuschen von Mia und Ray, die im Wohnzimmer Lego spielten.

„Was baust du, Papi?", fragte Mia.

„Die Space Needle."

„Was ist die Spes Nil?"

„Das ist ein hoher Turm in Seattle, den die Menschen errichteten, als sie zum ersten Mal zum Mond flogen. Damals waren alle ganz verrückt nach dem Weltall. So ähnlich wie heute."

Mia lief in die Küche. Sie hielt sich die Finger an den Kopf wie zwei Hörner, scharrte mit ihren Füßen und stürmte muhend zurück in das Wohnzimmer. Bonny hörte das Krachen eines einstürzenden Legobauwerks. Vorsichtig lugte sie durch die Wohnzimmertür. Ray saß inmitten von Legotrümmern und versuchte den tobenden Bullen zu vertreiben. Er lachte.

„Noch mal, noch mal", rief Mia.

Als Bonny ihre fünfzig Gläser verschlossen und gesäubert hatte, baute Ray das Wahrzeichen von Seattle gerade zum siebenten Mal zusammen. Mia sang ihr neues Lieblingslied aus dem Kindergarten: *„Liebe Lalaaren, liebe Lalaaren, wir möchten zu euch fahren."*

Ray stimmte ein: *„Habt ihr denn auch Gummibären, auf eurem schönen fernen Stern? Liebe Lalaaren, liebe Lalaaren ..."*

Rays Fröhlichkeit nagte an Bonnys Stimmung. Und dass ihr Misstrauen die Samstagnachmittagsharmonie zerstörte, den zurückgekehrten Familienfrieden, nach dem sie sich seit Wochen gesehnt hatte, ärgerte Bonny noch mehr.

Mit einem Löffel kratzte sie die Schüssel aus. Die Marmelade schmeckte heuer noch fruchtiger als in den letzten Jahren.

Vielleicht tat sie Ray ja unrecht. In jedem Fall wäre es klüger sich einfach zu freuen, dass Ray wieder so liebevoll und fürsorglich war wie früher, anstatt ständig über die Ursache hinter dem plötzlichen Umschwung zu grübeln.

Bonny schlichtete die Gläser in zwei geflochtene Körbe. Wenn sie sich nur nicht so sicher wäre, dass er sie am letzten Mittwoch angelogen hatte. Genau an dem Tag, an dem sich seine Laune mit einem Schlag drehte.

Nachdem Ray Mia ins Bett gebracht hatte, holte er sich ein Glas Milch aus der Küche und setzte sich in das Meer aus Legosteinen zu Bonnys Füßen. „Alles in Ordnung bei dir? Du hast den Fernseher nicht eingeschaltet."

„Bin schon müde", antwortete Bonny.

„Wie ist die Marmelade geworden?"

„Gut. Vielleicht meine beste. Ich glaube, weil unsere Pfirsiche heuer süßer waren."

„Bekomme ich auch etwas davon?"

„Mal sehen." Ray sah sie überrascht an. Bonny hatte das neckisch sagen wollen, aber irgendwie war es falsch herausgekommen. „Ich bin müde", sagte sie noch einmal.

„Schlecht geschlafen?"

Bonny nickte. „Ich träume in letzter Zeit oft von Martys Tochter."

Ray legte die Bruchstücke der Space Needle systematisch vor sich auf.

„Du musst keine Angst haben", sagte er. „Jerry und ich sind wieder ganz im Reinen."

„Das hast du erzählt, ja."

„Manchmal verbeiße ich mich so fest in eine Idee, dass ich nicht mehr rational denken kann."

„Glaubst du jetzt auch an die Lalaaren?"

„Ich mag das Wort nicht: glauben. Es ist eine Frage von Wahrscheinlichkeiten. Die Wahrscheinlichkeit, dass ich recht habe und die Welt sich irrt, ist sehr, sehr gering. Und deshalb war es ziemlich unvernünftig, so viel Energie in die Verteidigung meiner Theorie zu investieren."

„Und das ist dir letzten Mittwoch einfach so eingefallen."

Ray hatte die drei fragil geschwungenen Pfeiler des Wahrzeichens von Seattle wieder zusammengesetzt. „Genau", antwortete er.

„Bei deinem Kundentermin mit Ben und Jerry?", bohrte Bonny nach. „Für den du extra den Anzug angezogen hast?"

„Irgendwann an diesem Tag, ja."

„Du bist ein miserabler Lügner, Ray."

Mit aller Gelassenheit steckte Ray die Antenne in die Mitte der ufoförmigen Plattform, bevor er sich aufrichtete und zu Bonny auf die Couch setzte. „Ich würde dich nie anlügen", sagte er und blickte ihr dabei fest in die Augen. „Das weißt du."

„Ich habe im Büro angerufen. Du hattest an diesem Tag keinen Termin."

Ray nahm einen großen Schluck von seiner Milch, stand auf, öffnete den Serviettenspender im Wandregal und durchsuchte ihn so gewissenhaft, als hinge das Schicksal der Welt davon ab, sich seinen Milchbart mit einer dunkelblauen Serviette abzuwischen. Oh, wie sehr Bonny diese Mätzchen verabscheute! Ray tupfte seine Oberlippe trocken und sagte leise: „Du spionierst mir nach?"

„Du lügst mich an."

Ray holte tief Luft. „Okay. Ja. Es gibt Dinge in der Arbeit, die ich dir nicht erzählen darf."

„Wieso?"

„Weil ich Geheimhaltungsvereinbarungen unterzeichnet habe."

„Das hat dich bis jetzt nie daran gehindert, nächtelang darüber zu lamentieren."

„Diesmal ist es ernst."

„Glaubst du, irgendjemand würde von mir etwas erfahren?"

„Du bist sicherer, wenn du nicht alles weißt."

„Siehst du, deswegen schlafe ich nicht mehr richtig. Du planst etwas, das uns in Gefahr bringt, und willst es mir deswegen verschweigen."

„Im Gegenteil", rief Ray aufgebracht. „Alles was ich unternehme, dient eurem Schutz."

„Der beste Schutz ist, wenn du dich aus zwielichtigen Angelegenheiten heraushältst."

„Manchmal muss man aktiv handeln. Für das Land. Und für eure Sicherheit."

„Das musst du mir erklären."

Ray schüttelte den Kopf. „Ausgeschlossen."

Bonny rief: „Es gibt nichts auf der Welt, was ich dir nicht erzählen könnte. Weil ich dir vertraue. Ich würde jedes Geheimnis mit dir teilen."

„Wirklich? Das ist eine Sensation! An welche Informationen denkst du? Gar das Rezept deiner Pfirsichmarmelade?"

Bonny holte mit dem Fuß aus und trat gegen die Space Needle. Eine Wolke bunter Lego-Meteoriten stob durch das Zimmer und zerschellte an der Wand.

„Dieses reife Verhalten überzeugt mich jetzt durchaus, dich in Geheimnisse der nationalen Sicherheit einzuweihen."

„Oh, natürlich. Bei Mister Superintelligent ist jede Information gut aufgehoben. Nur peinlich, dass dich selbst deine dumme Hausfrau einer Lüge überführen kann. Mit einem banalen Kindergarten-Bluff."

XXI

Vera und Daniel standen splitternackt auf dem Dach des höheren der beiden Twin Tower. Sie zitterten in der Vertiefung vor der verfluchten, unnachgiebigen, erbarmungslos versperrten Tür. Die Blitze fuhren im Sekundentakt aus der pechschwarzen Nacht. Dazwischen waren Veras Augen blind. Der Kobel bot ihnen ein wenig Deckung. Die Betonfliesen auf dem Boden isolierten Elektrizität besser als das metallene Dach. Allerdings konnte das Wasser nicht so schnell abfließen, wie neues aus den Wolken fiel. Der See, in dem sie mittlerweile standen, ließ nicht nur ihre Zehen zu Eisklumpen gefrieren, sondern würde auch einen Blitzschlag mit unverminderter Spannung durch ihre Körper jagen.

Vera verfolgte den Strom aus Regenwasser, der von Daniels Haarsträhnen triefte, über sein glänzendes Gesicht rann, über die vor Kälte blauen Lippen und schließlich vom Kinn auf seine nackte Brust tropfte. Der Strom verengte sich zwischen seinen Hüftknochen, floss durch sein Schamhaar und tropfte von seinem Schwanz, der zwischen seinen Beinen baumelte wie ein außerirdisches Wesen. Unmöglich sich vorzustellen, was sie damit vor wenigen Stunden noch angestellt hatten. Vera wollte ihn umarmen, ihren armen, geliebten, frierenden Daniel, und sich wieder und wieder bei ihm entschuldigen, als ein Blitz vom Himmel zuckte, der ihren Schädel explodieren ließ. Die Druckwelle presste Vera die Luft aus der Lunge. Der Boden bebte. Der Turm zitterte. Vera warf sich in das Wasser. Ein schriller Ton pfiff in ihren Ohren.

„Aufstehen", brüllte Daniel und war in dem tosenden Lärm kaum zu verstehen. „Sofort. Auf!"

„Wir müssen uns flach machen", rief Vera vom Boden.

„Nein! Wenn jetzt ein Blitz einschlägt, bist du tot. Auf! Auf!" Daniel riss an ihren Armen. War er verrückt geworden? Jedes Kind wusste, dass der Blitz in die höchste Erhebung einfuhr. Die nächste Explosion. Blitz und Donner kamen genau gleichzeitig.

„Vera! Steh sofort auf. Der Spannungsunterschied. Du musst die Bodenfläche minimieren, sonst fließt der Strom durch deinen ganzen Körper."

Vera verstand kein Wort. Nur sein Ton überzeugte sie.

„Füße zusammen und hinhocken", schrie er.

Vera folgte seinem Beispiel. Ein irres Kichern wand sich aus ihrer Kehle. Sie hockten nackt auf dem Dach eines Hochhauses wie über dem schmutzigen Loch eines Dixi-Klos. Daniel lachte nicht. Veras Kichern versiegte.

Der Wind peitschte ihnen den kalten Regen ins Gesicht. Vera konzentrierte sich auf den brennenden Schmerz in ihren Oberschenkeln. Tausendmal besser, als aufzustehen und sich den Blitzen zu nähern. Sie fror. Ihre Kleider und Schuhe hatten sie, als es zu regnen begann, in die Lüftungsschlitze der Klimageräte gestopft, damit sie später etwas Trockenes hatten. Falls es jemals wieder aufhörte zu regnen. Vera suchte nach einer bequemeren Position. Sie stützte die Ellbogen auf ihre Knie und legte den Kopf in die Hände. Sie kippte zur Seite. Unmöglich in diesem Chaos das Gleichgewicht zu halten. Eine weitere Druckwelle. Sie presste sich die Hände auf die Ohren. Rang nach Luft. Sie waren auf dem höchsten Punkt. Wo sollten die Blitze sonst niedergehen, wenn nicht auf dieses Haus?

Gab es eine Position, in der sie Daniel das Leben retten konnte? Er musste den Kampf für die Erde weiterführen. Wenn er wegen ihrer Dummheit starb, würde sie das ohnehin nicht ertragen. Sie stand auf.

„Was machst du?", schrie Daniel. „Komm runter, halte durch."

„Ich bin dein Blitzableiter."

„Bist du verrückt? Hock dich hin!"

„Du musst überleben. Du musst die Erde retten. Der Blitz soll mich nehmen."

„Vera! Glaubst du, ich lasse dich hier vom Blitz erschlagen? Komm runter. Niemand muss sterben."

Vera rührte sich nicht. Daniel stand auf. „Wir können gerne beide stehen."

Widerwillig ging Vera erneut in die Knie.

Sie hatte keine Uhr. Sie wusste nicht, wie lange sie da hockten, ob es zwanzig Minuten waren oder vier Stunden. In der von Lärm erfüllten Dunkelheit existierte keine Zeit. Langsam wurden die Blitze seltener und der krachende Donner entfernte sich. Es schüttete noch immer, aber das Gewitter zog weiter. Sie richteten sich auf. Vera drückte sich an Daniels nassen Körper. Ihre steinharten Brustwarzen protestierten, doch Vera hielt ihn fest in ihren Armen. Sie verharrten regungslos, während schwere Regentropfen ihre Kopfhaut massierten. Ein wenig fühlte es sich an wie eine Erlebnisdusche zu zweit. Nur viel, viel kälter.

Daniel begann zu zittern. Sein Körper rieb an ihren Brustwarzen wie Schmirgelpapier. Die Erschütterungen pflanzten sich in Veras Körper fort. Wie in einer Rückkopplung begannen sie immer stärker zu vibrieren. Vera zog Daniel noch fester an sich. Reibung erzeugte Wärme, oder nicht? Sie presste sich an ihn, atmete tief ein, ließ ihren warmen Atem zwischen ihren Körpern hinabstreichen. Daniel machte es genauso. Langsam beruhigten sie sich und warteten still auf das Ende dieses Alptraums.

Eine unbestimmte Zeit später hörte auch der Regen auf. Sie schüttelten sich ab, so gut es ging, und zogen ihre Kleidungsstücke aus den Lüftungsschlitzen. Vera atmete durch. Der warme, trockene Stoff auf ihrer Haut fühlte sich himmlisch an, wie eine Hand, die einen streichelt. Sie würden überleben. Jetzt mussten sie nur noch einen Fluchtweg finden.

Um sich aufzuwärmen, liefen sie Runden um das Dach. Als sie nicht mehr zitterten vor Kälte, setzten sie sich nebeneinander auf die Schienen der Fensterreinigungsanlage und blickten durch das Geländer hinunter auf die Stadt. Die Innenstadt versank undeutlich im Nebel. Im Norden Wiens huschten noch immer Blitze über den Himmel. Bis auf gelegentliche Blaulichter der Einsatzfahrzeuge herrschte nächtliche Ruhe. Niemand ahnte etwas von den beiden Liebenden, die hier oben gefangen waren.

„Es tut mir leid", sagte Vera noch einmal. Sie sprach mehr zur Stadt als zu Daniel.

„Es braucht dir nicht leid zu tun. Ich bin freiwillig mitgekommen."

„Vertraust du mir? Vertraust du mir? Vertraust du mir?", äffte sie sich nach. „Was bin ich für ein leichtsinniger Idiot!"

„Vera, es ist gut gegangen. Und der Abend davor war phänomenal. Ich bereue nichts."

Vera griff nach Daniels Hand. Seine Finger waren runzelig von der Feuchtigkeit.

„Solange wir nicht verhaftet werden", fügte Daniel hinzu.

Vera blickte hinunter auf die Straße. Einen Schritt vor ihr ging es hundertachtunddreißig Meter in die Tiefe. Wie konnten sie dort hinuntergelangen? Die Glasreinigungsanlage ließ sich nur mit einem Schlüssel starten, das hatte sie schon überprüft. Sie konnten sich mit dem Kletterseil an der Fassade abseilen und auf die Brücke springen, die die beiden Türme verband. Doch wie standen die Chancen, dass sie dort eine Öffnung fanden, durch die sie hineinschlüpfen konnten?

„Weißt du", sagte Daniel, „dass ich dir unten in der Schleuse überallhin gefolgt wäre? Wenn das die Tür ins Fegefeuer gewesen wäre, ich wäre trotzdem mitgekommen."

„Auch in das Multiplex?"

„Ich hätte mir Sorgen um deinen Geisteszustand gemacht, aber ich wäre mitgekommen. Du hast so wild ausgesehen. So ungestüm. So herausfordernd. Deine Muskeln, deine Haare. Ich mag das, wenn dein ganz Körper bebt vor Energie. Wenn du etwas tust, obwohl du nicht weißt, wie es ausgeht. Dann bist du pure Magie."

„Und wenn wir verhaftet werden?"

„Dann wäre das einzig Schlimme, wenn sie uns trennen würden."

„Das stimmt nicht, Blümchen. Du würdest wahnsinnig werden, wenn du keine Faxe verschicken könntest."

„Immerhin würde ich dann erfahren, ob die Menschen schon ohne Lalaaren zurechtkommen."

„Die Menschen werden nie ohne Lalaaren zurechtkommen."

„Wer weiß. Sie fürchten plötzlich den Klimawandel. Das war die viel größere Leistung der Lalaaren, als dass sie ein paar Unternehmen ruiniert haben. Menschen gehen auf die Straße für strengere Umweltauflagen. Das war vor zwei Monaten noch undenkbar."

Vera schüttelte den Kopf. „Die Gier steckt in unseren Genen. Die Menschen werden immer mehr haben wollen. Und wenn man sie nicht jeden Tag daran erinnert, dass sie mit ihrer Sucht die Welt ihrer Kinder zerstören, verdrängen sie das schneller als du Apokalypse sagen kannst."

Daniel sah sie an. „Du hast doch immer gesagt, dass ich eines Tages mit den Faxen wieder aufhören kann."

„Ich wollte nicht mein Leben lang Angst um dich haben."

„Und das hat sich jetzt geändert?"

Vera legte ihren Kopf auf Daniels Schulter. „Wie soll ich in so einem Moment etwas anderes als die Wahrheit sagen, Blümchen?"

Daniel stieß mit seinem Finger in die Wassertropfen auf dem Blechdach und ließ sie zerplatzen.

Vera sagte: „Hast du wirklich geglaubt, dass du die Menschen heilen kannst? Dass du aufhören kannst, Faxe zu schicken, ohne dass sie sich auf der Stelle umdrehen und die Zerstörung fortsetzen?"

„Ich überlege schon, ob ich die nächsten Phasen noch benötige. Wahlen zu beeinflussen oder ganze Volkswirtschaften in den Ruin zu treiben, ist viel riskanter, als Aktienkurse zu manipulieren. Besser, die Menschen glauben selbst daran und verändern die Welt. Denn wenn die zweite Phase scheitert und die Lalaaren auffliegen, ist alles verloren."

„Alle Bewegungen der letzten Jahre sind nach ein paar Monaten versandet. Die sozialen Netzwerke blähen jedes Thema zu einer gigantischen Blase auf, bis es langweilig wird und sich die Menschen etwas anderem zuwenden. Politiker wissen längst, dass sie das aussitzen können."

Leise sagte Daniel: „Du klingst wie mein Vater."

„Ja. Klar. Der hat sich auch nur in einem Punkt geirrt. Er hat nicht erkannt, dass du die Ausnahme von der Regel bist. Deswegen wirst du nie aufhören können, Faxe zu schicken", sagte Vera. „Und du wirst jemanden finden müssen, der das nach unserem Tod weitermacht."

Daniel streichelte über Veras Bauch. Unwirsch schob sie seine Hand zur Seite. Plötzlich ertrug sie diesen Gedanken nicht mehr.

„Wünschst du dir manchmal, ich hätte das alles nicht gemacht?", fragte Daniel.

„Ja", sagte Vera. „Ich hasse mich für diesen Gedanken. Aber manchmal ist die Angst so groß, dass ich mir wünsche, die Faxe würden ihre Wirkung verlieren."

Der trübe Schleier über der Stadt lichtete sich langsam. Wie eine unordentliche Armada seltsamer Raumschiffe tauchten schemenhafte Lichter von Häusern, Straßenlaternen und Reklameschildern aus dem Nebel unter ihnen auf.

„Und du?", fragte Vera. „Bereust du es manchmal?"

„Nein. Hätte es nicht geklappt, würde ich vielleicht anders darüber denken. Aber mit diesem Erfolg ... Nein, ich bereue nichts."

„Auf der anderen Seite haben auch wir beide nur ein Leben. Natürlich sind wir verantwortlich, dass unsere Generation nicht alles kaputt macht. Natürlich will ich kämpfen. Aber dafür zwanzig Jahre ins Gefängnis gehen? Unser Kind ohne Vater aufwachsen lassen? Oder wir landen beide im Gefängnis und sehen unser Baby erst wieder, wenn es erwachsen ist und nicht mehr unser Kind. Könntest du das ertragen?"

„Dafür retten wir hunderttausenden Menschen das Leben."

„Es kann auch anders ausgehen. Was, wenn die Lalaaren den Terrororganisationen noch mehr Menschen in die Arme treiben?"

„Der Westen muss verstehen, dass er nicht länger auf Kosten der restlichen Menschheit leben kann. Besser, der Konflikt bricht heute aus als morgen, wenn alles kaputt ist." Daniel zuckte mit den Schultern. „Sag du mir, was ich tun soll! Sollen die Lalaaren etwas gegen die Terroranschläge unternehmen?"

Vera betrachtete die friedvolle Stadt. Da lagen sie, die Wiener in ihren kuscheligen Designerbetten auf Latexmatratzen und Tempurpolstern, in den modernen Wohnungen, umzingelt von blinkenden, duftenden, klingelnden, Ressourcen verschlingenden Luxusgütern. Menschen verhungerten wegen dieses Luxus. Doch konnte Gewalt jemals die richtige Lösung sein? War jedes Mittel recht, um diese Ungerechtigkeit zu bekämpfen?

„So etwas kann man nicht entscheiden", sagte Vera.

„Muss ich aber. Entweder lasse ich die Lalaaren den Terror verurteilen oder nicht."

„Und auch dann bereust du es nicht? Wenn du solche Entscheidungen treffen musst?"

Daniel schüttelte den Kopf. „Niemand kann solche Entwicklungen vorhersehen. Ich weiß, dass ich mein Bestes für das Wohl der Menschheit gebe. Selbst wenn ich Fehler mache. Noch schlimmer wäre es, nicht zu handeln."

Hätte ein anderer Mann so etwas gesagt, hätte Vera sich auf der Stelle übergeben. Doch von Daniel drangen solche Worte ganz tief in ihr Herz ein und setzten es in Flammen. Nach all den Jahren wusste sie noch immer nicht, warum. Daniel konnte die kitschigsten Dinge sagen, man glaubte ihm trotzdem. Sie hatte schon oft beobachtet, dass Daniel diesen Effekt auch auf Fremde hatte. Es musste an der Frequenz seiner Stimme liegen oder diesen alles durchdringenden Augen.

Daniel sagte: „Ich glaube, die Menschen benötigen noch weitere Schritte der Eskalation, um das Ausmaß der Ungerechtigkeit zu verinnerlichen. Es ist noch zu früh für die Lalaaren, um sich von dem Terror zu distanzieren."

„Manchmal frage ich mich, was ein Mensch, der solche Entscheidungen trifft, an mir findet."

„Ohne dich wäre ich jetzt nicht hier."
„Eben."
„Ich will aber hier sein. Jetzt mit dir."
Vera streichelte über Daniels weiche Wangen. Sie zog sein Gesicht sanft zu ihrem, hielt einen Moment inne, berührte seinen Hals mit ihrer Nase und sog den Duft nach Erde in sich auf. Sie küssten sich zum ersten Mal seit dem Unwetter. Sie schienen seit dem letzten Kuss andere Menschen geworden zu sein.

Als Stunden später die Sonne aufging, hatten sich die Wolken schon wieder verzogen. Vera und Daniel saßen noch immer auf den Schienen und beobachteten, wie sich der Dunst über der Stadt von einem dunklen Violett, über ein blasses Rosa in strahlendes Orange verwandelte, bevor er sich langsam auflöste und Platz für einen weiteren heißen Sommertag machte.

Kurz vor acht Uhr kletterten sie die Leiter hinunter in die Vertiefung. Die Tür war noch immer versperrt. Sie kauerten sich in den mageren Schatten der Lüftungstürme und warteten auf das Knacken des Riegels.

Spätestens um siebzehn Uhr wollten sie mit dem Handy Hilfe rufen. Sie würden keine weitere Nacht auf dem Dach verbringen.

Die Feuchtigkeit verdunstete schnell. Vera hätte sich dafür ohrfeigen können, dass sie nichts von dem Regenwasser gesammelt hatten. Der Durst brannte in ihrer Kehle. Ihr Kopf dröhnte. Sie hatten seit vierundzwanzig Stunden nichts getrunken außer einer Flasche Wein.

Kurz nach elf Uhr öffnete sich die Tür. Ein braungebrannter Mann mit Helm und blauer Arbeitshose trat auf das Dach. Er zuckte zusammen, als er sie sah.

„Was sucht ihr hier?", fragte er.

Sie sprangen auf. Vera hatte genügend Zeit gehabt, sich auf diesen Moment vorzubereiten.

Sie kam dem Mann ganz nahe, ging ein wenig in die Knie, damit sie zu ihm aufschaute, und hauchte ihm mit weit geöffneten Augen ins Gesicht: „Wir haben ein Baby gemacht." Vera strich sich über ihren Bauch, als könnte sie es schon spüren. Sie schmatzte dem Mann einen dicken Kuss auf die Lippen und drängte sich an ihm vorbei. Doch der Arbeiter ließ sich nicht betören. Er packte sie mit hartem Griff an der Schulter.

„Halt!", sagte er. Er nahm sich den Helm vom Kopf und schleuderte ihn mit einer schnellen Bewegung zwischen die Lüftungstürme, so dass er nicht mehr zu sehen war. Ohne die Hand von ihrer Schulter zu nehmen, streckte er den, jetzt helmlosen, Kopf durch die Tür. Vera versuchte sich zu lösen, doch je mehr sie sich wehrte, umso grober wurde sein Griff.

Sie hörten den Aufzug. „Chef! Habe Helm vergessen. Kannst du von unten holen?", rief der Mann durch die Tür. Er wartete einen Moment. Dann zischte er: „Jetzt is Luft frei! Schnell, bevor Chefe zurückkommt."

Grinsend hielt er ihnen die Tür auf. Daniel und Vera liefen hinein.

XXII

Pierre studierte die Knöpfe der Gegensprechanlage. Wieso wurde der Sternwartepark mitten am Tag abgesperrt? Ein astronomisches Institut war kein Hochsicherheitstrakt! Er entdeckte einen Schalter an der Innenseite des Tors und griff durch die Gitterstäbe. Das Schloss summte.

Beate hatte immer von einem romantischen Urwald geschwärmt, durch den sie zu ihrem Institutsgebäude spazierte. In Wirklichkeit wuchsen hier armselige Nadelbäume und ungepflegtes Gestrüpp. Alle zwei Meter warnten Schilder vor herabfallenden Ästen. Beate sah wohl alles, was mit Astronomie zu tun hatte, durch die rosarote Brille.

Als die rostbraune Ziegelwand der Sternwarte vor ihm auftauchte, wählte Pierre Beates Nummer. Beim dritten Versuch meldete sich Beate flüsternd. Im Hintergrund hörte Pierre schläfrige Männerstimmen.

„Ich habe eine wichtige Neuigkeit", sagte er. „Treffen wir uns unten!"

„Wo unten?", raunte Beate.

„Vor der Sternwarte."

„Wieso?"

„Ich warte dort auf dich."

„Wie bist du hereingekommen?"

„Sag David Copperfield zu mir."

„Ich bin gerade mitten in einer Besprechung."

„Es ist dringend."

„Na gut." Beate legte auf. Pierre konnte es kaum erwarten, ihr Gesicht zu sehen.

Die Sternwarte war zur Hälfte von einem grünen Netz verhüllt. Ein Arbeiter auf dem Gerüst über Pierre drosch auf die alten Wände ein, als wollte er das Gebäude mit der Hand abreißen. Roter Staub bedeckte den ganzen Platz. Nach zehn Minuten kam Beate endlich die Treppe hinunter. Unter den kurzen Ärmeln ihrer blauen Bluse sah Pierre halbkreisförmige Schweißflecken. Beate küsste Pierre auf die Wange.

„Was ist passiert?"

„Ich habe etwas entdeckt", sagte Pierre.

„Entdeckt?"

„Ich weiß jetzt, wie die Lalaaren in die Zukunft sehen können."

Beate zog die Augenbrauen hoch. Sie blickte auf die Uhr. Pierre spürte die Wut in sich aufsteigen. Beate machte das absichtlich. Sie ließ ihn spüren, dass der nutzlose Arbeitslose der großen Wissenschaftlerin ihre kostbare Zeit stahl. Dabei würde sie für ihren Job nie etwas bezahlt bekommen. Da kassierte er lieber Arbeitslosengeld und lag daheim auf der Couch.

„Erinnerst du dich an die Party, auf der ich die AMOCC-Manipulationen ausgeplaudert habe?", fragte er.

Beate nickte.

„Ich wusste die ganze Zeit, dass das etwas mit den Lalaaren zu tun hat. Ich habe darüber nachgedacht, was die Lalaaren auszeichnet. Die Vorhersage der Aktienkurse lässt sich durch eine Selffulfilling Prophecy erklären. Entscheidend war die Prognose der statistischen Werte. Erst die ermöglicht diese Selffulfilling Prophecy. Und dafür gibt es eine rationale Erklärung."

„Ja, natürlich gibt es die: Sie können in die Zukunft sehen."

„Ich meine eine Erklärung, die nicht den Naturgesetzen widerspricht."

„Naturgesetze gibt es in der Physik nicht. Wir haben Theorien, die auf Beobachtungen beruhen. Die Lalaaren haben bewiesen, dass manche unserer Theorien nicht in allen Fällen gelten."

„Hör mir doch mal zu, Beate. Ich habe in der letzten Woche ein wenig recherchiert. Und weißt du was? Alle Werte, die von den Lalaaren vorhergesagt wurden, werden mit STATOS berechnet. Alle mit der gleichen statistischen Software!"

Ein Bauarbeiter kippte mit ohrenbetäubendem Getöse eine Ladung Schutt in die Mulde neben ihnen. Beate zuckte mit den Schultern. „Na und?"

Pierre lächelte triumphierend. „Weißt du, wer STATOS programmiert hat? Genau dieser Öko-Fanatiker, dem ich damals auf der Party von den Manipulationen erzählt habe."

Beate runzelte die Stirn: „Seltsamer Zufall. Worauf willst du hinaus?

„Verstehst du nicht? Die Lalaaren können nicht in die Zukunft sehen. Der Programmierer hat die Statistiksoftware so manipuliert, dass er die Ergebnisse vorab festlegen kann. Die Aktienkurse treten bloß ein, weil die Menschen glauben, dass sie eintreten werden. Das alles ist ein riesengroßer Betrug."

Beate verschränkte die Arme vor der Brust. Unter ihrer Bluse zeichneten sich zwei dicke Speckfalten ab. Wieso musste sie die Bluse auch immer in den Rock stecken! Wieder einmal fragte sich Pierre, wieso er diese sonderbare Frau nicht loslassen konnte. Für einen Moment spielte er mit dem Gedanken, auf der Stelle Schluss zu machen. Stattdessen sagte er: „Ich habe ein Geschenk für dich!"

„Ein Geschenk?" Beates Miene hellte sich auf.

„Ich muss dir zuerst erklären, wie ich dem Betrug auf die Schliche gekommen bin. Ich habe nach einer Verbindung zwischen den statistischen Ämtern gesucht. Wieso wurden genau diese Werte ausgewählt? Die Lösung fand sich in der Referenzliste von STATOS. Alle fünf Ämter verwenden die gleiche Software. Wieso hat das vor mir noch niemand entdeckt? Weil nur ich das mit der zweiten Information verknüpfen konnte. Niemand außer mir weiß, dass ein Entwickler von STATOS eine der wenigen Personen mit Insiderwissen über AMOCCs Manipulationen war."

Pierre sah Beate triumphierend an. „Und weißt du was? Diese Information möchte ich dir schenken."

Beates Augen schrumpften zu zwei schmalen Schlitzen.

„Du darfst das veröffentlichen!", erklärte Pierre.

„Wie viele Ämter verwenden STATOS?", fragte Beate. An ihrem aufkommenden Dialekt erkannte Pierre ihren Ärger. Er hasste das. Wenn ihr die Kontrolle über die Sprache entglitt, klang sie wie eine beschränkte Hinterwäldlerin. Anstatt eine Antwort abzuwarten, zog sie ihr neues Smartphone aus der Tasche. Pierre beobachtete belustigt, wie behutsam Beate das Handy mit zwei Fingern hielt. Sie las vor: „*STATOS ist weltweit Marktführer für Statistik-Softwarelösungen im öffentlichen Bereich. Über fünfhundert Behörden auf allen Kontinenten vertrauen auf unsere Produkte.*"

Triumphierend blickte sie Pierre an.

„Es geht um den Zusammenhang zu dem Programmierer, dem ich von AMOCC erzählt habe."

„Wie viele Softwareentwickler werden in den letzten zehn Jahren an STATOS gearbeitet haben? Tausend, fünftausend?"

„Stell dir vor, was das für deine Karriere bedeutet, wenn du das Rätsel um die Lalaaren gelöst hast. Du bist weltberühmt. Du bekommst jeden Job, den du möchtest!"

Beate prustete gekünstelt. „Wegen dieses kleinen Zufalls soll ich behaupten, dass tausende Wissenschaftler sich irren?"

„Sonst mache ich es."

„Dafür hast du mich aus der Besprechung mit Phragmayer geholt?"

„Würdest du lieber weiter mit ihm über Außerirdische sprechen, die es nicht gibt?"

Beate legte ihm die Hand auf die Schulter. „Schatz. Du brauchst einen Ausgleich. Ich kenne das selbst. Man wird schnell verrückt, wenn man den ganzen Tag zu Hause sitzt. Vielleicht möchtest du Sport machen?"

„Wenn hier jemand Sport machen sollte, dann wohl du." Pierre ließ seinen Blick wie unabsichtlich auf Beates Bauch schwenken. Beate blickte an sich hinab.

„Autsch!" Bevor Pierre ihr Gesicht sehen konnte, stapfte sie durch den Bauschmutz zurück ins Institut. Pierre stand alleine in der Staubwolke.

XXIII

Vera zählte mit den Fingern. Seit der Nacht auf dem Twin Tower waren siebzehn Tage vergangen. Sie studierte die Texte auf den pastellfarbenen Verpackungen. Das Regal mit den Schwangerschaftstests wirkte so steril wie ein Besteckwagen in einem OP. Die nachdenklichen Gesichter auf den Schachteln hinterließen ein mulmiges Gefühl in ihrem Magen. Wieso waren die Tests so gestaltet, dass man sich krank fühlte? Vera nahm eine türkise Schachtel aus dem Regal. *„Pregnafix: Sicherheit in drei Minuten."* Die Frau darauf sah aus, als grübelte sie über einem Schachproblem.

Der Weg zur Kassa führte Vera durch bunte Reihen von Fruchtbrei, Säften, Windeln, Rasseln, Kuscheltieren und Fertigmahlzeiten. Spaghetti Bolognese ab vier Monaten, Steak mit knackigem Gartengemüse ab acht. Was für ein Unsinn! Hunderte Babyaugen starrten ihr von den Verpackungen entgegen, Kindchenschema und herzige Tierchen. Vera streichelte über ihren Bauch. Wie lange würde sie ihren Zwerg vor diesen gierigen Marketinggeiern beschützen können?

Vor der Wohnungstür nahm Vera den Schwangerschaftstest aus seiner Verpackung und steckte ihn sich hinter das Ohr wie einen Kugelschreiber. Sie zwang ihre Lippen zu einem kecken Lächeln.

Daniel war nicht da. Weder im Wohnzimmer noch im Schlafzimmer, nicht im Bad und nicht auf dem Klo. Seine Flohmarkt-Sneaker fehlten. Hatte Daniel nicht gesagt, dass er am Nachmittag zu Hause sein würde? Sie setzte sich auf die Fensterbank. Ihre Finger spielten mit dem Test. Irgendwie hatte sie sich das romantischer vorgestellt, als mit einem angepinkelten Plastikteil in der Hand eine Flasche Wein zu öffnen. Ihr fiel ein, dass sie den Wein nicht einmal trinken durfte, wenn der Test positiv war. Und wo steckte Daniel? Dass er sich nicht an Abmachungen hielt, war äußerst ungewöhnlich. Vera griff zu ihrem Handy und wählte Daniels Nummer. Sie zuckte zusammen, als sein Mobiltelefon einen Meter neben ihr vibrierte.

Sie schlüpfte in ihre Schuhe. Bevor sie die Straße überquerte, sah sie sich genau um. Ein paar Meter weiter lehnte ein bleicher Mann an der Wand gegenüber ihres Hauses und rauchte. Er erwiderte Veras Blick in aller Ruhe.

Nasris Ladenglocke bimmelte. „Hallo Vera! Was bekommst du?"

„Hast du Daniel gesehen?"

„Ja, ist weggegangen. Alles gut?"

„Jaja", sagte Vera. „Wann war das?"

„Vor einer Stunde oder so."

„War er alleine?"

Nasri hob die Handflächen und sagte: „Weißt du, ich verkaufe nur Kebap und Gemüse. Und ein bisschen Kunst, manchmal. Ich sage dir heute und zum letzten Mal, er war ganz alleine. Aber ich werde nie wieder Fragen beantworten. Ich schnüffle nicht herum."

„Danke", sagte Vera erleichtert. „Und in welche Richtung ist er gegangen?"

Nasri seufzte und deutete in Richtung des Marktes.

Vera stand schon in der Tür, als Nasri rief: „Vera! Warte!"

„Ja?"

„Hast du schon den verrückten Mann mit der Puppe getroffen?"

„Wie bitte?"

„So ein Irrer mit einer Puppe. Spricht Englisch. Sieht ein wenig aus wie du."

„Der Mann?"

„Nein, die Puppe." Nasri kicherte.

„Ich verstehe nur Bahnhof, Nasri. Plaudern wir nächstes Mal. Ich muss gehen."

Der bleiche Raucher vor ihrem Haus war verschwunden. Veras Blick schweifte über das Durcheinander auf dem Yppenplatz. Die untergehende Sonne tauchte die Hälfte mit den

Marktständen in oranges Licht. Der Spielplatz und die Ballsportkäfige lagen bereits im Schatten.

Die Menschen saßen tratschend in den Schanigärten der Lokale oder liefen über den Markt. Sie trugen Kopftücher und bodenlange Tschadors, Piercings im Bauchnabel und Baseballkappen, Turbane und Ledersandalen. Die Hundstage waren einem lauen Spätsommer gewichen. Die Bewohner der Stadt trieb es weiter aus ihren Wohnungen.

Was konnte so dringend sein, dass Daniel ohne sein Handy nach draußen ging? Ohne ihr eine Nachricht zu hinterlassen? Hatte er einfach Hunger gehabt? Vera wusste, dass er dann schon längst hätte zurück sein müssen. Doch lieber war ihr eine aussichtslose Suche als weiter untätig auf der Fensterbank zu sitzen.

Die Stände der Obst- und Gemüsehändler waren nach der Dürre des Sommers von Ramschverkäufern mit T-Shirts und Fahnen von Rapid oder Fenerbahçe übernommen worden. Es roch nach gegrilltem Fleisch, Schweiß, Kreuzkümmel und Marihuana. Vera blickte durch die Scheiben des Fleischhauers, der steirischen Biobäuerin, des Kebapmannes. Kein Daniel.

Ein Basketball knallte Vera vor die Füße. Sie sprang darüber, ein paar Halbstarke pfiffen ihr hinterher. Plötzlich bahnte sich eine Polizeistreife mit Blaulicht den Weg durch die Menge. Vera machte kehrt. Sie folgte dem Auto. Es fuhr in Richtung ihres Hauses. Die Streife erreichte Nasris Geschäft.

Im letzten Moment bog sie links ab und rumpelte auf den Gehsteig. Vor einer Gruppe Junkies stiegen die Polizisten aus. Vera atmete auf und überquerte die Schattengrenze zu den Sportplätzen.

Da entdeckte sie ihn. Er saß neben dem Spielplatz auf einer Bank, gleich bei der Rutsche. Daniel verharrte kerzengerade, ohne sich anzulehnen, wie aus einer Broschüre für Rückengesundheit, die Handflächen auf den Oberschenkeln, beide Füße auf dem Boden.

Als hätte die Erde ihre Richtung geändert und die Abendsonne zurück über die Häuser steigen lassen, schien sich die

Luft um Vera plötzlich zu erwärmen. Ihre verfluchte Paranoia! Alles war in Ordnung. Daniel bewegte das Gleiche wie sie. Sein Blick schwang mit einem schaukelnden Kind vor und zurück. Er malte sich aus, wie ihr Zwergchen aufwachsen würde.

Vera setzte sich in Gedanken zu ihm. Sie konnte sich keinen besseren Ort denken, um ihr Kind großzuziehen, als das Viertel um den Yppenplatz. Der Stephansplatz, der Naschmarkt, die Bobo-Viertel am Spittelberg mutierten zu Kulissen des Kommerzes. Diese pittoresken Örtchen wurden von Investoren gemanagt. Aber am Yppenplatz pulsierte das Leben, wohnten echte Menschen, Türken und Chinesen, Serben und Kroaten, Österreicher und Deutsche. Gemeinsam mit ihren Kindern würde ihr Zwergchen hier aufwachsen. Ohne die dumpfe Angst vor anderen Rassen, Nationen, Sprachen und Gerüchen.

Vera griff nach dem Kunststoffzylinder in ihrer Tasche. Sie lächelte Daniel zu, überquerte den sandigen Spielplatz, beugte sich, um ihm einen Kuss zu geben und wollte die Hand aus der Tasche ziehen, als Daniel sagte: „Kein Wort hier. Lass uns woanders hingehen."

Im Aufstehen blickte er über seine Schultern nach links und rechts, als würde er verfolgt. Für einen Moment schien sein Gesicht von Angst verzerrt. Daniel packte sie am Arm und führte sie vom Spielplatz. Vera ließ den Test zurück in ihre Handtasche sinken und folgte ihm quer über den Markt zum dreispurigen Gürtel.

„Hier können wir sprechen", sagte Daniel.

„Was ist los?"

„Ich wurde kontaktiert."

„Von wem?"

„Das weiß ich nicht. Sie nennen sich ‚*Redmonk*'. Irgendjemand hat herausgefunden, wie ich die Faxe verschicke. Sie haben mir eine Nachricht geschrieben."

Vera schloss die Augen. Ihr wurde schwindlig. Für einen Moment hatte sie das Gefühl zu fallen. Sie griff nach Daniels Hand, stolperte mit weichen Knien hinter ihm her.

„Wir müssen weg", sagte sie.

„Nein", sagte Daniel. „Das ist sinnlos. Wenn sie mich kennen, werden sie mich nicht entkommen lassen."

Ein schwer beladener Lastwagen donnerte auf sie zu. Mit einem kleinen, winzig kleinen Schritt nach rechts konnte sie diesem Alptraum auf der Stelle ein Ende bereiten. Eine kleine, winzig kleine Empfindung in ihrem Unterleib ließ sie zwei Schritte nach links treten.

„Wie meinst du das, Blümchen?"

„Sie wissen, wie ich die Faxe versende. Aber vielleicht nicht, wer ich bin."

„Wie können sie dir dann eine Nachricht schicken?"

„Sie nutzen die Protokolldaten, die meine Programme erzeugen."

„Was haben sie geschrieben?", fragte Vera.

„Die Nachricht war kurz: ‚*Wir wissen, dass die Lalaaren nicht existieren. Wir wissen, wie Sie die Nachrichten versenden. Auch wir kämpfen für einen guten Zweck und werden die Lalaaren von nun an für unsere Ziele benutzen. Solange Sie uns gewähren lassen, dürfen Sie weiter Ihre Faxe versenden. Solange wird Ihnen nichts passieren. Redmonk.*'"

„In welcher Sprache?"

„Englisch."

„*Redmonk* ... Was kann das bedeuten?" Vera zog ihr Smartphone aus der Tasche.

„Kannst du dir das vorstellen?", sagte Daniel. „Ich wollte gerade das Protokoll des letzten Faxes überprüfen. Reine Routine. Und plötzlich steht in der Datei statt verschlüsselter Codes eine Nachricht in Menschensprache. Von irgend..." Daniel blickte zu Vera. „Vera, NICHT!!", schrie er und schlug nach ihrem Handy. Das Smartphone knallte auf den Gehsteig. Daniel sprang hinterher und starrte auf das Display. „Nie wieder! Versprich mir, dass du nie wieder diesen Namen in irgendeine Suchmaschine eingibst."

„Was habe ich ...?", fragte Vera.

„Wenn ich die oder der Redmonk wäre, hätte ich eine Falle eingerichtet: eine eigene Website für alle, die nach dem Begriff suchen. Sobald du die Seite öffnest, haben sie deine IP-Adresse und können dich lokalisieren."

„Ich habe nur gesucht. Ich habe noch keine Seite geöffnet."

„Je nachdem, mit wem wir es zu tun haben, könnte das schon genügen."

„Lass uns verschwinden", sagte Vera. „Wir gehen nicht mehr in die Wohnung zurück. Oder doch. Nur ich, um unsere Pässe zu holen." Daniel schüttelte den Kopf, doch Vera ließ sich nicht beirren. „Wir fliegen weg. Noch heute. Nach Südamerika." Sie blieb stehen und zog an seiner Hand. „Komm, wir drehen um."

„Das ist sinnlos. Wenn sie uns hier finden, finden sie uns überall."

„Solange du ihnen die Lalaaren lässt, werden sie dir nichts tun."

„Ich kann die Lalaaren niemandem überlassen. Stell dir vor, was man damit anrichten kann!"

„Nein", sagte Vera. „Nein. Du kannst dich jetzt nicht mit einer kriminellen Organisation anlegen. Das darfst du nicht."

„Es könnte auch eine Regierung sein oder ein Geheimdienst."

„Noch schlimmer."

„Ich kann nicht nachgeben."

Daniel ging weiter. Einige Minuten lang sagten sie kein Wort. Der Verkehr war zum Erliegen gekommen. Die Blicke der gelangweilten Autofahrer folgten ihnen. Vera fiel es schwer, sich zu konzentrieren.

„Wenn sie ein Fax verschicken und die NASA authentifiziert es", sagte Vera, „kannst du nichts dagegen tun, ohne das Vertrauen in die Lalaaren zu zerstören."

„Das ist das Problem. Wenn ich die Lalaaren das Fax dementieren lasse, weiß keiner mehr, welche Faxe echt und welche falsch sind. Ich müsste ihnen zuvorkommen und eine elektronische Signatur einführen, anhand derer sich Nachrichten authentifizieren lassen."

„Können sie deine Faxe blockieren?"

Daniel zuckte mit den Schultern. Ohne zu schauen, lief er über eine rote Ampel. Ein Mercedes hupte sie an, der Mann hinter der Scheibe zeigte ihnen den Vogel.

„Du musst kooperieren. Du hast keine Wahl. Wenn du dich gegen sie stellst, riskierst du alles zu zerstören. Sobald die Lalaaren auffliegen, wird eine Gegenbewegung entstehen. Die Menschen werden alles rückgängig machen, was sie in den letzten Monaten gegen den Klimawandel unternommen haben."

„Und was riskiere ich mit einer Kooperation? Was, wenn sie mit der Macht der Lalaaren Kriege auslösen?"

„Vielleicht tun sie tatsächlich etwas Gutes. Falls nicht, kannst du immer noch reagieren. Und wir sind bis dahin an einem sicheren Ort."

„Vera, ich habe genauso viel Angst wie du. Wahrscheinlich sogar mehr. Aber die Lalaaren haben eine gewaltige Macht. Wir können nicht zulassen, dass diese Macht missbraucht wird. Wer eine Atombombe konstruiert, darf sie nicht unversperrt im Keller zurücklassen."

Vera zog den Schwangerschaftstest aus der Tasche. Wieso waren auf diesen Tests keine Babygesichter abgebildet? Wo waren die Kindchenschemaaugen, wenn man sie einmal benötigte? Wie ein Kreuz, mit dem man Dämonen abwehrt, hielt sie das Röhrchen zwischen Daumen und Zeigefinger vor Daniels Gesicht.

„Bist du ...?", fragte Daniel.

„Ich habe auf dich gewartet."

„Später. Lass uns das später machen."

„Das Ergebnis würde alles ändern."

„Nein", sagte Daniel und auf seiner Stirn bildete sich eine senkrechte Furche. „Unsere Familienplanung wird nicht das Schicksal der Erde bestimmen."

XXIV

Die Taste der Klingel war schon vor Jahren abgefallen. Um zu läuten, musste man den Kontakt mit dem Finger herstellen. Ray hatte jedes Mal Angst sich zu elektrisieren. Im Haus schepperte die Glocke. Mit dem Ohr lauschte Ray an der schmalen Fensterscheibe neben dem Eingang auf Schritte aus dem Haus. Der alte Buick stand in der Einfahrt. Wieso ging niemand an die Tür?

Ray kämpfte sich durch den verwilderten Garten zur Rückseite des Hauses. Alle Fenster waren geschlossen, die Vorhänge zugezogen. Der Rasen stand kniehoch. In der Sandkiste wimmelte es von Ameisen und Waschbärenkot. Keine Spur von einem spielenden Kind. Während er die Fenster im Auge behielt, wählte Ray die Festnetznummer von Bonnys Eltern. Minutenlang hörte er das Telefon aus dem Haus klingeln, doch hinter den Fenstern war keine Bewegung auszumachen.

Zurück in seinem Auto startete Ray den Motor und die Klimaanlage. Angewidert betrachtete er die schwarzen Stellen, wo die Fäulnis an der Fassade des alten Hauses fraß. Wie oft hatte Bonny ihren Eltern angeboten, sie bei der Sanierung des Hauses zu unterstützen? Da lebten sie lieber in einer muffigen Ruine, als dass sie Geld von Ray annahmen. Je länger er das Haus betrachtete, umso unwahrscheinlicher erschien ihm, dass Bonny sich mit Mia in dieser Bruchbude versteckte.

Nach zwei Stunden gab er auf und fuhr nach Hause. Er rannte zur Haustür, nahm die Stufen zur Veranda mit einem einzigen Satz und wusste in dem Moment, in dem er die Tür aufsperrte, dass sie nicht heimgekommen waren. Im Haus roch es anders, seit Bonny und Mia verschwunden waren. Der fahle Geruch der leeren Räume verursachte einen Kloß in seinem Hals.

In der heißen Nachmittagssonne machte Ray sich auf den Weg zu dem rosafarbenen Eckhaus am Anfang der Straße. Er bemühte sich, einen unbeschwerten Eindruck zu hinterlassen.

Irgendjemand beobachtete einen immer in dieser Nachbarschaft.

Mary-Ann öffnete die Tür in einem geblümten Kleid mit einer makellosen weißen Schürze.

„Darf ich kurz hereinkommen?", fragte Ray.

„Aber, naja, jetzt ...?" Mary-Ann zögerte. „Ich habe nicht aufgeräumt."

Ray schob sich an ihr vorbei in den Flur. Er kontrollierte die Schuhe im Regal, die Westen auf der Garderobe. Nichts, das ihm bekannt vorkam. „Weißt du, wo Bonny ist?"

„Was? Wieso?"

„Als ich gestern nach Hause kam, war Bonny fort. Und Mia auch."

„Um Gottes Willen", rief Mary-Ann. „Wo ist sie?"

„Das habe ich dich gerade gefragt."

„Ist sie ausgezogen? Hattet ihr Streit?"

„Nein."

„Wieso sollte sie dann hier sein?"

„Irgendwo muss ich ja suchen."

„Aber wenn ihr keinen Streit hattet, muss ihr doch etwas zugestoßen sein", bohrte Mary-Ann nach.

„Das befürchte ich mittlerweile auch."

„Was sagt die Polizei dazu?"

„Ich wollte sie zuerst selbst suchen."

„Deine Frau und deine Tochter sind seit gestern abgängig und du hast nicht 911 angerufen?"

Ray spürte die Wut hochsteigen. Noch bevor er die Straße zurück zu seinem Haus gegangen war, würde die ganze Nachbarschaft über seine Ehekrise spekulieren. Er presste hervor: „Hast du irgendeine Idee, wo ich sie noch suchen könnte?"

„Wenn ihr wirklich keinen Streit hattet, verstehe ich nicht, wieso du noch nicht die Polizei verständigt hast."

Ray nickte. „Das werde ich jetzt tun."

Mary-Ann brauchte nicht zu wissen, dass zwei Koffer, die Hälfte von Bonnys Kleidern und Mias Lieblingsspielsachen fehlten. Das waren die einzigen Indizien, die gegen eine Entführung sprachen. Gleichzeitig fiel es Ray schwer, sich vorzustellen, dass Bonny so irrational handeln würde. Dass sie ohne Nachricht verschwand, nur weil er ihr nicht die Wahrheit sagen durfte. Immerhin hatte er das Angebot nicht nur wegen des Geldes angenommen, sondern auch weil man seiner Familie Sicherheit garantierte. Eine Sicherheit, die man für Geld nicht kaufen konnte.

Es war an der Zeit zu prüfen, wie viel diese Garantie wert war.

Ray holte das originalverpackte Prepaid-Telefon aus dem Versteck in der Garage. Nachdem er auf der Interstate 95 vierzig Meilen in Richtung Norden gefahren war, parkte er sein Auto auf einem Parkplatz, nahm das Mobiltelefon in Betrieb und wählte die Notfallnummer, die er mit Bleistift auf einer Ein-Dollar-Note notiert hatte. Nach dem Gespräch säuberte er das Gerät sorgfältig mit einem Feuchttuch und entsorgte es in einem Mülleimer neben dem Highway.

Das Notfalltelefon erschien Ray genauso anachronistisch wie alles andere an dieser mysteriösen Organisation. Seine Kontaktpersonen benahmen sich wie Geheimagenten aus dem vorigen Jahrhundert. Beim ersten Mal hatte eine schwarze Limousine am Straßenrand auf ihn gewartet. Statt digitaler Verschlüsselung setzten sie auf tote Briefkästen und Treffen in Hotelzimmern. Nachdenklich betrachtete Ray den grünen Geldschein. Wer wohl hinter diesem Codenamen steckte? Über der Notfallnummer stand in Rays sauberer Handschrift nur ein Wort: *„Redmonk"*.

XXV

Vera freute sich auf das Treffen mit ihrem alten Freund Pierre, wie sie sich seit Wochen auf nichts gefreut hatte. Zwei Stunden an etwas anderes denken als an die Schweine, die ihnen die Lalaaren gestohlen hatten. Zwei Stunden Urlaub von dem rast- und ratlosen Daniel. Zwei Stunden lang umworben und mit Komplimenten bedacht werden. Denn normalerweise bedeutete eine Einladung von Pierre, dass er Single war.

Vera kannte Pierre seit seinem zweiten Tag in Wien. Achtzehn Jahre alt, himmelblaue Augen, ein freches Kärntner Maul und ein klares Ziel im Leben: die Mädels der Großstadt flachzulegen. Oder BWL zu studieren, wie Pierre das nannte.

Vera kandidierte mit Pierres Stiefbruder Veit für die Grünalternativen Studenten. Sie waren gut befreundet, doch an körperlichen Beziehungen zu Frauen zeigte der korpulente, rotgesichtige Veit kein offenes Interesse. Sein kleiner Bruder hingegen schlief in seinem ersten Studienjahr mit jedem einzelnen Mädchen im „Flex". Trotz seines abstrusen Frauenbildes stand Vera in ihrem Lieblingsclub immer in Pierres Nähe. Veit war nett. Aber mit Pierre hatte man so viel Spaß, dass man noch lachte, wenn man sich am nächsten Morgen über die Kloschüssel beugte.

Dennoch waren sie über einen halbherzigen Kuss am Donaukanal nie hinausgekommen. Es war eine schwüle, windstille Nacht. Sie teilten sich einen Joint, ihre Füße baumelten von der Kaimauer. Plötzlich drehte sich Pierre zu ihr und schob ihr seine Zunge zwischen die Lippen. Der Kuss war miserabel für jemanden mit Pierres Erfahrung. Sein Mund angespannt, die Zunge fuchtelte wild in ihrer Mundhöhle. Sie spürte den feuchten Schweiß auf seiner Oberlippe. Dann nahm er einen Zug vom Joint und blickte hinunter in das Wasser. Vera wartete, was als Nächstes geschehen würde. Irgendwann legte sie sich zurück auf den Kai und schlief ein.

Noch seltsamer als den Kuss fand Vera, dass sie nie davon sprachen. Nicht einmal Witze machte Pierre darüber. Als Vera durch das Tor in den schattigen Garten des Café Dommayer trat, fragte sie sich, wie Pierre heute darüber dachte.

Sie entdeckte ihn in einem von dichten Büschen geschützten Séparée. In einer Hand hielt er eine Espressotasse, in der anderen einen Zeitungshalter aus Bambusholz. Er sah aus wie ein Intellektueller.

„Hallo Pierre", sagte Vera.

Er ließ die Zeitung sinken und lächelte sie an. Die aufgeschlagene Seite zeigte einen Artikel über die von den Lalaaren manipulierten iranischen Wahlen. Automatisch überflog Vera die Schlagzeilen:

Lalaaren stürzen iranischen Präsidenten
<u>Offizielles Endergebnis:</u>
• *Staatsoberhaupt verpasst überraschend die Wiederwahl*
<u>Experte:</u>
• *„Schmutzkübelkampagne der Lalaaren entschied die Wahl"*

Als sie aufblickte, bemerkte sie, dass Pierre sie beobachtete. Er streckte die Faust aus. „Meine geliebte Rebellin!" Sie erwiderte seinen Gruß, ihre Knöchel schlugen gegeneinander. Pierre gab ihr ein Bussi auf den Mund, wie sie es früher alle gemacht hatten. Seltsam intim fühlte sich das heute an. Trotzdem musste sie lächeln. Zum ersten Mal seit wie vielen Tagen? Die Jahre hatten den Altersunterschied zwischen ihnen aufgefressen. Sogar der kleine Bruder von Veit fühlte sich größer an als sie.

„Du siehst gut aus", sagte Vera, als sie gegenüber von ihm Platz genommen hatte. „Noch gar nicht so alt, wie du mittlerweile sein müsstest."

Pierre grinste. „Nimmst du ein Frühstück? Ham and Eggs gegen den Kater wie früher?"

„Ich weiß nicht, wann ich meinen letzten Kater hatte. Entweder bin ich immun gegen Alkohol oder ich habe ganz vergessen, welchen zu trinken. Wie geht es Kerstin?"

„Och, wahrscheinlich gut. Wir sehen uns nicht mehr so oft in letzter Zeit."

„Schluss gemacht?"

Pierre nickte.

„Moment, lass mich raten: Von außen sah sie ganz niedlich aus, aber der Leberfleck auf dem kleinen Zeh hat dich rasend gemacht."

Pierre lachte. „Zuerst mich abblitzen lassen und dich dann über meine Frauen lustig machen!"

Vera schnaubte. „Ich habe dich abblitzen lassen? Jahrelang habe ich geträumt, einmal auserwählt zu werden vom berühmten Signore Angelosanto, dem Kavalier vom Wörthersee."

„Erinnerst du dich noch an die Party bei Birgit? Ich war nur wegen dir dort. Aber du bist mir ständig ausgewichen."

„Du warst stockbesoffen, als ich gekommen bin."

„Daniel auch. Aber bei ihm hat dich das nicht gestört."

Bevor Vera den Unterton in Pierres Stimme ergründen konnte, unterbrach der Kellner ihr Gespräch. Pierre bestellte ein „Frühstück de luxe", Vera eine Kanne grünen Tee und ein Butterbrot.

„Und jetzt bist du Single?", fragte Vera.

„Bald vielleicht. Meine Neue ist eine glühende Verehrerin der Lalaaren. Diese naive Verzückung ist schwer zu ertragen. Als würden die Lalaaren wirklich existieren." Puff! Schon war Veras Entspannung verflogen. Was sollte das bedeuten?

„Und du?", fragte Pierre. „Noch immer mit Daniel zusammen?"

Vera nickte.

„Glücklich?"

„Könnte nicht glücklicher sein."

„Dir fehlt der Vergleich. Wenn du mal einen Italiener geliebt hättest, wüsstest du, was dir entgeht."

„Bist du nicht zur Hälfte Piefke?"

Pierre lachte wieder. „Punkt für dich, meine Liebe! Seid ihr noch im Weltretterbusiness?"

Vera schüttelte den Kopf. „Hin und wieder eine Demo, aber die meiste Zeit verbringe ich im Reisebüro. Frag nicht, wieso."

„Aber Daniel hat bestimmt einen großen Fisch am Haken?"

Vera lächelte. „Und selbst bist du schon CEO, oder?"

„C – E – A, höchstens. Chief Executive Arbeitslos."

„Wie bitte?"

„AMOCC hat mich gefeuert. Wegen des Faxes."

„Oh, mein Gott", sagte Vera und leiser: „Das tut mir leid."

„Ist ja nicht deine Schuld." Mit dem Zeigefinger strich Pierre über ihren Unterarm. „Gänsehaut", sagte er. „Frierst du?"

„Nein, die bekomme ich einfach so."

„Einfach so?"

„Ja, zum Beispiel, wenn mir heiß ist."

Pierre lächelte abwartend.

„Das ist ein genetischer Defekt", plapperte Vera. „Sehr außergewöhnlich. Ich bekomme Gänsehaut von der Hitze. Irgendeine Mutation. Ist aber egal. Gänsehaut ist ohnehin zu nichts gut. Jetzt, wo wir kein Fell mehr haben, das sich sträubt."

Pierre lauerte wieder.

„Vielleicht sollte ich mir die Arme rasieren, denn ..."

Zum Glück brachte der Kellner das Frühstück. Pierres zahlreiche Teller drängten Veras Butterbrot in die letzte Ecke des Tisches.

„Nimm dir ruhig", sagte Pierre, „das habe ich für uns beide bestellt." Das hatte ihr immer gefallen, erinnerte sich Vera. Pierres Großzügigkeit. Wie er ihr einfach so seine Lieblings-CD schenkte oder das letzte Stück vom legendären Mohnkuchen seiner Mutter.

„Ist die Kündigung ein Problem für dich?", fragte Vera. „Ich meine finanziell, wegen deiner Wohnung?"

„Wenn ich nicht in den nächsten sechzig Tagen an Geld komme, bin ich pleite."

Die Kälte breitete sich weiter aus. Vera wärmte sich die Hände an der Teekanne. Für einige Minuten aßen sie schweigend. Pierre legte sein Besteck zur Seite und sah sie ernst an. Von seinem frechen Grinsen waren nur die feinen Fältchen zurückgeblieben. Pierre kaute bedächtig. Als er den Bissen geschluckt hatte, sagte er: „Ich weiß, dass Daniel die Faxe der Lalaaren verschickt."

Die erste Assoziation in Veras Kopf war ein Bild von ihrer Wohnung, die im Zeitraffer von Marias Unordnung überzogen wurde. Sie saß heulend in der Mitte mit einem kleinen Baby an ihrer Brust. In ihrer zweiten Assoziation wartete sie mit Tragetuch im Besuchsraum eines Gefängnisses. Ihr Unterbewusstsein musste die Bilder in einer Schublade bereitgehalten haben.

Sie spürte einen Druck in den Augen. Kurz wusste sie nicht was da geschah, doch bevor der erste Tropfen aus dem Auge kullern konnte, presste sie sich die Hand vor den Mund und stürzte in Richtung Toilette. Diese verdammten Hormone! Zitternd sank sie auf den Deckel, ihr ganzer Körper bebte, sie schluchzte, wie sie ihr Leben noch nicht geschluchzt hatte, rang nach Luft, die Tränen strömten über ihre Wangen. Als der Fluss langsam versiegte, trocknete sie sich mit Klopapier die brennenden Wangen. So fühlte sich also ein Heulkrampf an. Eine seltsame Ruhe machte sich in ihr breit. Noch war nichts verloren. Sie wusch ihr Gesicht über dem Waschbecken, peinlich genau darauf achtend, ihre Haare nicht nass zu machen, trocknete es ab und wusch es noch einmal. Was konnte Pierre wissen? Wie war er dahintergekommen?

Langsam tappte sie zu dem Tisch zurück und wandte sich theatralisch ab. „Der Fisch, der Fisch", ächzte sie. „Bitte tu den weg."

Lächelnd brachte Pierre den Teller mit Räucherlachs zur Theke.

„Ich wollte es noch nicht erzählen", sagte Vera. „Es ist so früh, weißt du. Aber jetzt errätst du es sicher selbst."

Pierre wartete ab. Er saß zurückgelehnt auf seiner Bank, mit gespreizten Beinen und den Händen auf der Tischkante. Wie ein Cowboy, bereit zu ziehen.

„Ich bin schwanger. Wenn ich Fisch rieche, wird mir fürchterlich schlecht."

Pierre schüttelte den Kopf. „Und heulen musst du auch deswegen?"

„Ich habe mich übergeben."

„Vera, du brauchst mir nichts vorzumachen. Ich bin euch nicht böse. Ich wollte es bloß wissen."

„Was wissen?"

„Stell dich nicht dumm. Ich kenne dich gut genug."

„Ich weiß nicht, wovon du sprichst."

Pierre seufzte. „Es stimmt also, dass du und Daniel die Faxe verschickt."

Vera lachte. „Wie sollten wir Faxe aus dem Weltall verschicken?"

„Das kannst du bestimmt am besten erklären."

Vera zuckte die Schultern. „Pierre, es tut mir leid, dass du wegen der Lalaaren gekündigt wurdest. Aber du verrennst dich da in etwas."

„Ich weiß, wie ihr die Statistik manipuliert habt."

„Welche Statistik?"

„Die erste Prognose. Die Prognose, mit der ihr der Welt bewiesen habt, dass die Lalaaren in die Zukunft sehen können."

„Und zwar?"

„STATOS. Daniels Programm."

Ein Kälteanfall beutelte Vera. „Die Firma hat Daniel vor zehn Jahren verkauft. Von seinem Code ist keine einzige Zeile mehr übrig."

Pierre schüttelte triumphierend den Kopf. „Zufällig habe ich das überprüft. Der Kern der Software ist bis heute unverändert."

„Das ist absurd", sagte Vera. „Nur weil die Software von ihm entwickelt wurde, hat Daniel noch längst keinen Einfluss auf die Fertilitätsrate Indiens." Sie bemühte sich um einen verächtlichen Tonfall, denn in Wirklichkeit war Pierre schon sehr nahe an der Wahrheit. Die von den Lalaaren prognostizierten Kennzahlen wurden von STATOS über ein heuristisches Modell aus hunderttausenden Basisdatensätzen berechnet. Der Algorithmus stammte tatsächlich noch von Daniel und war für die Behörden gänzlich undurchsichtig, weshalb er immer seltener verwendet wurde. Für die Prognosen hatte Daniel Werte ausgewählt, die noch über seinen alten Algorithmus ermittelt wurden und sich in einem engen Korridor bewegten. So musste er sich nur einen plausiblen Wert ausdenken und durch eines seiner alten Hintertürchen in die Software der Behörden einspeisen. Kein Experte der Welt konnte überprüfen, ob das Ergebnis auf den Zehntel Prozentpunkt korrekt war.

„Eigentlich bist doch du schuld, dass ich gefeuert wurde", sagte Pierre. Genüsslich rollte er das letzte Stück Prosciutto zusammen und schob es sich mit den Fingern in den Mund.

„Was kommt jetzt wieder für eine Geschichte?"

„Die Details über AMOCCs Emissions-Tuning, die Daniel in dem Fax verwendet hat, die habe ich ihm erzählt. Auf der Party von Birgit. Und wegen wem war ich auf dieser Party?"

„Du bist eifersüchtig", sagte Vera. „Das ist alles an den Haaren herbeigezogen."

Pierre machte eine wegwerfende Handbewegung. Während der Kellner die Teller abservierte, musterte er sie schweigend.

„Bist du wirklich schwanger?", fragte er schließlich.

Vera nickte.

„Oh, oh. Das ist nicht gut."

Einige Sekunden rang Vera um eine trotzige Antwort. Dann sprang sie auf und lief zur Toilette.

Als sie wiederkam, stand ein Glas mit einer weißen Flüssigkeit und einem roten Strohhalm auf ihrem Platz.

„Ich habe dir Vanillemilch bestellt", sagte Pierre. „Wie früher, erinnerst du dich? Das habe ich von Veit gelernt. Als der Anruf kam, dass deine Oma gestorben ist, war das Erste, was Veit gemacht hat, dir beim Bäcker eine Vanillemilch zu kaufen."

Vor Rührung über diese idiotische Geste wurden Veras Augen schon wieder feucht.

„Hilft das auch gegen Schwangerschaftsübelkeit?", presste sie hervor. Dann steckte sie den Strohhalm in ihren Mund, schloss die Augen und nahm einen langen Zug.

XXVI

Als es drei Tage später an der Tür klingelte, kritzelten Vera und Daniel gerade zum hunderttausendsten Mal ihre Standpunkte auf ein Blatt Papier. Seit dem Treffen mit Pierre taten sie nichts anderes. Vera hatte auch Daniel hineingezogen in den Sumpf des Zweifelns.

Aus Angst abgehört zu werden, wagten sie es nur noch im Freien offen zu sprechen. In der Wohnung diskutierten sie mit blauer Tinte auf weißem Papier. Daniel griff nach dem Feuerzeug und setzte das Blatt über der Küchenspüle in Flammen, wie schon Dutzende Blätter zuvor.

Durch den Spion sah Vera eine kräftige, dunkelblonde Frau. Sie atmete erleichtert auf und hasste sich im selben Augenblick für diese Reaktion. Wieso sollte das Böse immer nur von Männern ausgehen?

Trotz ihrer Größe machte die Frau einen Schritt zurück, als Vera die Tür öffnete.

„Sind Sie Vera Hackner?"

„Ja?"

Daniel legte ihr von hinten den Arm um die Schulter. Seine Hand roch nach Rauch.

„Ähm ... Ich würde gerne mit Frau Hackner alleine reden", sagte die Frau mit starkem Dialekt. Salzburg, dachte Vera, oder Oberösterreich.

„Weshalb?"

„Das ist ein Thema zwischen Ihnen und mir."

„Wer sind Sie überhaupt?"

„Beate Täumler."

„Wir haben keine Geheimnisse voreinander", sagte Daniel.

Beate sah Vera in die Augen. „Es wäre wirklich besser."

Vera schüttelte den Kopf.

„Es geht um Pierre."

„Macht nichts."

„Okay." Beate blickte auf ihre Zehen. „Hatten Sie ein Rendezvous mit Pierre? Am Montag?"

„Wer bist du noch einmal?"

„Seine ...", Beate zögerte, „... Freundin. Und?"

„Wir haben gefrühstückt", antwortete Vera und als sie Beates Blick bemerkte, fügte sie hinzu: „In einem Kaffeehaus. Wir haben uns in einem Kaffeehaus zum Frühstück getroffen."

„Sehen Sie. Deswegen wollte ich das mit Ihnen alleine besprechen. Ich bin wirklich nicht böse, wenn Sie ...", sie rang nach Worten, „... zärtlich mit ihm waren. Ich möchte ihn bloß finden." Beate zog einen kleinen Block aus der Handtasche, notierte eine Nummer und reichte sie Vera. „Ich habe jetzt auch ein Handy. Wenn Sie mir später noch etwas mitteilen möchten, ohne dass ihr Ehemann zuhört, schreiben Sie mir bitte eine SMS."

„Hör mal. Ich kenne Pierre seit über zehn Jahren. Wir sind Freunde. Mehr nicht."

Beate winkte unbeholfen. „Wenn ich bis heute Abend keine Nachricht von Ihnen habe, gehe ich zur Polizei." Sie drehte sich um und stapfte in Richtung der Stiegen. Vera tauschte einen Blick mit Daniel aus. Ihr Kummer wirkte echt. Andererseits: Pierre und dieses linkische Mädchen?

„Beate!", rief Vera. „Seit wann ist Pierre verschwunden?"

„Dienstag. Dienstagabend."

„Hat er eine Nachricht hinterlassen?"

Beate schüttelte den Kopf.

„Was hatte er bei sich?"

„Bloß seine Geldbörse und das Handy. Nicht einmal eine Jacke. Und das Handy ist seither ausgeschaltet."

Trotz Daniels ausdrucksloser Miene wusste Vera, dass in ihm der gleiche Verdacht aufstieg wie in ihr.

„Hattet ihr Streit?"

Beate kam langsam zurück zur Wohnungstür. „Ja", sagte sie leise. „Aber würde er mich drei Tage lang alleine in seinem Loft lassen? Würde er nicht eher Schluss machen und mich hinauswerfen?" Ihre Stimme zitterte. Beate wandte sich ab und wischte sich mit dem Handrücken über die Augen wie ein zu groß geratenes Kind. Vera legte ihren Arm um Beates Schultern und führte sie in die Wohnung.

Daniel hatte Räucherstäbchen angezündet, um den Geruch nach verbranntem Papier zu übertünchen. Er suchte fieberhaft nach einem Taschentuch und drückte es Beate in die Hand.

„Ich lasse euch lieber alleine." Daniel schloss die Schlafzimmertür hinter sich.

Vera führte Beate zu den Sitzpolstern im hinteren Teil des Raumes: „Sag bitte du zu mir!"

Beate nickte stumm.

„Woher weißt du von unserem Treffen?", fragte Vera.

„Du warst der letzte Eintrag in seinem Kalender. Es tut mir leid, dass ich hier einfach auftauche. Wenn du nichts weißt, gehe ich zur Polizei. Ich wollte mich nicht blamieren. Falls er mich wegen dir verlassen hat."

„Worüber habt ihr gestritten?"

„Ich glaube nicht, dass dich das etwas angeht."

„Ich versuche, dir zu helfen."

„Es ist doch egal, worüber wir gestritten haben. Er ist seit drei Tagen fort."

„Am Montag hat Pierre erwähnt, dass er an einer großen Sache dran wäre", sagte Vera. „Weißt du davon?"

Beate biss sich auf die Unterlippe. Vera sah die kleine Lücke zwischen ihren Schneidezähnen.

„Hatte euer Streit damit zu tun?", setzte Vera nach.

„Vielleicht."

„Ich weiß, dass Pierre seit seiner Kündigung finanzielle Probleme hat. Kann es sein, dass ihm bei dem Versuch, an Geld zu kommen, etwas zugestoßen ist?"

Beate seufzte. „Wahrscheinlich hat er dir ohnehin von seiner obskuren Verschwörungstheorie erzählt?"

Vera wiegte unbestimmt den Kopf.

„Darüber haben wir gestritten. Ich war so dämlich. Soll er doch glauben, dass die Lalaaren nicht existieren. Das tut unserer Liebe keinen Abbruch."

Mit bis zu den Ohren hochgezogenen Schultern und unterschlagenen Beinen saß die große Frau auf ihrem Sitzpolster. Die Tränen liefen ihr die Wangen hinunter, ohne dass Beate sie abwischte.

Die Leichtigkeit der wenigen unbeschwerten Minuten kam Vera in den Sinn, die Pierre und sie am Montag noch gehabt hatten. Und das falsche Gefühl der Geborgenheit, als sie die Lippen um den Strohhalm schloss und die süße Milch in ihren Mund strömte. Wie gerne hätte sie Pierre nun eine Vanillemilch gekauft. Die konnte er bestimmt gut brauchen, wo immer er war. Vera legte Beate noch einmal den Arm um die Schulter. Am liebsten hätte sie sich an ihre große Brust gedrückt und mit ihr geweint.

„Was, wenn ich mich nie mehr entschuldigen kann für das, was ich zu ihm gesagt habe?", schluchzte Beate.

„Er wird wieder auftauchen. Was kann ihm schon passiert sein?"

„Wie bitte?", platzte es aus Beate heraus. „Was kann ihm schon passiert sein? Die Lalaaren haben ihn entführt!"

„Hm", sagte Vera. „Das halte ich für eher unwahrscheinlich."

„Die Fähigkeiten der Lalaaren werden immer unterschätzt", entgegnete Beate. „Er wollte seine Geschichte an einen großen Fernsehsender verkaufen. Ich konnte ihn nicht davon abhalten. Also haben es die Lalaaren getan."

„Wenn das stimmt", sagte Vera, „darfst du auf keinen Fall die Polizei verständigen. Sonst würde dir das gleiche geschehen."

„Sollen sie mich entführen. Davor habe ich keine Angst." Beates Augen leuchteten trotzig.

„Warte noch. Wir haben viele gemeinsame Freunde. Ich helfe dir suchen."

„Kannst du ihm etwas ausrichten?", fragte Beate. „Nur für den Fall, dass du weißt, wo er sich versteckt."

„Ich weiß es genauso wenig wie du, Beate."

„Sag ihm: Es tut mir leid, was ich gesagt habe. Ich weiß jetzt, dass Pierre es war, der mich die letzten Wochen glücklich machte. Nicht die Lalaaren."

Als Vera Beate zum Abschied umarmte, drückte Beate sich so fest an Vera, dass es ihr den Atem raubte.

„Blümchen, sie ist weg", rief Vera. Ein Bild von einem Wochenende vor vielen Jahren tauchte vor ihrem inneren Auge auf. Pierre hatte sie an den Wörthersee eingeladen, um ihr das Hotel seiner Kindheit zu zeigen. Seine Mutter, eine mollige, vergnügte Frau mit blonder Dauerwelle, verrührte in der Küche die Zutaten für ihren Mohnkuchen. Pierre stand neben ihr, seinen Arm um ihre Hüfte gelegt. Die beiden scherzten miteinander wie zwei verliebte Teenager. Später am Tisch ließ Pierre sogar zu, dass sie seine Hand hielt. Vera hätte nicht gedacht, dass Pierre einen Menschen so nahe an sich heranlassen konnte.

Sollte Pierre noch am Leben sein, dachte er jetzt bestimmt an seine Mutter. Würde er noch eine Gelegenheit bekommen, sich von ihr zu verabschieden? Würde sie jemals erfahren, was mit ihm geschehen war? Wenn Pierre nicht mehr auftauchte, würde sie seine Mutter besuchen und ihr alles erklären, beschloss Vera und im selben Augenblick wurde ihr die Unmöglichkeit dieses Einfalls bewusst.

Wo blieb Daniel? Sie mussten die nächsten Schritte besprechen. Vera öffnete die Schlafzimmertür.

Daniel lag bewegungslos auf dem Bett, den Blick an die Decke gerichtet.

Vera setzte sich zu ihm ans Bett. „Komm, gehen wir in den Wald."

„Ich ... habe ...", sagte Daniel leise, „... Pierre ... umgebracht."

„Du weißt überhaupt nicht, was passiert ist!"

„Ich habe den Redmonks geschrieben, dass er die Lalaaren hochgehen lassen wollte …"

Vera unterbrach ihn. „Blümchen! Wir sollten das draußen besprechen."

„... am nächsten Tag ist er verschwunden. Ich habe ihn umgebracht. Es gibt nichts mehr zu besprechen."

„Pssssscht", machte sie und legte ihm den Finger auf den Mund. „Pssssscht."

„Was sie mit ihm angestellt haben, wissen sie besser als wir." Daniel verletzte seine eigene Regel und es war ihm gleichgültig. „Ich hätte ihn nicht verraten dürfen. Zuerst die Wahlen. Nun ein Menschenleben. Ich habe eine Grenze überschritten, weit, weit überschritten und es nicht einmal bemerkt."

Vera streichelte ihn, die Haare, seine steinharte Schultermuskulatur, die Brust. „Niemand kann die Zukunft vorhersehen. Das weißt du, Blümchen. Besonders in dieser Situation, wo du nicht weißt, mit wem du es zu tun hast."

„Die Redmonks haben keine Skrupel, einen Menschen zu beseitigen. Natürlich hätte ich das vorhersehen müssen."

„Vielleicht hat Beate recht. Vielleicht haben die Lalaaren Pierre entführt."

Der missglückte Scherz hing in der Luft, bis Daniel irgendwann flüsterte: „Hast du Pierre geliebt?"

„Nein", sagte Vera und spürte, wie ihr die Tränen kamen. „Ich liebe nur dich." Sie streichelte ihn weiter, unablässig auf und ab im Rhythmus seines Atems. Daniel ließ das regungslos über sich ergehen.

„Komm, lass uns reden", sagte Vera, „draußen im Wald."

Daniel schüttelte den Kopf. „Ich gebe auf."

XXVII

Vera strich sich die Locken aus den Augen, richtete die Schultern auf und bemühte sich, das natürlichste Lächeln der Welt auf ihr Gesicht zu zaubern.

Lorenz öffnete die Tür. „Hallo Großer", sagte Vera und drückte ihm ein Bussi auf die Wange. Lorenz wurde rot wie immer.

„Hallo Vera", sagte Lorenz. Seine Stimme war so weich wie sein Körper.

„Lorenz, das ist Daniel. Daniel – Lorenz." Die beiden Männer gaben sich die Hand.

Lorenz' Altbauwohnung bestand aus zwei Räumen. Er führte die Gäste durch das altmodische Wohnschlafzimmer mit braunem Resopalwandverbau und geblümter Bettwäsche in den zweiten Raum, größer und heller als der erste, der von einem riesigen IKEA-Schreibtisch dominiert wurde, auf dem zwei Laptops, mehrere Monitore und ein Mischpult standen. Ein Ventilator fegte in gleichmäßigen Intervallen wie ein Orkan über den Schreibtisch hinweg und rüttelte an den Notenblättern, die Lorenz umsichtig mit verschiedensten Gegenständen beschwert hatte: einer Triangel, einem schwarzen Lackschuh und einem Fläschchen Schuppen-Shampoo. Aus seiner HiFi-Anlage dröhnte ein atonales Klavierkonzert. Lorenz drehte den Lautstärkeregler mit zwei Fingern behutsam zurück. Er trug ein weites, schwarzes T-Shirt und einen silbernen Kopfhörer um den Hals, dessen loses Kabel zwischen seinen Beinen baumelte. Rasch räumte er einen Karton mit Pizzaresten von einem Klappsessel und plumpste in einen Drehstuhl, der unter seinem Gewicht quietschend zusammensank.

„Hast du noch einmal etwas für Greenpeace gemacht?", fragte Vera.

„Nein", antwortete Lorenz leise. „Ich bin nicht so altruistisch wie du. Meistens arbeite ich jetzt für Firmen, die mir das Dreifache bezahlen. Aber dir helfe ich für eine gute Sache gerne. Sehr gerne."

„Wir brauchen eine große Anlage, mit der man einen Platz beschallen kann", sagte Vera. „Wie für ein Festival."

„Eine PA-Anlage."

Vera sah ihn fragend an.

„Public Address. So heißen diese Systeme. Welche Leistung?" Lorenz griff nach einem Block.

„So stark wie möglich."

Lorenz lachte. „Damit könntet ihr dann die Rolling Stones im Ernst-Happel-Stadion versorgen."

„Vielleicht etwa halb so groß?"

Lorenz kicherte und schüttelte den Kopf. „Was habt ihr vor?"

„Es ist besser, wenn du nicht zu viel weißt", schaltete sich Daniel ein. „Wir möchten dich da heraushalten. Ich miete die Anlage. Du müsstest nur den Kontakt herstellen."

Lorenz legte den Block zur Seite. „Niemand wird euch so eine Anlage vermieten. Schon gar nicht, wenn ihr nicht sagen könnt, wofür ihr sie benötigt. Außerdem muss das System aufgebaut und konfiguriert werden."

Einige Takte lang hörte man nur das einsame, traurige Klavier. Lorenz wiegte den Kopf dazu.

„Okay", sagte Daniel. „Da hast du wohl recht. Was musst du wissen?"

„Location? Anzahl der Personen? Was soll übertragen werden? Musik? Sprache?"

„Wenn wir dir das sagen, weißt du schon viel zu viel", sagte Daniel.

„Heldenplatz", sagte Vera. „Fünfzigtausend Menschen. Sprache."

„Heldenplatz. Fünfzigtausend Menschen", wiederholte Lorenz. Seine Finger spielten mit dem Stecker des Kopfhörerkabels. „Ihr verarscht mich."

„Ganz genau. Wir verarschen dich", sagte Daniel. „Aber tu mal so, als ob du das nicht merken würdest."

„Wann?"

„In zwei Tagen", antwortete Vera.

„Da gibt es am Heldenplatz keine Veranstaltung, für die ihr so etwas brauchen könntet", sagte Lorenz.

„Stimmt."

„Schaut, das könnt ihr vergessen. PA-Anlagen in dieser Größe gibt es in Österreich vielleicht ein Dutzend. Keine Ahnung, wie die ausgelastet sind. In jedem Fall würdet ihr so ein Ding niemals bekommen. Ich vielleicht. Mich kennen die Firmen. Ich kann mit dem Equipment umgehen. Aber auch nur, wenn ich eine angemeldete Veranstaltung nennen kann, auf der ich das einsetze. Und meinen Kunden."

„Und wenn du sie für uns mietest? Und ich hafte?"

„Kann man für das ins Gefängnis gehen, was ihr vorhabt?"

Daniel zuckte mit den Schultern.

„Unter Umständen, ja", sagte Vera.

„Kann es sein, dass der Anlage etwas passiert?"

„Sie könnte beschlagnahmt werden", antwortete Daniel. „Mit Gewalt rechne ich nicht."

„Das kann für das Unternehmen existenzbedrohend sein. Stell dir vor, sie können ein Konzert nicht ausstatten."

„Der Zweck ist es wert", antwortete Vera.

„Und der wäre?"

„Die Erderwärmung auf ein erträgliches Ausmaß zu begrenzen. Nach dem Scheitern der Lalaaren vielleicht die letzte Chance."

Lorenz schnaubte. „Nicht böse sein, Vera. Du weißt, wie sehr ich dich bewundere. Aber den Klimawandel aufhalten? Mit einer unangemeldeten Veranstaltung am Heldenplatz? Wenn tausend kommen, könnt ihr euch freuen."

Vera und Daniel schwiegen.

„Machen wir es folgendermaßen", schlug Lorenz vor. „Ihr bekommt meine eigene Anlage. Zwei aktive, zwei passive Subwoofer, zwei Satelliten, Verstärker, Dieselaggregat. Alles Zubehör, das ihr braucht. Reicht locker für zweitausend Besucher."

„Glaub mir, Lorenz", entgegnete Vera. „Der Heldenplatz wird bis auf den letzten Platz gefüllt sein. Und die Aktion wird in die ganze Welt übertragen werden."

Lorenz kaute an dem Kopfhörerstecker.

„Wenn wir nicht sicher wären, dass unser Plan funktioniert, würden wir dich nicht in diese Situation bringen. Und uns auch nicht", sagte Vera. Sie strich sich mit der rechten Hand über den Bauch. „Überhaupt, wo wir doch bald zu dritt sind."

„Oh mein Gott! Dann lasst bitte die Finger davon."

„Damit unser Sohn erlebt, wie die Erde kollabiert?", sagte Daniel. „Da wäre er uns dankbar."

„Wer soll sich denn um euer Kind kümmern, wenn ihr im Gefängnis sitzt? Bleibt das auch an mir hängen?"

Vera musste lachen. „Nein, Lorenz. Du musst nicht unser Kind großziehen. Das kann ich dir versprechen. Mir wird nichts passieren."

„Und wenn wir die Komponenten von mehreren Firmen ausborgen?", schlug Daniel vor. „Das ist weniger auffällig und reduziert das Risiko für jeden Einzelnen. Wir setzen Verträge auf, in denen du uns die Anlage für eine andere Veranstaltung überlässt. Wir ziehen dich über den Tisch. Du weißt von nichts."

„Ich müsste die Anlage erst planen. Und mich nach der Verfügbarkeit der Komponenten erkundigen."

„Wann sollen wir wiederkommen?", fragte Daniel.

„Ich habe noch nichts entschieden", protestierte Lorenz.

„Klar", sagte Vera und legte ihm die Hand auf den Schenkel. „Überleg es dir in Ruhe. Wir wissen, was wir da von dir verlangen."

Als sie hinaus in die schwüle Luft vor Lorenz' Haus traten, ließ Vera den Blick durch die Gasse schweifen, in der Lorenz wohnte. Obwohl es Ende September war, fühlte sich Wien noch immer so ausgestorben an wie an einem heißen Hochsommertag. Die Stadt war noch nicht zur Normalität zurückgekehrt.

„Ich habe kein gutes Gefühl bei Lorenz", sagte Daniel.

„Bei dieser Aktion wirst du nie ein gutes Gefühl haben", antwortete Vera. „Aber für einen Daniel-Plan fehlt uns die Zeit."

„Lorenz wird nicht ...", begann Daniel, doch bevor er seinen Satz fertig sprechen konnte, sprintete Vera los.

„Vera, was ist?" Daniel rannte ihr hinterher.

An der Querstraße hielt Vera an, sah sich um, lief einige Schritte in die Gasse und blieb ratlos stehen.

„Was ist passiert?", fragte Daniel.

„Ich habe mir eingebildet, da war jemand, den ich kannte. Aber er hat sich einfach in Luft aufgelöst."

XXVIII

Daniel entkernte die Datteln und zerkleinerte sie mit einem Wiegemesser, während Vera Tofu, Kürbis und Zwiebeln würfelte. Geräucherter Tofu auf Kürbisgemüse mit Dattel-Wildreis. Vera versuchte das Wort Henkersmahlzeit aus ihren Gedanken zu verbannen.

Zum letzten Mal schrubbte Vera den alten Holztisch. Seit Tagen hatten sie sich nicht mehr die Zeit genommen, die Essensreste zu beseitigen. Wer wohl nach ihnen an der Reihe wäre, in der Landschaft aus Kratzern und Kerben seine Lebensspuren zu hinterlassen?

Sie aßen bei Kerzenschein und sprachen kein Wort. Die Kunst eines vertrauten Paars gemeinsam zu schweigen, dachte Vera. In Wahrheit gab es wenig zu sagen, was der Schwere dieses Abends angemessen war.

Daniel hatte längst aufgegeben, die Risiken ihres Planes aufzuzählen. Die senkrechte Schlucht in seiner Stirn schien im flackernden Licht der Kerzen tief genug, um darin eine kleine Packung Bleistifte zu verstauen. Veras letzte Aufgabe für die verbleibenden Stunden war es, Daniel ein klein wenig aufzurichten. Ohne einen überzeugenden, löwenstarken Daniel waren all die penibel ausgearbeiteten technischen Details ihres Plans wertlos.

Sie bliesen die Kerzen aus. Vera führte Daniel an der Hand in das Schlafzimmer. Nackt krochen sie unter die Decke. Vera streichelte Daniels Rücken, schob ein Bein zwischen seine Schenkel, tastete nach seiner Zunge. Ein wenig fallen lassen! Wie unendlich gut es tat, sich ein wenig fallen zu lassen. Vera drückte ihren Bauch an seinen. Sie grub ihre Nase in seinen Bart. Wie lange würde es dauern, bis sie seinen Geruch vergessen hatte?

Ratlos stand Vera am nächsten Morgen vor dem halbleeren Rucksack. Ein Bikini, ein wenig Gewand, Sonnenkappe, Sonnenbrille, Medikamente, die sie die nächsten Monate nicht schlucken durfte, ihr allererstes Lieblingsbuch „Momo" von

Michael Ende, Flip-Flops. Was fehlte ihr noch? Sie streifte durch die Wohnung und betrachtete die Dinge, die sie nie wiedersehen würde. Wie viele unnötige Gegenstände sie da zusammengetragen hatte. Nichts davon würde sie vermissen.

Das Einzige, was ihr wichtig war, konnte sie nicht einpacken. Das tappte selbst durch die Wohnung und verabschiedete sich von seinem alten Leben.

Als der Moment gekommen war, die Lage zu prüfen, trug Vera den Müll in den großen Container im Hof. Die Luft war rein. Daniel würde zuerst gehen. Sie standen sich gegenüber. Vera fühlte sich ausgelaugt. Als hätte sie alle Emotionen bereits verbraucht.

„Bis später", flüsterte Daniel.

„Bis später", antwortete sie.

Daniel bückte sich, schob ihr T-Shirt hoch und küsste ihren Bauch. „Spürst du deinen Papa, kleines Böhnchen?", dachte Vera. „Merk dir gut, wie er sich anfühlt, er ist ein ganz besonderer Mensch." Sie streichelte Daniels Haar. Schließlich umarmten sie sich und Daniel hauchte in ihr Ohr: „Danke für deinen Plan. Wenn wir die Schlacht gewinnen, war das alleine dein Verdienst."

„Danke, dass du mein Blümchen bist", antwortete Vera.

Daniel drehte sich um und ging durch die Tür.

Vera zog sich frische Unterwäsche an, Jeans und eine schwarze Kapuzenweste. Sie band sich die Haare zu einem Zopf, legte ihr Handy neben Daniels auf den Tisch und nahm ihren Rucksack auf die Schulter. Daniels Gepäck lag bereits in seinem Fluchtwagen. Sie blickte nicht mehr zurück. Das Klacken des Schlosses hallte durch das leere Stiegenhaus.

Hinter den Fenstern zum Hof war niemand zu sehen. Oben auf dem Rand des Daches saßen in einer langen Reihe die Tauben. Sie warf ihren Rucksack über die Hofmauer, kletterte auf den kleinen Gartentisch, zog sich an der Mauer hoch und sprang in den Hof des Nachbarhauses, wie es Daniel eine halbe

Stunde vor ihr getan hatte. Durch das Haustor trat sie hinaus in die Parallelstraße zur Yppengasse, in der sie die letzten sieben Jahre gewohnt hatten. Schnell blickte sie in beide Richtungen. Ein Mann führte seinen Hund Gassi, eine Frau schob einen Zwillingskinderwagen. Auf dem Weg hinauf zur Ottakringer Straße kontrollierte sie jedes Auto.

Als sie in die Straßenbahn steigen wollte, packte sie jemand am Arm. Sie wirbelte herum, stieß den Angreifer mit ihrem Rucksack zu Boden, die Schiebetüren piepten. Nur ein Schritt, eine letzte Sekunde, um noch rechtzeitig in die Straßenbahn zu springen, doch Vera blieb wie angewurzelt stehen.

„Arthie?"

Lächelnd rappelte sich ihr One-Night-Stand hoch. Arthie trug sein vertrautes kariertes Hemd und über der Schulter das typische Täschchen männlicher Touristen.

„Hallo", sagte er, als er wieder auf den Beinen war, und zielte mit seinen Lippen auf ihren Mund.

Vera wich zurück.

„Tut mir leid, wenn ich dich erschreckt habe", sagte der Satellitentechniker in seinem langsamen St.-Helena-Englisch. „Als ich deinen Rucksack gesehen habe, hatte ich Panik, dich wieder zu verlieren."

„Was willst du?"

„Dich."

„Ich muss jetzt weiter. Sonst verpasse ich meinen Zug."

„Wo fährst du hin?"

„Bloß nach Salzburg. Über das Wochenende. Lass uns nächste Woche etwas unternehmen."

„Woher weiß ich, dass du mich nicht anlügst?"

„Nun kennst du ja meine Adresse."

Er deutete auf Veras Schulter.

„Großer Rucksack für ein einziges Wochenende."

„Da sind auch die Sachen für meinen Freund drinnen."

„Das musst du nicht extra betonen. Ich weiß, dass du einen Freund hast."

„Also warst das doch du, den ich vor zwei Tagen gesehen habe."

„Ich habe auf eine Gelegenheit gewartet, unser Wiedersehen etwas romantischer zu gestalten", sagte Arthie und machte mit der Hand eine ausschweifende Geste. „So wollte ich das nicht."

Die nächste Straßenbahn fuhr ein. Vera reichte Arthie die Hand. „Ich muss einsteigen. Tschüs, bis Montag."

Arthie hielt ihre Hand fest umschlossen. „Ich habe zwei Jahre lang nach dir gesucht. Denkst du, ich lasse dich einfach so gehen?"

„Was willst du tun? Mich mit Gewalt festhalten?"

„Nein, nicht mit Gewalt. Mit Liebe." Arthie blickte ihr fest in die Augen. „Und falls das nicht genügt, mit dem internationalen Haftbefehl gegen Jacqueline Desjardins, der nur noch um den richtigen Namen ergänzt werden muss, Mademoiselle Vera Hackner."

Was, wenn sie eine kurze Rangelei inszenierte und ihn mit einem gezielten Faustschlag gegen die Schläfe ausschaltete? Würde ihr das ausreichend Zeit verschaffen? Sie ließ noch eine Straßenbahn fahren.

„Was willst du?"

„Vera, ich bin nicht der hübscheste Mann der Welt, aber keiner wird dich jemals so abgöttisch lieben wie ich. Ich war dir zwei Jahre lang treu, ohne auch nur deinen richtigen Namen zu kennen, ohne ein Bild von dir! Ich hätte dich auf dem ganzen Planeten gesucht, nur um einmal von dir in die Arme genommen zu werden, dein loderndes Haar zu berühren und deinen köstlichen Duft zu atmen. Vera, lass es uns ein Monat lang gemeinsam versuchen. Falls du mich dann nicht liebst, bist du frei zu gehen, wohin du willst."

„Arthie, du bist verrückt. Ich habe einen Freund."

„Ich sage das nur ungern, aber ich habe einen Haftbefehl."

„Weshalb?"

„Stell dich nicht dumm."

„Du bist nicht einmal Polizist."

„Mike war mehr als bereit mir zu helfen."

„Wie habt ihr mich gefunden?"

„Es hat eine Weile gedauert, bis wir die zündende Idee hatten. Aber dann ging es ganz einfach. Du hast von unserem öffentlichen Telefon eine spanische Telefonnummer angerufen. Die spanischen Behörden konnten die Zelle lokalisieren, in der das Telefon zum Zeitpunkt des Telefonats eingebucht war." Er breitete theatralisch die Arme aus und drehte sich um die eigene Achse. „Und glücklicherweise bist du in dieser Zelle bekannt wie ein bunter Hund."

Vera blickte auf die Uhr.

„Du bist herumgelaufen und hast gefragt, wo eine rothaarige Frau wohnt?"

Triumphierend zog Arthie eine kleine Puppe aus seiner Tasche und überreichte sie Vera.

„Was soll das sein?"

„Sieh sie dir an."

Die Puppe war aus einem harten Kunststoff gefertigt, mit steifen, unbeweglichen Gliedern, die Beine leicht gespreizt. Sie trug ein kurzes, schwarz-weiß gestreiftes Kleid, wie Vera an dem Abend im „Merry Monk". Ihre feuerroten Locken waren zu einem Zopf gebunden. „So gefallen mir deine Haare noch besser", erklärte Arthie.

„Das soll ich sein?"

„Zumindest deine Nachbarn haben dich sofort erkannt."

Vera blickte noch einmal auf die Uhr und seufzte. „Meinen Zug habe ich verpasst. Komm mit zu mir, dann können wir in Ruhe sprechen."

„Darf ich dir deinen Rucksack tragen?", fragte Arthie.

„Nein."

„Die Puppe kannst du behalten." Arthie griff nach ihrer Hand. „Mit unserem 3D-Drucker kann ich beliebig viele davon produzieren." Händchenhaltend gingen sie die Yppengasse hinunter.

„Ich weiß noch immer nicht, mit welchem Vorwurf ihr einen Haftbefehl gegen mich erwirkt habt."

„Fälschung von Reisedokumenten."

„Ich habe kein Dokument gefälscht."

„Die kanadischen Behörden sind da anderer Meinung. Sie haben nie einen Pass auf Jacqueline Desjardins ausgestellt."

„Ich habe Mike meinen österreichischen Pass mit meinem richtigen Namen gezeigt. Scheinbar war er so beschäftigt, sich einen Anmachspruch auszudenken, dass er nicht richtig hingesehen hat."

„Wieso hast du uns dann angelogen?"

„Weil ich nicht wollte, dass jeder One-Night-Stand meiner Reise in Wien vor meiner Tür steht. Manche Männer können ziemlich verbissen sein, weißt du."

Arthie drückte ihre Hand. „Und ich war wohl der Verbissenste."

Als Vera den Strom in der Wohnung anschaltete, ging das Licht im Kühlschrank an. Die Tür stand offen.

Arthie kam langsam auf sie zu, legte eine Hand auf ihren Hintern und versuchte sie zu küssen. „Für zwei Tage Urlaub taust du deinen Kühlschrank ab?"

„Arthie, ich muss dir etwas sagen, das mir unangenehm ist."

„Ja?"

„Könntest du bitte vorher duschen?"

„Oh", machte Arthie. Betreten hob er seinen rechten Arm und roch unter der Achsel. „Ich wusste nicht ... ich hatte heute ... aber, na klar. Äh, kannst du mir ein Handtuch ... vielleicht?"

Mit derselben Bewegung, mit der Vera das frische Handtuch über die Türschnalle des Badezimmers hängte, zog sie den Schlüssel darunter aus dem Schloss.

„Ich freu mich schon auf dich", sagte sie. Als sie das Wasser plätschern hörte, schlich sie zurück ins Bad.

„Möchtest du zu mir unter die Dusche kommen?", fragte Arthie durch den Duschvorhang. Seine Stimme überschlug sich bei diesem Gedanken.

„Ja, mein Süßer", antwortete Vera und tastete die Hose auf dem Badezimmerboden ab. Sie zog Arthies iPhone heraus, schloss die Badezimmertür und versperrte sie von außen. Vera füllte eine Schüssel mit Wasser und versenkte das Handy darin. Mit einem Messer schnitt sie das Internetkabel durch, steckte den Stecker in ihre Hosentasche und warf Daniels Handy, sowie ihr eigenes ins Wasser zu dem iPhone. Sie versperrte die Türen zum Schlaf- und Wohnzimmer, sodass Arthie zumindest zwei Schlösser aufbrechen musste, bevor er zu einem Fenster gelangte. Keine einfache Aufgabe im Dunkeln und ohne Werkzeug. Sie schaltete den Strom aus. Arthies Schreie waren durch die beiden Türen kaum zu hören. Bevor Vera die Wohnungstür zum zweiten Mal hinter sich zusperrte, lüpfte sie das Kleid der Puppe. Unter ihrem Stringtanga hatte Arthie in akribischer Kleinarbeit winzige rote Schamhaare angebracht.

Mit der Straßenbahn durchquerte Vera ein letztes Mal ihre Heimatstadt, ein letztes Mal vorbei an der Leuchtschrift ihres Reisebüros, der Universität, den Prachtbauten der Ringstraße. Vielleicht war der radikale Bruch genau das Richtige für ihr Leben. Sich neu finden und erfinden, ausbrechen aus dieser Verwirrung, ausbrechen aus ihrer Ängstlichkeit. Ganz leicht fühlte sie sich auf einmal. Nur Böhnchen, sie, ein halbvoller Rucksack und hoffentlich, hoffentlich Daniel.

Ein letztes Mal das Rathaus, ein letztes Mal das Denkmal der Kaiserin auf dem pompösen Platz zwischen den Museen, der noch genauso aussah wie vor hundert Jahren. Ob er noch hundert weitere Jahre überleben würde?

Plötzlich sah Vera ihr Böhnchen im hohen Alter nach Wien zurückkehren. Nicht einmal in dieser behüteten Stadt würde man in der Lage sein, Buchen zu stutzen, Rasenflächen zu pflegen und historische Gebäude zu erhalten, wenn der halbe Planet verdorrte, verhungerte oder ertrank. Ihr Böhnchen stand vor dem von tropischen Pflanzen überwucherten Platz. Palmen und Riesenfarne, die der Kaiserin bis zum Hals reichten, Lianen und Orchideen, die in das naturhistorische Museum eindrangen und ihre eigene Ausstellung eröffneten über die Anpassungsfähigkeit von Ökosystemen. Eigentlich ein schönes Bild, dachte Vera. Wenn die Menschen nicht wären, würde sogar der Klimawandel ganz beschaulich ablaufen.

Keine fünf Minuten nachdem Vera in dem Bistro des großen Einkaufszentrums an der Autobahn Platz genommen hatte, unterbrach die Breaking-News-Fanfare ein Musikvideo mitten im Song. Mit der Synchronität von Herdentieren schwenkten die Menschen ihre Köpfe zu dem Fernsehgerät an der Wand.

„Werden uns die Lalaaren heute ihren ersten Besuch abstatten?"

Die Kellnerin wirbelte herum. Suppe schwappte auf Veras Tisch.

Der Nachrichtensprecher war Vera inzwischen so vertraut wie ein naher Verwandter. „Die internationale Kommission zur Prüfung der außerirdischen Faxnachrichten hat soeben bestätigt, dass ein heute um zwölf Uhr versendetes Fax von den Lalaaren stammt. Die Nachricht besteht neben den gewohnten Grußformeln lediglich aus drei Sätzen."

Das Fax wurde eingeblendet, der Sprecher verlas die deutsche Übersetzung:

„Wir werden heute, am 27. September um 20 Uhr MESZ eine Kundgebung auf dem Heldenplatz in Wien veranstalten.
Wir laden die Menschen ein, die Kundgebung zahlreich zu besuchen.
Wir versichern den Menschen, dass von der Kundgebung keinerlei Gefahr für die Besucher ausgeht, solange die Menschen nicht versuchen, die Kundgebung zu unterbinden oder zu stören."

Das Breaking-News-Banner lockte die Passanten in das Bistro. Hektik brach aus. Die Menschen griffen zu ihren Handys, blickten auf die Uhr. Aus den Gesprächsfetzen konnte Vera zwei Fraktionen ausmachen. Jene, die auf der Stelle zum

Heldenplatz aufbrachen. Und jene, die ihre Familie zusammentrommelten, um aus der Stadt zu fliehen.

Als die ersten Livebilder vom Heldenplatz über den Fernsehschirm liefen, begann sich die Shopping City bereits zu leeren. Vera sah tausende Menschen auf den Platz strömen, Uniformierte, die versuchten die Menge in geordnete Bahnen zu lenken, Mannschaftsbusse, aus denen Bereitschaftspolizisten mit Helmen und Schildern kletterten und an der Stirnseite des Heldenplatzes, direkt vor der Hofburg, ein weißer Lastwagen, der ihr Herz höher schlagen ließ.

Eine offizielle Pressekonferenz des österreichischen Innenministers wurde angekündigt. Über Twitter und Facebook forderte die Wiener Polizei die Menschen auf, Ruhe zu bewahren und nicht nach Wien zu reisen. Zu spät. Alle Flüge nach oder von Wien waren binnen weniger Minuten ausgebucht. Auf den Bahnhöfen quollen Menschenmassen aus zum Bersten gefüllten Zügen. Auf den Stadteinfahrten bildeten sich in beiden Richtungen kilometerlange Staus.

Um siebzehn Uhr traten der österreichische Innenminister und der Bundeskanzler vor die Kameras. Als Vera die Angst in den Augen des Kanzlers sah, wusste sie, dass sie sich verkalkuliert hatten. Dieser Kleingeist würde sich für Vorsicht entscheiden. Ausgangssperre. Flughafen schließen. Heldenplatz räumen. Sie erinnerte sich an Daniels Worte zum Abschied. Er hatte sich geirrt. Ihre erste Intuition war die richtige gewesen. Von einem warmen, sicheren Ort aus könnten sie beobachten, wie sich ihre Nachricht in der Welt verbreitete. Stattdessen hatte sie Daniel diesen aberwitzigen James-Bond-Plan eingeredet, der von so vielen unwägbaren Details abhing, dass er unmöglich aufgehen konnte. Mit ihrem plötzlichen Wagemut hatte sie seine Kampagne nicht gerettet, sondern zerstört.

Der Innenminister begann auf Englisch zu sprechen: *„Unter der Leitung des Bundeskanzlers ist der Krisenstab zusammengetre-*

ten. Die Krisenpläne, die wir in den vergangenen Monaten auf europäischer Ebene für diesen Fall ausgearbeitet haben, greifen perfekt und haben schnelle Entscheidungen ermöglicht, die gemeinsam mit unseren Partnern in Europa und der Welt, dem UNO-Generalsekretär sowie dem Sonderbeauftragten für die Lalaaren der Europäischen Union getroffen wurden. Es gilt die Sicherheit der Bürger an die erste Stelle zu stellen. Gleichzeitig nehmen wir die von den Lalaaren für den Fall einer Blockade der Veranstaltung angekündigten Konsequenzen ernst und möchten unseren Freunden aus dem All im Sinne der interplanetaren Beziehungen ein Zeichen des Vertrauens entgegenbringen."

Die ganze Welt hing an seinen Lippen und er verlor sich in bedeutungsleeren Floskeln. Vera spürte einen stechenden Schmerz in ihrer linken Hand. Ohne es zu merken, hatte sie ihre Fingernägel in den Daumenballen gegraben. Drei leuchtendrote Kerben waren zurückgeblieben.

Endlich übernahm der Bundeskanzler. *„Wir haben entschieden, dem Wunsch der Lalaaren stattzugeben. Die sogenannte Kundgebung auf dem Heldenplatz wird zugelassen. Allerdings möchte ich meiner Sorge Ausdruck verleihen, dass die Natur dieser Kundgebung nach wie vor unklar ist. Die Geschehnisse auf dem Heldenplatz werden von allen namhaften Fernsehstationen in bester Qualität übertragen. Auch wenn wir keine konkreten Anzeichen für eine Gefährdung der Teilnehmer haben, empfehlen wir in aller Dringlichkeit die Kundgebung an einem sicheren Ort zu verfolgen und die Umgebung des Heldenplatzes großräumig zu meiden."*

Neben dem Kanzler wurde das Live-Bild vom Platz eingeblendet. Die Nachricht verbreitete sich durch die Menge. Die Menschen brachen in Jubel aus.

Vera atmete auf. Inzwischen saß sie beinahe alleine in dem Lokal. Mitten am Nachmittag ließen die ersten Geschäfte ihre Rollläden herunter.

Der Innenminister erklärte die Maßnahmen, die zur Sicherung der Kundgebung ergriffen wurden. Sprengstoffspürhunde, mobile Betonbarrikaden zum Schutz des Platzes vor Angriffen mit Fahrzeugen, Sperre des Luftraums über Wien. Der Betrieb des Flughafens außerhalb der Stadt blieb vorerst aufrecht. Die Streitkräfte zur Luftabwehr in Österreich und den Nachbarländern wurden in Bereitschaft versetzt.

„*Was könnten die Lalaaren planen?*", fragte eine Journalistin.

„*Das kolportierte Gerücht, die Lalaaren würden auf dem Heldenplatz landen, halten wir für außerordentlich unwahrscheinlich. Laut der Weltraumüberwachung der internationalen Raumfahrtbehörde sind selbst in großer Entfernung keine Flugobjekte im Anflug.*"

„*Könnten die Lalaaren ihre Raumschiffe nicht für unsere Überwachung unsichtbar machen? Oder sich auf die Erde beamen?*"

„*Wie gesagt, das wird von Experten nahezu ausgeschlossen. Hundertprozentige Sicherheit haben wir allerdings keine.*"

Ein anderer Journalist fragte: „*Wieso lässt man sich von den Lalaaren erpressen? Wäre eine Sperre des Platzes nicht vernünftiger gewesen?*"

Vera sah, wie sich die Finger des Kanzlers auf beiden Seiten in sein Rednerpult krallten. „*Wir möchten den Lalaaren die Hand reichen, für ein friedvolles interplanetares Miteinander. Sollten die Lalaaren tatsächlich die Anwendung von Gewalt im Sinn haben, wofür, und das möchte ich klar betonen, es keinerlei Anzeichen gibt, hätten sie eine solche Aktion nicht vorangekündigt, sondern überraschend zugeschlagen. Trotz der kurzen Vorbereitungszeit wird auf dem Heldenplatz ein Maximum an Sicherheitskräften zur Verfügung stehen. Die Gefahr von unbekannten Vergeltungsmaßnahmen wäre ungleich größer.*"

Vera bezahlte und verließ das Bistro. Ob Arthie sich schon befreit hatte? Sie fuhr mit dem Aufzug einige Minuten auf und ab, bevor sie auf dem untersten Parkdeck ausstieg. Ein Taxi mit verspiegelten Scheiben wartete auf dem vereinbarten Parkplatz. Als es aus der Garage fuhr, blickte Vera durch die Heckscheibe. Sie konnte keine Verfolger entdecken.

XXIX

Sein Kugelschreiber flog über das Papier. Ohne abzusetzen zauberte er blaue Verbindungslinien auf das karierte Blatt. Dabei galt es genaue Regeln einzuhalten. Die Linien mussten in den Ecken der Karos beginnen und gemeinsam eine perspektivisch korrekte Struktur aus Quadern, Pyramiden und anderen Polyedern ergeben.

Als das Blatt voll war, straffierte Ray die Schattenseiten der Bauwerke und legte es auf den Boden zu den siebzehn anderen Blättern. Im Laufe des Vormittags hatte Ray eine ganze Mega-City erschaffen.

Ein schneller Blick auf den Fernseher sagte ihm, dass in Wien die Sonne untergegangen war. Durch Scheinwerfer wurde der Platz trotzdem taghell beleuchtet. Noch immer strömten Menschen durch die in der Zwischenzeit eingerichteten Personenkontrollen. Es mussten nun vierzig- oder fünfzigtausend sein.

Noch zwanzig Minuten.

Eigentlich hatte Ray den Block zur Hand genommen, um Ordnung in seine Gedanken zu bringen. Seit er am Morgen die Nachricht von dem Fax gehört hatte, überlegte er, ob das der Tag war, an dem alles zu Ende ging. Er wartete auf den Auftrag der Redmonks, eine Gegennachricht zu authentifizieren. Da die Lalaaren nicht existierten, konnte ein öffentlicher Auftritt nur zur Enthüllung der wahren Urheber des Faxes dienen. Wieso sollten die Redmonks das zulassen? Wieso hatten sie dem Fax nichts entgegengesetzt? Oder wussten sie, was auf dem Heldenplatz geschehen sollte, und hatten andere Maßnahmen dagegen ergriffen?

Bald erkannte Ray, dass seine Spekulationen sinnlos waren. Ihm fehlten zu viele Informationen. Noch immer schwelte in ihm der Verdacht, dass er nicht für sein Heimatland arbeitete. Hinter dem Pseudonym Redmonk konnten neben der amerikanischen Regierung noch ein Dutzend anderer Parteien stecken: Konzerne, Regimegegner, Geheimdienste anderer Nationen, so *viele* hatten ein strategisches Interesse an dem Machtwechsel im Iran gehabt. Seit Bonny verschwunden war, wich seine Genugtuung, Recht behalten zu haben, immer mehr dem Verdacht, dass er zum Werkzeug irgendeines Schurkenstaats geworden sein könnte. Ja, es war kinderleicht für ihn, die Nachrichten der Redmonks als Faxe aus dem All auszuweisen. Er brauchte nicht mehr zu tun, als die Ergebnisse der Prüfroutinen zu verändern. Fünfzigtausend Dollar für ein paar Stunden Arbeit. Aber hatte er sich damit nicht selbst zu einem Teil des Spiels gemacht, das er so verabscheute?

Zehn Minuten.

In manischer Präzision füllte Ray die nächste Fläche mit geometrischen Formen. Die größte Herausforderung war es zu antizipieren, welche Kanten er freilassen musste, weil sie später von anderen Körpern verdeckt werden würden.

Der Countdown zählte herunter.

60 ... 30

Ray legte den Block zur Seite.

10 ... 9 ... 8 ... 7

Seine Finger zappelten vor Ungeduld. Sofort griff er wieder nach dem Kugelschreiber. Irgendetwas musste er tun.

2 ... 1 ... 0

Auf CNN erschien das Livebild vom Heldenplatz in Wien. Ratlose Menschen, die in die Luft blickten. Diese Idioten warteten tatsächlich auf ein Ufo. Ein Ufo in Wien. Wieso ausgerechnet Wien? Ray hatte die Stadt erst auf Google Maps suchen müssen.

Eine Kamera schwenkte über den Platz. Den Einsatzkräften war es gelungen, für die Menschenmassen abgegrenzte Blöcke einzurichten, zwischen denen Polizisten mit Helmen und Schutzschildern breite Fluchtkorridore freihielten. Dutzende Fernsehsender hatten ihre Kameras und Kommentatoren auf der langen Säulengalerie der Hofburg und dem berüchtigten Balkon aufgebaut. Wie Ray aus dem Wikipedia-Artikel über den Platz wusste, der in den letzten drei Stunden in siebzig

Sprachen übersetzt worden war, hatte auf diesem Balkon Hitler den Anschluss Österreichs an Deutschland verkündet.

Eine Minute verging. Nichts geschah. Ray zeichnete immer schneller. Wie bizarr das wäre, wenn sich der ganze Planet vor den Fernsehgeräten versammelte, gespannt den Countdown herunterzählte und nichts passierte. Die Regie wechselte zu einer Bodenkamera. Die Menschen blickten ratlos in alle Richtungen, reckten ihre Köpfe, versuchten etwas zu entdecken, das außerirdisch aussah. Irgendetwas. Sie wussten nicht, wonach sie suchen sollten.

Plötzlich ging ein Raunen über den Platz. Hymnische Klänge ertönten. Arme wurden in Richtung der Hofburg gestreckt. Schnitt zur Vogelperspektive. Die Menge drehte sich. Wie Eisenspäne in einem Magnetfeld, dachte Ray. *„Jetzt bewegt sich etwas"*, sagte der Kommentator auf CNN. Die Kamera brauchte ein paar Sekunden, um den kleinen Lastwagen vor der Hofburg einzufangen. Die Plane war heruntergerissen worden. Auf der Ladefläche stand ein drei Meter hohes Podium, grell beleuchtet mit grünen LED-Platten. Aus zwei riesigen Boxentürmen zu beiden Seiten schallte bombastische Orchestermusik, die Ray an das Einlauflied eines Boxers erinnerte.

Ray legte den Kugelschreiber zur Seite.

Ein Mann stieg die Stufen zu dem Podest hoch. Die Hymne endete mit einem Paukenschlag. Er führte ein kabelloses Mikrofon zum Mund und rief: *„Hello Humans"*.

Der Mann trug schlichte Jeans und grüne Turnschuhe. Auf seinem neongelben T-Shirt stand *„We are the Alphas."*

„Hello Humans", wiederholte er.

Auf Englisch sagte er zu einer Armee von in den Himmel gereckten Mobiltelefonen: *„Ich habe zwei Nachrichten für euch. Zwei Nachrichten aus der Zukunft. Eine gute und eine schlechte. Zwei Nachrichten, die den Kampf der Lalaaren gegen den Klimawandel auf eine neue Ebene heben werden.*

Nachricht Nummer eins: Wir können diesen Planeten zerstören. Wir können diese wunderschöne Erde so menschenunfreund-

lich machen, dass uns nichts anderes bleibt, als in ein Raumschiff zu steigen und ins Weltall zu fliehen. Wir sind auf dem besten Weg dorthin. Wir treiben den Klimawandel voran und vernichten unsere Rohstoffe. Eine Hälfte der Menschheit besitzt 99 % des Vermögens, die andere Hälfte beinahe nichts.

Nachricht Nummer zwei ist die gute Nachricht: Es gibt keine vorgefertigte Zukunft. Das Schicksal liegt in unserer Hand. Wir haben gesehen, wie viel ein einzelnes Fax verändern kann. Wir haben gesehen, wie die Stimme eines außerirdischen Volkes die Welt verändert.

Wir werden sehen, wie viel mehr noch unser aller Stimmen verändern können."

Ray näherte sich dem Fernseher, um das unscharfe Bild des bärtigen Mannes genauer zu betrachten. Dieser Mann war also Teil der Organisation, die die Lalaaren erfunden hatte.

„Wir werden aufstehen, wie es die Lalaaren getan haben und die Welt ungemütlich machen für jene, die sie zerstören. Wir werden aufstehen und jene an den Pranger stellen, die vom Untergang der Welt profitieren.

Ich spreche nicht von Demonstrationen und Protesten. Auch wenn die vielleicht nötig sind. Ich spreche nicht von Appellen und Klimagipfeln. Auch wenn die vielleicht helfen können. Ich spreche von einem neuen Wirtschaftssystem. Einem Wirtschaftssystem, in dem niemand auf Kosten unseres Planeten Geld verdient. Einem Wirtschaftssystem, in dem Umweltschutz keine idealistische Liebhaberei, sondern die einzige Möglichkeit ist, reich zu werden."

Kurz überlegte Ray, ob der Mann am Podium selbst der Schöpfer der Lalaaren war, verwarf den Gedanken aber auf der Stelle. So sah kein Mensch aus, der sich in Satellitensysteme hackte. Das war ein Schauspieler, ein geborener Redner. Widerstrebend musste sich Ray eingestehen, dass er genau wie all die anderen Herdentiere auf der Welt gebannt an seinen Lippen hing.

„In den letzten Wochen haben unbekannte Organisationen Nachrichten im Namen der Lalaaren versandt. Sie haben die Lalaaren missbraucht, um demokratische Wahlen zu manipulieren.

Die Lalaaren haben uns gute Dienste geleistet. Doch heute stehe ich hier, um die Verantwortung für die Rettung der Erde wieder in die Hände der Menschen zu legen.

Und ich bin überzeugter denn je, dass uns das gelingen wird.

Etwas haben wir in den letzten Wochen gelernt: Wenn wir alle glauben, dass der Wert eines Unternehmens sinkt, weil es unseren Planeten zerstört, dann wird der Wert des Unternehmens sinken.

Anstelle von Nachrichten aus dem All wird ein transparentes Nachhaltigkeitsrating treten. Schlecht bewertete Unternehmen werden ihren Anlegern weniger Gewinne bringen. Kurzfristig, weil ihre Kurse durch schlechte Ratingwerte fallen. Langfristig, weil unsere Gesetzgeber Rahmenbedingungen schaffen, unter denen die Profite dieser Unternehmen Tag für Tag zurückgehen werden.

Gemeinsam werden wir diesen Unternehmen ihr Kapital entziehen.

Das wurde schon oft versucht, werden Sie sagen. Wieso soll es jetzt funktionieren? Weil heute mehr Menschen als je zuvor verstehen, dass die Zukunft unserer Kinder auf dem Spiel steht. Jeder von Ihnen, wir alle gemeinsam, sind eine kritische Masse, die die Mächtigen nicht mehr ignorieren können. Nicht aus moralischen Gründen, sondern weil sie auf uns angewiesen sind. Als Konsumenten, Wähler, Investoren.

Vor siebzig Jahren standen auf diesem Platz Hunderttausende Menschen und bejubelten Adolf Hitler. Ich habe meine Großeltern gefragt, wieso sie damals nichts unternahmen.

Siebzig Jahre später stehen wir wieder hier. Und ich möchte meinen Enkelkindern nicht eines Tages erklären müssen, wieso wir tatenlos zusahen, obwohl wir wussten, dass alles in einer Katastrophe enden würde.

Diesmal ist Wien das Zentrum einer weltweiten Revolution."

Zum ersten Mal klatschten die Menschen. Zaghaft breitete sich der Applaus über den Heldenplatz aus.

„Morgen schon werden wir damit beginnen, eine Koalition der Willigen zu bilden. Aus Regierungen, NGOs, Privatpersonen und Unternehmen. Ab morgen gibt es keinen Platz mehr auf dieser Welt

für Menschen, die unseren Planeten zerstören. Sollten Sie schmutzige Aktien besitzen, verkaufen Sie die am besten noch heute."

Wieder schwoll der Applaus an. Plötzlich sah Ray auf dem unteren Bildschirmrand Rauch unter dem Lkw hervorströmen.

„Wenn ich meine Rede nun beende, werde ich den Lastwagen starten und eine friedliche Demonstration um die Ringstraße anführen. Jeder von euch, der den Mächtigen auf der Welt ein Zeichen setzen möchte, ist eingeladen, mir zu folgen. Jeder von euch, der seinen Enkelkindern einen lebenswerten Planeten hinterlassen möchte, nimmt seinen Nachbarn an der Hand und begleitet mich auf meinem Weg."

Eine dichte Rauchwolke erreichte das Podium. Die Linie der Polizisten, die sich während der Rede zu dem Lkw vorgearbeitet hatte, begann zu zucken wie eine Schlange, die nicht wusste, in welche Richtung sie kriechen sollte.

Theatralisch hob der Mann die rechte Faust: *„Die Lalaaren existieren nicht! Es gibt keine Außerirdischen, die uns helfen, unser Wirtschaftssystem zu ändern. Ich habe sie erfunden, um uns alle vor dem Untergang zu bewahren!"*

In der Menge, die bis jetzt andächtig zugehört hatte, breitete sich ein Raunen aus, das die Worte des Mannes zu verschlucken drohte.

„Dear Humans", brüllte der Mann in sein Mikrofon, *„I am no alien, but I am an Alpha. As you are. Because we are the generation that will change the fate of the world. The generation of Alphas."*

Mit einem großen Satz sprang er vom Podium und verschwand in dem Nebel, der den Lastwagen mittlerweile bis zum Dach der Fahrerkabine umhüllte. Die weißen Kegel der Scheinwerfer glommen im Nebel auf. Langsam setzte sich der Wagen in Bewegung.

Das Bild wechselte zur Vogelperspektive. Die vorderste Reihe der Polizisten hob ihre Pistolen. Sie näherten sich dem Lkw, von dem nur noch die oberste Stufe des Podiums aus dem Nebel ragte. Die Polizisten begleiteten es wie eine Eskorte in sicherem

Abstand. Noch hatten sie keinen Befehl in die Nebelwolke vorzudringen.

In den Fluchtkorridoren entstand ein gefährliches Durcheinander. Ein Teil der Menschen versuchte verzweifelt den Heldenplatz zu verlassen, andere drängten in die entgegengesetzte Richtung zu dem Lastwagen.

Wie auf einer Wolke schwebte das Podium im Schritttempo über den Platz. Plötzlich kam es mit einem Ruck zum Stillstand. Der Lkw war in die Betonbarrikade gekracht. Ein Trupp Polizisten in schweren Ganzkörperanzügen trabte von der Seite ins Bild und stürzte sich in den Nebel.

Ray verspürte Erleichterung. Das Hirngespinst der Lalaaren war hiermit Geschichte. Keine Sekunde trauerte er den Tausenden von Dollars nach, die ihm die nächsten Faxe der Redmonks eingebracht hätten. Er konnte nicht länger warten. Auf seinem Mobiltelefon wählte er die Nummer, die er unter *„BOHO"* abgespeichert hatte.

„Hallo?", meldete sich eine weibliche Stimme. Ray erkannte Bonnys Freundin Giselle.

„Giselle?"

Keine Antwort.

„Hier ist Ray. Kann ich bitte mit Bonny sprechen!"

Im Hintergrund hörte er den Fernseher und leise, aber unverkennbar Mias Stimme.

„Bonny ist nicht hier."

„Giselle, ich weiß, dass sie bei dir ist. Sag ihr bitte, jetzt ist alles vorüber. Alles ist gut, sie kann nach Hause kommen."

Ray legte auf. Wenige Minuten später läutete sein Handy. Das Display zeigte *„BOHO"*. Die Nummer hatte seine Kontaktperson der Redmonks für ihn ermittelt. „BOHO" stand für Bonny's Hide-Out: Bonnys Versteck.

XXX

„Oh my god. Now they are killing him", rief der Trolley-Mann neben Vera, die Hand in einem Chips-Sackerl, als säße er im Kino.

Wenn alles geklappt hatte, war Daniel in diesem Moment nicht mehr im Lkw gewesen. Trotzdem brachte sie die Worte nicht mehr aus ihrem Kopf.

Now they are killing him.

Vera schlüpfte mit ihren Armen zurück in die Ärmel ihres Pullovers und tappte benommen zum Gate. Sie wartete mehrere Minuten, bis sich die Beamten der Sicherheitskontrolle von dem Live-Stream auf ihrem Monitor trennten. Durch die Panoramascheibe sah Vera ein Flugzeug zur Startbahn rollen. Der Flugverkehr war nicht eingestellt worden.

Ungeduldig wartete Vera auf das Boarding. Geplanter Abflug war in dreißig Minuten. Das Flugzeug stand am Gate. Irgendetwas verzögerte sich. Sie blickte auf die Uhr. Vor dreizehn Minuten war der Lkw in die Betonsperre gerollt und Daniel, wenn alles nach Plan verlief, im dichten Rauch der Nebelmaschinen durch einen Feuerwehrzugang hinter dem Lastwagen in die Hofburg geschlüpft, quer durch den Keller gesprintet, wobei er sich Pullover, Baseballkappe und Sakko überzog, und durch einen Notausgang auf der Rückseite wieder entkommen. Mit einem dort geparkten Mietwagen sollte er zum Flughafen rasen, sich unterwegs seinen Bart abrasieren und in siebzehn Minuten mit seinem echten Pass durch die Grenzkontrolle marschieren. Das war eine gravierende Schwachstelle in ihrem Plan. Als Laien war es ihnen zu riskant erschienen, Daniel einen gefälschten Pass zu beschaffen. Vera hoffte, dass es einige Stunden dauern würde, bis die Polizei Daniels Namen herausfand. Und dass Arthie noch in ihrem Badezimmer festsaß.

Endlich meldete sich eine Stimme durch den Lautsprecher: *„Meine Damen und Herren, der Flug Austrian Airlines OS 280* *nach Malé ist bereit zum Einsteigen. Bitte halten Sie die Bordkarte sowie Ihren Reisepass bereit."*

Zwei Minuten vor dem geplanten Abflug saß Vera auf ihrem Sitz und starrte auf den freien Platz drei Reihen vor ihr.

Im Flugzeug gab es nur ein Gesprächsthema. Die Passagiere rätselten, was der Rauch bedeutete und wer dieser geheimnisvolle Mann mit Bart sein konnte. War das wirklich der Schöpfer der Lalaaren? Verschanzte er sich in seinem Wagen? Würde er sich ergeben?

Keiner sprach über den Klimawandel.

Eigentlich hatte sich Vera vorgestellt, dass die Menschen in der Bar bei Daniels Rede applaudieren würden. Vielleicht lebte sie dazu im falschen Land. Österreicher klatschten nicht einfach so, nur weil jemand die Welt rettete. Vera musste an ihr Gespräch auf dem Wienerberg-Tower denken. „Du kannst die Menschen genauso wenig nachhaltig heilen wie einen Drogensüchtigen." Ein bisschen glaubte sie das noch immer. Daniels Rede war ein verzweifelter Versuch, das Momentum der Lalaaren hinüberzuretten für den nächsten Anlauf. Wenn es gut ging, würden sie einen kleinen Beitrag zu einer nachhaltigen Gesellschaft leisten, in der die Vergeudung von Ressourcen und der Ausstoß von Treibhausgasen unattraktiv und teuer waren. Wenn nicht, würde der Erfolg der Lalaaren verpuffen. Vier Jahre von Daniels Leben wären sinnlos vergeudet. Ihre neue Heimat, die Malediven, würden im Meer verschwinden. Die Symbolkraft der versinkenden Inseln war einer der Gründe, wieso sie die Malediven als Ziel ihrer Flucht ausgewählt hatten. Der andere war pragmatischer. Es gab nur zwei Länder ohne Auslieferungsabkommen, die aus Wien nonstop angeflogen wurden: Kuba und die Malediven.

Vielleicht gab es einen besseren Ort, um ein Kind aufzuziehen, aber bestimmt keinen, um gegen den Klimawandel zu kämpfen.

Zehn Minuten nach dem geplanten Abflug betrat Daniel das Flugzeug. Vera spürte, wie ihre Muskeln nachgaben. Erschöpft sank sie in den Sitz, als wäre sie selbst auf der Flucht vor der

Polizei durch die ganze Stadt gerast. Ihre Finger lösten sich zitternd aus den geballten Fäusten.

Daniel schlenderte den Gang entlang wie auf dem Weg zu einem dreiwöchigen Strandurlaub. Vera hatte sein Gesicht noch nie ohne Bart gesehen. Es wirkte verletzlich.

„Boarding complete", verkündete eine Stewardess.

Das Flugzeug hatte auf Daniel gewartet.

Epilog

„Good morning Samuel", rief Anaan. Der rothaarige Knirps winkte dem Bodyguard staatsmännisch mit dem Handrücken. Vera versperrte die drei Schlösser und aktivierte die Alarmanlage.

Kyle, der zweite Security, versuchte Vera vor der Haustür die Tasche abzunehmen, doch Vera wehrte mit einer ungeduldigen Geste ab. Im Gänsemarsch liefen Vera, Anaan und Kyle hinter Samuel die Gasse hinunter, die so schmal war, dass Kyles breiter Oberkörper sie zur Gänze ausfüllte.

Auf der Majeedhee Magu, der Hauptstraße der Insel, tuckerten zwei junge Männer auf einem Moped vorbei und starrten Vera an. Eine Frau machte ihnen lächelnd Platz. Jeder in Malé kannte dieses auffällige Grüppchen: den Jungen mit seinem roten Wuschelkopf, die hellhäutige Frau, die man im Internet als Puppe bestellen konnte, und ihre wechselnden Bewacher mit den Funkmikrofonen im Ohr.

Obwohl ihnen die Einheimischen freundlich begegneten, fiel es Vera nach zwei Jahren noch immer schwer zu beurteilen, was die Malediver über sie dachten. Sie lebten in ihrer von einer Sicherheitsfirma geschützten Blase. Ihre wenigen neuen Freunde stammten aus Europa oder den USA. Manchmal schämte sich Vera wegen ihrer Privilegien. Ihre geräumige Wohnung im zehnten Stock mit freiem Blick auf das Meer. Die Geburt in einer exklusiven Klinik. Der internationale Kindergarten mit seinem für den beengten Raum der Insel paradiesisch großen Garten.

Noch mehr schämte sich Vera dafür, dass es ihr trotz der Privilegien nicht gelingen wollte, glücklich zu sein. Vera fehlten die Menschen aus ihrem alten Leben. Sie hatte Maria einige Male über Skype angerufen. Maria hatte ihr Fotos von der sechsjährigen Sabrina gezeigt, die sich weigerte, vor die Kamera zu kommen. Sie sprachen über Sabrinas Schule und Samuels Masern. Bald legten sie wieder auf. Was zwischen ihnen zerbrochen war, würde sich nicht reparieren lassen. Nicht ohne sich in die Arme zu schließen.

Daniels Mutter Olivia hatte vor einem Jahr einen Schlaganfall erlitten und lebte nun in einem Pflegeheim. Daniel und Vera würden auch sie nicht wiedersehen. In den verworrenen Telefonaten war kaum auszumachen, ob Olivia sie noch verstand.

Pierre blieb verschollen. Noch immer lag Vera nächtens wach und malte sich sein Schicksal aus. Sie glaubte nicht, dass er freiwillig untergetaucht war. Sein Loft kampflos aufzugeben, seine Mutter und seine Freunde zu verlassen, ohne sich zu verabschieden, sah ihm nicht ähnlich. Ob ihn die Redmonks gefangen hielten? So grausam der Gedanke war, wünschte Vera ihm, dass sie ihn in diesem Fall einfach umgebracht hatten. Ohne Schmerzen, ohne Folter. Wozu sollte sich jemand die Mühe machen, ihn am Leben zu halten? Bis heute war Pierres Verbindung zu den Lalaaren nicht aufgedeckt worden. Seine Mutter lebte noch immer in der quälenden Ungewissheit, was ihrem Sohn widerfahren war. Beates Leiche dagegen hatte man eine Woche nach Daniels Rede in der Donau gefunden. In dem Artikel einer Regionalzeitung hatte Vera gelesen, dass die Behörden als Todesursache Suizid vermuteten. Ihr Vater widersprach dieser Theorie vehement. Beate sei gerade erst in ihren alten Job und die gewohnte Umgebung ihres Elternhauses zurückgekehrt. Wieso hätte sie da Selbstmord begehen sollen?

Kyle trug Samuel auf den Schultern über die Straße. „Kyle, please", zischte Vera. Sie hatte ihnen schon hunderte Male gesagt, dass sie Samuel nicht so verwöhnen durften. Trotzdem behandelten sie ihn wie einen kleinen Prinzen. Im Gegensatz zu Samuel hasste Vera die ständige Begleitung. An die übrigen Lebensumstände hatte sie sich rasch gewöhnt. Der Schmutz und der Lärm, die Insekten und die Hitze machten ihr nichts aus. Sie mochte die Präsenz des Meeres, die Gelassenheit der Bewohner und den Klang ihrer Sprache. Sogar an das abscheuliche Frauenbild versuchte sie sich zu gewöhnen.

Doch die permanente Bewachung fraß sie auf. Die Gewissheit, auf diesem übervölkerten Fleckchen Land gefangen zu sein, bis es im Meer versinken würde. Der Gedanke, Samuel nicht die Welt zeigen zu können, mit ihm nie durch einen Wald zu gehen oder über eine Blumenwiese, Schneebälle zu werfen, in einer Wüste zu zelten, ihm Kühe zu zeigen und Giraffen, erfüllte sie mit einer lähmenden Traurigkeit.

Daniel und sie waren in neun Ländern der Erde zu langjährigen Haftstrafen verurteilt worden, in zwei davon sogar lebenslänglich, und wurden per internationalem Haftbefehl gesucht. Die maledivischen Behörden konnten sie nach der aktuellen Rechtslage nicht ausliefern. Aber würden sie verhindern, dass Daniel und Vera auf fremdes Territorium verschleppt und dort verhaftet wurden? Manchmal vermutete Vera, dass ihre Bekanntheit mehr zu ihrem Schutz beitrug als Anaan und seine Kollegen. Wie viel konnten die wirklich ausrichten, wenn ihnen ein Team der US Special Forces gegenüberstand? Opferte sie ihre Freiheit ganz umsonst? Ihre Zweifel verstummten schnell, wenn sie Samuel auf seinen kleinen Beinchen durch die Stadt wackeln sah. Sie würde noch viele Jahre lang nicht das Risiko eingehen, auf ihre Bewacher zu verzichten.

Dass die Bedrohung so unspezifisch war, machte sie umso schwerer zu ertragen. Die Gefahr reichte von privaten Kopfgeldjägern bis zu der rätselhaften Organisation, die die Wahlen im Iran manipuliert hatte. Das Einzige, was Vera über die Redmonks bis jetzt herausgefunden hatte, war ihr vor die Füße gefallen, als sie Samuel in einem Moment der Erschöpfung seine geliebten Teletubbies ansehen ließ. Im Abspann stand:

Sprecher von Teletubby Laa-Laa: Vanessa Redmonk.

Redmonk, die Stimme der Laa-Laa-ren. Was für ein kindisches Wortspiel von Menschen, die Staatsoberhäupter installierten und ihre Feinde liquidierten.

An dem mit Stacheldraht bewehrten Eisentor hob Kyle Samuel hoch zu dem Klingelknopf. Sie warteten im Schatten der Betonmauer, die die Zentrale der Alpha & Omega Rating Agency AORA umgab. Mit einem Team von dreiundzwanzig Mitarbeitern leiteten Vera und Daniel von diesem Gebäude aus eine der weltweit einflussreichsten Umweltschutzorganisationen. Daniels Popularität war bis heute ungebrochen. Seine Rede hatte sich über Monate auf dem zweiten Platz der YouTube-Charts gehalten. Unangefochtene Nummer Eins blieb das Video von seiner Flucht.

Arthies Interview nach seiner Befreiung hatte auch Vera weltberühmt gemacht. In dem Glauben, die Kamerateams seien allein wegen ihm gekommen, nichts ahnend von Daniels Enthüllung und dass erst sein Passwort die Lalaaren zum Leben erweckt hatte, hielt er die Puppe in die Kamera und beteuerte Vera trotz zehn Stunden Dunkelhaft in der Dusche seine ewige Liebe. Die Puppe wurde zu einem Kultobjekt und Vera unternahm nichts dagegen, dass Arthie sie in einer chinesischen Spielzeugfabrik am Fließband produzieren ließ. Immerhin leisteten auch die Puppen ihren Beitrag, dass Daniel und ihr auf Twitter achtzig Millionen Menschen folgten und die größten Fernsehstationen der Welt um Interviews mit ihnen Schlange standen. Dank dieser Aufmerksamkeit war es ihnen gelungen, für AORA eine breite Unterstützung großer Umweltorganisationen und Geldgeber aufzubauen. Der AORA-Nachhaltigkeitsindex hatte nachweislich Einfluss auf die Aktienkurse von bewerteten Unternehmen. Einige der größten Fonds der Welt berücksichtigten AORA-Ratings mittlerweile bei ihren Investitionsentscheidungen. Politiker in aller Welt ließen sich von AORA beraten, um von Daniels Beliebtheit zu profitieren. Doch im Vergleich zu den Faxen der Lalaaren waren ihre Fortschritte quälend langsam. Die Treibhausgasemissionen stiegen weiter. Die Prognosen der Klimaforscher wurden immer düsterer.

Wenn Samuel nicht im Kindergarten war, arbeiteten Daniel und Vera abwechselnd für AORA. An diesem Nachmittag hatten sie sich frei genommen, um mit dem Boot zu einem der schönen Strände auf Hulhumalé zu fahren.

Nach zehn Minuten war Daniel noch immer nicht aus dem Gebäude gekommen. Kyle ließ Samuel noch einmal läuten.

Ein Obstverkäufer schob seinen Handwagen durch die Gasse. Vera wechselte auf die andere Straßenseite und kaufte zwei Papayas für ihren Ausflug. Als sie sich umdrehte, lehnten Kyle und Anaan an der Wand und sahen ein Video auf dem Handy an.

Samuel war verschwunden.

Die Papayas zerplatzten mit einem schmatzenden Geräusch auf dem Asphalt.

„Samuel", schrie Vera. Die Bodyguards fuhren hoch, koordinierten sich mit einer schnellen Geste und sprinteten in entgegengesetzte Richtungen davon. Anaan brüllte etwas in sein Mikrofon. Daniel trat durch das Stahltor. „Samuel", rief Vera noch einmal. „Samuel ist fort."

Anaan hatte die Hauptstraße erreicht. Zwischen hupenden Mopeds drehte er sich mitten auf der Kreuzung im Kreis. Auf der anderen Seite sprang Kyle auf ein parkendes Auto, um eine bessere Sicht zu haben.

Daniel und Vera liefen aufeinander zu.

„Was ist geschehen?"

„Ich habe etwas gekauft. Eine Sekunde habe ich nicht aufgepasst. Als ich mich umdrehte, spielten die Idioten mit ihrem Handy und jetzt ist Samuel weg."

„Wie kann er so schnell verschwinden?"

Vera blickte nach oben. Hatten sie ihn mit einer Drohne entführt? Ging so etwas? Hätte man die nicht gehört? Sie zeigte auf die Kameras, die über der Betonmauer montiert waren. „Kannst du dir die Bilder ansehen?"

Daniel rannte zurück in das Bürogebäude und Vera die Straße hinunter zu Anaan. Er legte ihr die Hand auf die Schulter. „Wir finden ihn. Wirklich!" Dann lief er die Hauptstraße entlang, kontrollierte jedes Auto. Vera begann Passanten anzuhalten. Von Mund zu Mund verbreitete sich die Nachricht. Immer mehr Menschen beteiligten sich an der Suche, schwärmten in alle Richtungen aus.

Daniel stürzte aus dem Gebäude. „Vera", schrie er. „Komm her!"

Er deutete auf einen Spalt zwischen der Betonmauer und dem nächsten Gebäude. Vera hörte ein leises Schluchzen. In dem Zwischenraum stand Samuel, die Augen mit den Händen bedeckt, als würde er Verstecken spielen. Samuel streckte ihr die Arme entgegen. Vorsichtig hob sie ihn aus der Nische. Daniel streichelte seine Locken. „Sie haben das Video für mich zurückgespult. Er ist einfach hineingekrochen. Wahrscheinlich wollte er sich verstecken und hat sich nicht mehr herausgetraut, als er euch schreien hörte."

Samuel vergrub sein Gesicht an Veras Brust. Sie spürte seine Tränen auf ihrem T-Shirt. Ein gepanzertes Fahrzeug schoss mit quietschenden Reifen um die Ecke. Kyle und drei weitere Mitarbeiter der Security Firma sprangen heraus. Als Kyle Samuel sah, griff er sich ans Herz und stöhnte auf: „Oh my! Thank God!"

Bei Sonnenuntergang saßen sie Arm in Arm am Strand von Hulhumalé im weißen Sand, Samuel zwischen seinen Eltern. Den ganzen Nachmittag hatten sie sich nicht mehr als ein paar Meter voneinander entfernt. Der Schock war noch nicht aus Veras Knochen gewichen.

Im Rücken spürte sie die Blicke von Kyle und Anaan. Vor ihren Füßen brachen die Wellen im roten Licht, eine unaufhörliche, rauschende Bewegung seit Milliarden von Jahren, unbeeindruckt davon, was um sie herum auf dem Planeten geschah. Ausläufer der Wellen züngelten nach Veras Zehen. Samuel versuchte sie mit kleinen Steinen zu vertreiben.

Am Horizont stiegen in einer unablässigen Folge Flugzeuge auf und begannen im letzten Sonnenlicht zu glühen. Fantastische graue Wirbel drehten sich in den orangen Himmel. Die ewige Rauchsäule der Müllinsel Thilafushi.

Ein wenig fühlte sich Vera wie damals auf der Klippe an der Algarve. Daniel statt Fabio. Samuel, der sie verband, statt eines Walkmans mit den Pixies. Vera verspürte keine Lust mehr, den alten Song zu hören. Vom Leben im Moment, die Füße in der Luft, ohne Vernunft und Verstand. Die Vorsätze der neunzehnjährigen Vera schienen ihr selbstbezogen und hohl. Vorsätze, die nicht mehr in Erfüllung gehen würden.

Wie winzig sie doch waren vor dem riesigen Ozean. Drei Menschlein, die wenige Jahrzehnte auf diesem Planeten verbrachten. Die Erde drehte sich nicht um sie, also musste sich auch nicht immer alles um die Erde drehen, dachte Vera und fühlte sich zum ersten Mal an diesem Abend ein wenig besser.